〔德〕雷纳·齐特尔曼
（Rainer Zitelmann）

　　1957 年生于德国法兰克福，德国社会学者、历史学者和畅销书作家。他出版了两部重要著作《富豪的心理：财富精英的隐秘知识》与《富人的逻辑：如何创造财富，如何保有财富》。

　　雷纳·齐特尔曼共撰写和编辑了 27 部著作，在全球以 30 种语言出版，获得了较多关注。他是亚洲、美国、南美洲和欧洲广受欢迎的演讲嘉宾。他撰写了多篇文章，接受了世界主要媒体的采访，包括《华尔街日报》《新闻周刊》《福布斯》《每日电讯报》《泰晤士报》《世界报》《法兰克福汇报》《新苏黎世报》等。

译　者

　　张慧娟，文学硕士，法学博士，中共中央党校文史部教授。主要研究方向为英美文学、美国文化与政治。曾出版《美国文化产业政策研究》（专著）、《莎士比亚小传》（译著）和《进步派：行动主义和美国社会改革，1893—1917》（译著）等。

〔德〕**雷纳·齐特尔曼** ◎ 著
（Rainer Zitelmann）

张慧娟 ◎ 译

富人身上的目光

美国、亚洲与欧洲民众眼中的收入与财富

THE RICH IN PUBLIC OPINION

What We Think
When We Think about Wealth

社会科学文献出版社
SOCIAL SCIENCES ACADEMIC PRESS (CHINA)

本书中文版经由雷纳·齐特尔曼博士授权社会科学文献出版社独家出版

中文版序言

在过去的 40 年里，中国贫困人口的下降幅度比世界上任何一个国家贫困人口的下降幅度都要大。在人类历史上还从未有过这么多的人在如此短的时间内成功摆脱贫困。与此同时，世界上也没有哪个国家的千万富翁和亿万富翁的数量增长得如此之快。如今，北京的亿万富翁比纽约的还多。

这两项发展并不矛盾，它们是一枚硬币的两个面。中国经济的快速发展始于一个口号："让一部分人先富起来。"一部分人先富起来造福的绝不仅仅是富人，而是整个社会，尤其是穷人——尽管这听起来似乎有些矛盾。

不幸的是，许多人并不理解这些联系。他们坚持零和信念，认为一些人的富裕是建立在另一些人的贫穷之上的。然而，没有一个地方像中国这样，如此深刻地颠覆了这种零和信念。

对于许多人来说，财富都是一个重要的话题，尤其是对亚洲人来说。我们在 7 个欧洲国家、美国和 4 个亚洲国家进行了相同的调查研究。受访者被问道："对你个人来说，致富有多重要？"在接受调查的亚洲国家中，平均 58% 的受访者表示，致富对他们来说很重要；而在欧洲和美国，这一比例为 28%。这是本书众多的研究发现之一。在本书中，你会了解到来自这项国际研究的许多发现。

中国读者，请允许我向你们表示祝贺：这本书在德国和美国出版时，仅仅是基于美国、英国、法国和德国的民意调查。而你们手中的这个译本是基于"富人身上的目光"项目在 11 个国家所进行的调查撰写的。

我是一名德国历史学者和社会学者。近些年来，在我的国家，以及其他许多国家，我屡屡觉察到人们对富人的偏见，有时甚至是仇恨。然而即使有人公开表达对富人的仇恨，也很少受到负面影响。2018 年 5 月 1 日晚上，在我的家乡柏林，示威者挥舞大型标语，表达对有房的富裕阶层的不满。一年后，一些激进分子试图在城市各处用海报煽动示威者。海报所附的文字是"反对富人的城市"。放眼望去到处都是这样的海报，我不禁想知道，假设如此强烈仇恨的对象不是富人或房东，而是其他少数群体的成员，人们会有何反应。

伦敦大学的著名人类学家克里斯·奈特教授的事件是少数几个反例之一，证实了煽动仇富情绪确实会产生负面影响。2009 年 3 月，苏格兰皇家银行前行长弗雷德·古德温爵士的住宅和汽车遭到袭击后，克里斯·奈特教授接受了电台采访。此次袭击的一个策划者宣称："像他这样的富人有巨额薪酬，过着奢侈的生活，普通人却失业、贫困、无家可归。我们对此感到愤怒。"[1] 采访中，克里斯·奈特教授对遭受攻击的受害者和有策划的示威游行进行了评论："在愚人节，我们会把很多类似'碎纸机弗雷德'（弗雷德·古德温爵士）的人像挂在路灯柱上，我只能说希望那只是人像。"他补充道："说实话，

---

[1] Adam Smith, "Hang the Bankers! Getting Ready to Vent in London," *Time*, March 28, 2009.

如果人们被逼得再紧一点儿，恐怕就会有真的银行家被悬挂在路灯柱上了，希望不会真的发生这种事。"他继续说道："他们（银行家们）应当意识到人们对他们的愤怒和仇恨有多强烈，并且采取行动。"[1]

有一家报纸报道称："4月1日，当抗议者聚集到'野兽之腹'——英格兰银行时，克里斯·奈特的花园里到处都是自制的道具，包括挂在路灯柱上的银行家人像。"[2] 克里斯·奈特教授随后被停职，他已然越界了。如今他回到了伦敦大学教书。

德国哲学家克里斯蒂安·纽豪泽尔2018年出版的著作《财富伦理问题》引起了广泛关注。这位哲学家可能没那么咄咄逼人，但仍然相当激进。他的核心观点就是，应当禁止人们拥有过多的财富。用他的话说，如果一个人"手头能够支配的钱比正常照顾自己以及赢得平等尊重所需的钱多得多"[3]，那么他就是富有的。由于这个表述有些抽象，克里斯蒂安·纽豪泽尔进一步解释道，他所指的不只是百万富翁或亿万富翁，而是"所有收入超过平均收入200%或300%的人"[4]。在他看来，每个赚这么多钱的人拥有的财富远远超过了维持自尊需要的财富。克里斯蒂安·纽豪泽尔认为财富在道德上是有问题的，因为它有可能赋予富人凌驾于他人之上的权力。他用比尔·盖茨的例子说明了这一点："如果我伤害了一个非常富有的人（如比尔·盖茨）的自尊，他就能用他的钱以最残忍的方式折

[1] BBC News, "G20 Professor Suspended," March 26, 2009.
[2] David Cohen, "Meet Mister Mayhem," *Evening Standard*, March 25, 2009.
[3] Christian Neuhäuser, *Reichtum als moralisches Problem* (Berlin: Suhrkamp, 2018), p. 83.
[4] Christian Neuhäuser, *Reichtum als moralisches Problem* (Berlin: Suhrkamp, 2018), p. 86.

磨我，对此我却无能为力。他可以用没完没了的诉讼来烦我，可以直接买下我工作的公司，顺理成章地炒掉我，也可以买下我居住的整个社区，随意破坏它。他可以对所有我爱的人做同样的事情。每当我去某个地方度假时，他就可以在那里组织一场令人头疼的活动。他能够给我制造的麻烦是无穷无尽的。"①

当然，克里斯蒂安·纽豪泽尔实际上并不是指责比尔·盖茨会做这样的事，他想表明的是富人仅仅因为其财富就会对他人构成威胁。毕竟，从理论上讲他们能够用自己的财富去做可怕的事情。如果我们遵循克里斯蒂安·纽豪泽尔的逻辑，财富在道德上就是有问题的。不仅财富用来伤害他人自尊时，它是个问题，"而且，多余的钱可以轻易恢复人们被剥夺的尊严，由此财富也会成为一个道德问题，不过这样的情形是不会发生的"②。克里斯蒂安·纽豪泽尔坚持零和信念，认为财富需要更加公平地被分配，这样每个人才能生活得更好。富人可以将他们的钱分给穷人以帮助他们过上更有尊严的生活。如果富人不这么做，以克里斯蒂安·纽豪泽尔的观点来看，他们就等于不向穷人提供帮助。这说明财富在道德上有问题。当然，在大多数情况下，对富人的敌意不会用这种明显的攻击性语言来表达。

但正如本书所示，对富人的偏见在社会各个阶层都是普遍存在的。如今，已有几千份有关成见与偏见的学术著作和论文发表。《偏见与歧视心理学》一书的参考文献就包含了大约

---

① Christian Neuhäuser, *Reichtum als moralisches Problem* (Berlin：Suhrkamp, 2018), p. 95.
② Christian Neuhäuser, *Reichtum als moralisches Problem* (Berlin：Suhrkamp, 2018), p. 119.

2400 条有关偏见的研究文献。另外，早在 1986 年出版的一份有关偏见与文化以及民族形象的文献目录也包括了大约 5500 条相关文献。早期的大多数著作与论文关注的是针对少数民族、妇女和外国人的偏见。近些年，一系列研究探讨了对穷人的偏见和成见。相比之下，对富人形象的研究很少。本书第二章探讨的阶层歧视论领域，以及第三章探讨的刻板印象内容模型领域都涉及对富人形象的研究。但到目前为止，研究人员还没有发表过任何有关这方面课题的全面而科学的研究。

当我开始深入研究这个课题时，有些人认为我在浪费时间。我认为探求知识总是值得的，尤其是那些几乎没有被研究过的领域，如人们对富人的态度。怀疑者问我为什么要试图了解人们对富人的偏见，他们透露出这样一种态度：即使针对富人的偏见的确存在，富人也不应太过担心。毕竟，富人比其他少数群体要好过得多。在一次公开讨论中，一位来自德国左派政党的政客告诉我，作为一个有钱人，我是自作自受。不过她指出，同黑人不一样，我是有机会通过放弃财富来摆脱偏见的。我认为这种观点是完全错误的。

作为一个有钱人，对此我有不同的看法。成为偏见目标的人往往最有兴趣研究这些偏见：犹太人对研究反犹太主义做出了决定性贡献，而性别研究主要是由女性来推动的。就其本身而言，这种现象是完全合理的。但是，个人成为偏见目标，以及个人对自我事业的全情投入不应当影响客观、开放的科学标准，这在学术研究中至关重要。本书的实证分析包括调查、媒体分析等，它们应该能说明问题。

作为一名历史学者和社会学者，我从历史中敏锐地意识到，偏见和成见一再被用来为排斥、驱逐、迫害和谋杀少数群体辩护，使少数群体成为社会危机时期的替罪羊。

20 世纪，富人屡屡成为受害者。只有在特殊情况下，对社会群体的偏见才会导致如此严重的后果。然而这种偏见，即使是以相对温和的方式出现，也会危害整个社会，而不仅仅是危害富人。2008 年金融危机的例子就说明了这一点。如果复杂的重大社会危机的原因没有得到适当的分析，政客和媒体只是一味地抨击替罪羊（富人、贪婪的银行家和管理者），那么真正的问题很可能永远得不到解决。仇富情绪在西方国家往往会对经济产生负面的影响。比如，在 20 世纪 70 年代的瑞典和英国，国有化计划和惩罚性的高税收政策就造成了经济的大规模衰退。本书的目的就是研究我们如何看待富人。不可否认他们很强大，但他们仍然可能成为成见、偏见和被迁怒的对象，这往往会给所有人带来可怕的影响。

近几十年来，中国巨大的经济成就得益于国家对市场经济和企业家精神的尊重。社会需要榜样。这些榜样应该包括那些通过创业为社会繁荣昌盛做出贡献的人，以及在这个过程中成功致富的人。

雷纳·齐特尔曼博士

2022 年 10 月

目　录

第一部分　偏见、歧视与富人

第二部分　亚洲人、美国人和欧洲人对富人的看法

第一部分

偏见、歧视与富人

第一章

什么是偏见和成见？

一个人对许多事情可能有偏见（prejudice），但现在这个词主要用于表达对一群人，通常指的是对一个少数群体的看法。当某人对一个群体持正面看法时，我们很少使用这个词。如果我们与别人的观点相同或认为该观点是正确的，口头上我们也不会使用这个词。我们指责另一个人有偏见时，真正想表达的是，"你对一群人有负面看法，并且你的看法是错误的"。

这个词的日常用法是有问题的，它传达了若干需要质疑、不言而喻的假设。第一种假设认为偏见是一种毫无根据的错误观点。第二种假设认为偏见是一种负面的看法。第三种假设认为，如果抱有偏见的人了解更多情况，就会得出一个不同的、更加正面的看法。

如果这样使用"偏见"这个词，它就不是一个科学术语，而是一个有争议的术语。在日常用语中，"偏见"大都是这样使用的。研究偏见的学者不会不加批判地接受这个术语的用法。许多研究人员否认偏见一定是错误的，还有些研究人员否认它一定是负面的。关于这两点稍后再谈。

第一节　我们的判断的确不偏不倚
且有事实依据吗？

我想从最复杂的问题开始阐述，即偏见的产生是否因为人们没有认真且足够全面地对待一个问题或者一群人。前缀"pre-"放在表示判断的词根之前，表示某人在发现所有事实之前就做出了判断。《韦氏词典》（*Merriam-Webster's Dictionary*）将"偏见"定义为"事先形成的判断或意见"，以及"没有正当理由或在充分了解情况之前形成的反面意见或倾向"[①]。

然而，这些定义留下了许多有待回答的问题。人们是否总是利用所有能够得到的事实，去形成自己的观点？期待大多数人在做出判断之前充分了解或思考所有事实，并经过全面的调查，是不是很不现实？如果我们把偏见这个宽泛的概念发挥到极致，就不得不承认，所有不是专家做出的判断，就其本质而言都是偏见。

众多有关偏见的看法背后有一个不言而喻的误解，那就是对某一事物的广泛了解是消除负面偏见（negative prejudice）的有力保障。事实并非如此，因为价值判断往往并不来自对事实的发现或考量。如果某个人对一群人有着根深蒂固的负面情绪，那么即使对这群人有了更加深入的了解，他也不一定会有更正面的态度。面对与其看法相左的信息，许多人承认这些信息，却以一种强化偏见的方式来解释它：矛盾的信息被归为例外情况，从而进一步证实了原本认定的规则。

[①] *Merriam-Webster's Dictionary*, s. v. "prejudice（n.），" accessed December 11, 2018.

人们是否用一连串的事实和冷静的语言来为其负面态度辩护,或者只是简单地恶语相加以宣泄其负面情绪,这与他们所受的教育和语言能力有很大关系,但与他们的偏见程度可能没什么关系。

有些研究人员甚至终其一生都在收集事实证据,以强化他们对某一研究对象的最初偏见。可以说,那些研究人员根本没有坚持科学标准,因为这种方法不符合客观标准,而客观性是正确进行科学研究的标志。尽管如此,许多这样的研究人员仍然深受敬重,他们可能是名牌大学的教授,可能会使用科学的方法、论点和语言。他们可能在很多事情上受到批评,但不会有人指责他们没有充分解决问题。

对偏见的定义几乎与论述偏见的作者一样多,这个事实充分说明了偏见问题的复杂性。下面我会介绍和讨论其中一些定义,以说明在本书中我是如何使用这个术语的。

戈登·W. 奥尔波特的经典著作《偏见的本质》包含了我们将考察的对偏见的最简短的定义:"偏见是在没有充分依据的情况下,人们对他人的恶意。"① 戈登·W. 奥尔波特补充道,对该词的这种初步定义并不充分,进而提出了以下定义:"偏见是人们对属于某个群体的人的厌恶或敌对态度,仅仅因为这个人属于该群体,人们就认定他具有该群体令人反感的品质。"②

在戈登·W. 奥尔波特看来,并非所有负面的概括都是偏见。他认为,如果一个人面对矛盾的信息却不准备改变自己的判断,那么用偏见这个词来描述他的判断是合理的。"只有人

① Gordon W. Allport, *The Nature of Prejudice* (New York:Basic Books, 1979), p. 6.
② Gordon W. Allport, *The Nature of Prejudice* (New York:Basic Books, 1979), p. 7.

们在了解新情况也不改变预判时，预判才会成为偏见。"[1]

自此，我们了解到偏见并不总是不可逆转的，人们甚至整个社会都可以改变其对某个群体的态度。正如许多西方社会对同性恋者态度的变化所显示的那样，有时社会对某个群体的态度会在几十年内发生改变。

因此，厄尔·E.戴维斯在 1964 年对偏见的定义似乎更准确，尽管它只是对于不变和僵化问题而言。他没有说偏见和成见是不可逆转的，而是说它们很难纠正，这就更准确了。厄尔·E.戴维斯指出："（偏见）通常具有以下几个特点：（1）过度概括（一个种族、国家所有或几乎所有的成员都具备某些特质）；（2）过分简化（用一个或最多几个特点描述、掩盖整个种族、国家等的复杂性）；（3）僵化（由于选择性的看法和解释，相反的证据经常要么被忽略，要么用来证实事先形成的想法）。"[2] 不过，这个定义也有不足之处，它把偏见简化为负面的态度。事实并非如此。

在早期的研究中，偏见往往被认为是一种疾病和人格障碍的表现。因此，偏见是规则之外的异常情况，是例外而不是规则。1969 年，海因茨·E.沃尔夫区分了"例外论"和"平等论"。平等论认为，偏见的出现是不可避免的，影响着所有人。因此，谁都不可能没有偏见，人们必须加以区分的只是偏见的强度和对象而已。[3] 而例外论认为，偏见是一种特定人格

---

① Gordon W. Allport, *The Nature of Prejudice* (New York: Basic Books, 1979), p. 9.

② Earl E. Davis, *Attitude Change: A Review and Bibliography of Selected Research* (Paris: UNESCO, 1964), p. 9.

③ Heinz E. Wolf, "Soziologie der Vorurteile: Zur methodischen Problematik der Forschung und Theoriebildung," in *Handbuch der Empirischen Sozialforschung*, Band 2, ed. René König (Stuttgart: Ferdinand Enke Verlag, 1969), p. 944.

类型的个人行为方式。西奥多·阿多诺等人提出的"威权人格"概念就是这一论点的典型例子。这种论点的问题在于，那些不赞同研究人员政治观点的人很快就被视作"有病态性格的偏见人士"而遭到排斥。① 这些定义延续了"偏见是不恰当的"这一观点。

根据社会学家贝恩德·埃斯特尔的说法，在一般意识中，偏见的一个重要特征是它的"事实不当性、谬误性"。② 偏见被认为是错误的，至少是片面的，如果

- 潜在的（正确的）信息基础太薄弱，人们无法真正做出判断（"预判"）；或者
- 做出判断的人根据的只是其能获得的有限信息（"偏见""预判"）；或者
- 这个人拒绝关注与其判断相矛盾的（新）信息（"思想僵化"）。③

这些标准似乎值得商榷。毕竟，按照这些标准，我们日常生活中做出的几乎所有判断都可以归为偏见。做出判断的潜在信息基础什么时候过于薄弱？判断是否基于充分的信息，其标准是什么？我们是否可以说，直接接触事实就是充分的先决条件，还是说必须辅以深入甚至准科学的研究？但不是每个人都

① Bernd Estel, *Soziale Vorurteile und soziale Urteile: Kritik und wissenssoziologische Grundlegung der Vorurteilsforschung* (Opladen: Westdeutscher Verlag, 1983), p. 64.

② Bernd Estel, *Soziale Vorurteile und soziale Urteile: Kritik und wissenssoziologische Grundlegung der Vorurteilsforschung* (Opladen: Westdeutscher Verlag, 1983), p. 17.

③ Bernd Estel, *Soziale Vorurteile und soziale Urteile: Kritik und wissenssoziologische Grundlegung der Vorurteilsforschung* (Opladen: Westdeutscher Verlag, 1983), p. 17.

有能力进行这样的研究。大多数人只使用他们能得到的一小部分信息作为判断的基础，从更广泛的意义上来看，大多数判断确是如此。人们往往不太注意那些与自己的判断相矛盾的信息，通常持有的是选择性的看法。

此外，拥有同等知识和信息的人在如何评价这些信息方面不一定完全一致。否则，同样博学多识的人就会拥有相似的政治信念或意识形态。我们都知道事实并非如此。所有分歧都是偏见造成的，这个结论似乎也不正确。甚至在对同一个对象进行广泛深入的研究之后，人们也会得出不同的结论。而同样的结论，从这个人的角度来看，可能是基于对现实的错误认识而产生的严重偏见，对那个人来说就是基于事实的发现。

海因茨·E. 沃尔夫指出："偏见被定义为对某一研究对象做出的具有约束力的陈述，该陈述缺乏对经验事实结构的充分且客观的了解，或者无视这一了解……此定义包含一个主要标准和两个次要标准，后两个标准是互斥的：（1）陈述的约束性（主要标准）；（2）缺乏充分且客观的了解或（3）无视这一了解。因此，偏见是由 a+b 或 a+c 的标准来定义的。"①

该定义的不足之处在于，对什么是确保判断不成为偏见所需的"充分且客观的了解"缺乏明确的表述。我们的认知何时才算是充分的？许多对经验事实结构缺乏"充分且客观的了解"的人所持的观点也是那些深入研究过同一研究对象的专家所持的观点。因此，丰富的专业知识并不会自动产生正确的判断，缺乏专业知识也不一定会导致错误的判断。

---

① Heinz E. Wolf, "Soziologie der Vorurteile: Zur methodischen Problematik der Forschung und Theoriebildung," in *Handbuch der Empirischen Sozialforschung*, Band 2, ed. René König (Stuttgart: Ferdinand Enke Verlag, 1969), p. 948.

第二节 所有的偏见都是错的吗？

偏见和成见本身就已经被定型了。它们被反复加上诸如"不准确"、"不合理"、"夸张"和"没有经验证据"等特征性描述，但人们没有对这些"特征"进行实证研究。[①]

研究人员试图查明一个被视为偏见的判断是否符合事实。在一项研究中，他们要求被调查的对象估计一下美国黑人会多频繁地做出所谓的刻板行为。对于每个参与者，"诊断比率"等于该行为在美国黑人中的估计发生次数除以美国人做出相同行为的次数所得的百分比。研究人员将此结果与美国官方人口统计数据进行了比较。[②] 在另一项研究中，参与者被要求估计来自9个不同种族的加拿大高中生的成绩，然后将预估排名与实际排名进行了比较。在这两项研究中，预估结果是相对准确的。[③]

李·吉西姆在2012年出版的《社会认知与社会现实：为什么准确性决定偏见与自我实现的预言》一书中列举了许多研究，在这些研究中，科学家们试图用统计比较法来检验刻板印象是否以及在多大程度上是准确的。[④] 这种方法提出了许多问题，比如刻板印象什么时候适用，什么时候不适用？设想的情况和实际的调查结果有多大差异时，刻板印象才被认为是不正确

① Martina Thiele, *Medien und Stereotype: Konturen eines Forschungsfeldes* (Bielefeld: Transcript Verlag, 2015), p. 58.
② Mary E. Kite and Bernard E. Whitley Jr., *Psychology of Prejudice and Discrimination*, 3rd ed. (New York: Routledge, 2016), p. 118.
③ Mary E. Kite and Bernard E. Whitley Jr., *Psychology of Prejudice and Discrimination*, 3rd ed. (New York: Routledge, 2016), p. 119.
④ Lee Jussim, *Social Perception and Social Reality: Why Accuracy Dominates Bias and Self-Fulfilling Prophecy* (Oxford: Oxford University Press, 2012), Part 6.

的？李·吉西姆采用了一个总原则：如果刻板印象和现实情况之间的统计相关性大于 0.4，那么该刻板印象就是正确的。[①]

其他研究人员摒弃了所有关注刻板印象准确性的研究工作。他们认为，即使证明刻板印象与现实数据之间存在相关性，也不可能从一般的刻板印象特征中得出有关个人的结论。然而，这不是反对此项研究的好理由，刻板印象的本质不一定适用于群体中的每一个人。李·吉西姆指出："不可能用我朋友洪的特点作为标准来衡量人们对亚洲人普遍看法的准确性。"[②]

在我看来，对使用上述各种测试来研究偏见的批评既有合理的，也有不合理的。不合理的批评包括教育学性质的观点，该观点认为对偏见的研究最终可能会导致不受欢迎的甚至"危险的"结果。玛蒂娜·蒂耶指出："作为致力于改善社会条件的科学家，我们必须警惕那些可能被用来为刻板印象辩护的论点。"[③] 了解实际情况正是社会科学的职责，即使所证明的实际情况令人不安。

对于评估偏见是否准确这一过程，人们也心存疑虑。有些情况下人们可以确定某个刻板印象是否正确。然而，许多偏见和成见并不涉及可验证的人口统计特征或其他特征。正如上文的例子所示，许多偏见和成见与抽象的属性有关，比如"善良"或"懒惰"，这些自然更难以验证。[④]

鲁珀特·布朗反对众多偏见定义中或明或暗包含着的一种

---

① Lee Jussim, *Social Perception and Social Reality: Why Accuracy Dominates Bias and Self-Fulfilling Prophecy* (Oxford: Oxford University Press, 2012), p. 320.

② Lee Jussim, *Social Perception and Social Reality: Why Accuracy Dominates Bias and Self-Fulfilling Prophecy* (Oxford: Oxford University Press, 2012), p. 309.

③ Psychologist Charles Stangor, quoted in Martina Thiele, *Medien und Stereotype: Konturen eines Forschungsfeldes* (Bielefeld: Transcript Verlag, 2015), p. 59.

④ Mary E. Kite and Bernard E. Whitley Jr., *Psychology of Prejudice and Discrimination*, 3rd ed. (New York: Routledge, 2016), p. 120.

假设,即偏见是错误、不合理的,或者是建立在不可接受的概括之上的。如此定义就会基于这样一种假设:我们可以认定一个判断是对还是错。然而,认定某个判断的对与错往往是不可能的,因为偏见经常以含糊不清的方式表达出来,让人难以客观评价。鲁珀特·布朗说道,如果房东拒绝把公寓租给某类人,声称他们经常"制造问题",那么这个陈述中包含的事实很难核实,部分原因就是房东使用了含糊的措辞。[①]

很多类似的说法的确很难证实,例如意大利人是不是更好的情人(正面偏见),或者美国人是不是在文化上不够成熟(负面偏见)。对于什么样的人才是一个好情人,以及什么人被认为是在文化上不够成熟的,人们肯定会有截然不同的看法。通常没有实证研究能够提供可靠的证据来证明这些说法的真实性。人们甚至对某个偏见是正面还是负面的问题也不一定很清楚。例如,一些学者并不认为描述女性"乐于助人"、"热情"或"善解人意"是正面偏见,他们会在这些属性中发现隐藏的负面偏见。[②]

更重要的是,许多偏见包含着真理的核心,即使是不持有偏见的人也不得不承认这一点。因此,人们能够反对的只是偏见陈述的概括性。"真理核心"论的支持者们格外强调这一点,他们认为偏见的唯一问题在于其包罗万象的概括性。反过来,这个理论却受到了"建构主义者们"的批评,他们拒绝讨论任何支持偏见的真理和事实。这种排斥的态度反映了他们的基本观点,即任何情况下客观现实都是无法认知的,任何声称描述客观现实的陈

---

① Rupert Brown, *Prejudice: Its Social Psychology*, 2nd ed. (Chichester, UK: Wiley-Blackwell, 2010), p. 5.

② Rupert Brown, *Prejudice: Its Social Psychology*, 2nd ed. (Chichester, UK: Wiley-Blackwell, 2010), p. 6.

述最终都是一种社会建构。① 即使一个人不认同建构主义者的立场，但由于上述原因，他通常也很难确定某个偏见或成见是完全或明显错误的，还是在一定程度上有现实的依据。

由于日常语言不同于科学语言，另一个问题出现了。当有些人说"富人是偷税漏税者"时，他们可能并不是指"所有的富人都逃税"。指出它不适用于所有富人，从而反驳发表这种言论的人，其实是不公正的。严格地说，举出一个没有逃税的富人的例子就可以反驳"富人是偷税漏税者"的说法（如果"富人"被理解为"所有富人"）。但这太容易了，当然也不公正，因为当有些人说"富人是偷税漏税者"时，他们的意思可能是比起普通人或收入较低者，富人更经常逃税。

不过，这种解释也难以验证。首先，人们不清楚哪些人是"富人"。调查显示，公众对"谁才是富人"持有不同的看法。对一些人来说，家庭净收入为 4 万美元以上的人可算作富人；对另一些人而言，富人是指拥有数十亿美元资产的人。就算人们认可了对"富人"的定义，"富人是偷税漏税者"的说法还是很难验证。这是否意味着富人中的偷税漏税者比其他人群中的偷税漏税者要多？由于大量逃税案件并未被报道，人们很难对此做出判断。外行人也不一定说得清楚法律意义上的偷税漏税和精心设计却合法的避税之间的区别。

显然，人们通常不会像科学家那样规划自己的话语，仅凭这一点就很难检验关于某群人的陈述是否正确，就像下面的思想实验那样：如果一个学生将上述偏见陈述作为需要科学检验的假设，那么教授肯定会指出这些陈述过于模糊，要求学生进

---

① 关于该话题更多的内容，见 Martina Thiele, *Medien und Stereotype: Konturen eines Forschungsfeldes*（Bielefeld：Transcript Verlag, 2015），p. 56。

行科学检验，并重新阐述。然而，我们不能像对科学家和研究人员那样，对日常语言提出同样的要求。没有一个正常人会在日常对话中这样说："移民违法的比例明显高于非移民违法的比例。"这样的表述足够精确，可以得到验证。即便如此，有些科学家也会要求——为了避免拿苹果和橙子做比较——只能在社会地位相同的群体之间进行比较，例如，在没有受过教育的年轻男性移民和没有受过教育的年轻男性非移民之间进行比较。

一些科学家认为，由于某些违法行为只有外国人才会做（如违反居住许可），这些违法行为应该被排除在此类比较之外。另一些科学家则说，没有必要为了验证上述说法进行这样的区别和调整。最终，两类试图验证上述说法是否正确的科学家可能会得出完全不同的结论。人们往往无法就一种偏见的对错达成一致意见，这一事实本身就说明，一个陈述的正确性不应当作为确定这个陈述是不是偏见的标准。

综上所述，显然偏见不仅仅是负面的。从偏见首先是错误的、其次是负面的这一假设逻辑，我们可以得出以下结论：对一个群体的"正确"判断必须始终是正面的。这个假设是乐观的，但它本身就是一种偏见。

第三节　对"偏见"和"成见"不带价值 判断的定义

哲学家汉斯-格奥尔格·伽达默尔认为，偏见早在知识诞生时就存在，它是一个观点产生前就有的价值中立的先验性存在，这与迄今为止提出的许多对偏见的定义形成了鲜明的对比。他坚持认为，偏见就其最初意义和法律意义而言，并不预设为正面或负面的判断。"启蒙者的基本偏见是针对一般偏见的偏见，从而剥夺了传统的力量。只有通过启蒙，偏见的概念才有我们习以为常的负面内涵。"①

最近的一个对偏见的定义更接近于这个价值中立探究的原则。根据这个定义，偏见被理解为社会群体集体记忆与负面（或正面）判断之间的联系，这种联系或多或少会在判断对象出现时自动激活。②

"成见"和"偏见"这两个词的区别并不完全明确。根据所使用的定义，这两个术语甚至可能指的是同一个意思。玛丽·E. 凯特和伯纳德·E. 惠特利编撰的标准教科书指出："偏见是针对人的一种态度，因为人是某个特定社会群体的成员……态度被认为是对某个社会群体或该群体成员的评价或情绪反应。"③ 成见的定义是："对不同群体成员特征、属性和行为的看法和观点。"④

在我看来，成见和偏见之间的区别实际上并没有那么重要。两个术语都有广泛的定义，其中许多是相互重叠的。尽管"成见"一词通常带有负面含义，但我认为它至少比"偏见"好一些，因为"成见"不像"偏见"（偏见是过早的判断，或在研究对象被充分调查之前就已经形成的判断）。

根据非规范性科学的原则，成见可以被定义为"群体成

---

① Hans-Georg Gadamer, *Wahrheit und Methode*, *Grundzüge einer philsophischen Hermeneutik* (Tübingen: J. B. C. Mohr 1960), p. 255.

② Juliana Degner and Dirk Wentura, "Messung von Vorurteilen," in *Stereotype, Vorurteile und soziale Diskriminierung: Theorien, Befunde und Interventionen*, ed. Lars-Eric Petersen and Bernd Six (Weinheim: Beltz Verlag, 2008), p. 150.

③ Mary E. Kite and Bernard E. Whitley Jr., *Psychology of Prejudice and Discrimination*, 3rd ed. (New York: Routledge, 2016), p. 15.

④ Mary E. Kite and Bernard E. Whitley Jr., *Psychology of Prejudice and Discrimination*, 3rd ed. (New York: Routledge, 2016), p. 13.

员与特征和行为之间所感知的相关性"①。在自我分类理论这一社会心理学分支理论中,成见是分类的结果,以及在特定社会语境中产生意义这一正常过程的结果。根据这种理解,成见既不是认知扭曲,也不像其他对成见的定义所暗示的那样无理、僵化或刻板。②

然而,玛蒂娜·蒂耶在使用"成见"这一术语时,观察到了一种规范化倾向。她指出:"经过长期观察,该术语出现了一种规范的趋势。按照该趋势,成见已经被概念化为错误的认知,因此本身就是'坏的',需要加以反对。"③李·吉西姆提出了一系列令人信服的论点,来挑战广为流传的成见本质上是错误的观念。根据李·吉西姆的说法,当一个人用日常语言指责另外一个人对某个群体抱有成见时,无异于是对这一个人的观念进行严厉控诉。这一论断无论是明确的还是含蓄的,都意味着"我的观念是合情合理、恰当的,而你的想法,至少当它们与我的不同时,只不过是成见而已"④。

在现代的定义中,李·吉西姆认为理查德·D. 阿什莫尔和弗朗西斯·K. 德尔·博卡对成见的定义最具有说服力。他们认

---

① Thorsten Meiser, "Illusorischen Korrelationen," in Johannes Hoffmann, *Stereotypen, Vorurteile, Völkerbilder in Ost und West: in Wissenschaft und Unterricht: Eine Bibliographie*, ed. Petersen and Six (Wiesbaden: Harrassowitz, 1986), p. 53.

② Michael Wenzel and Sven Waldzus, "Die Theorie der Selbstkategorisierung," in Johannes Hoffmann, *Stereotypen, Vorurteile, Völkerbilder in Ost und West: in Wissenschaft und Unterricht: Eine Bibliographie*, ed. Petersen and Six (Wiesbaden: Harrassowitz, 1986), p. 234.

③ Martina Thiele, *Medien und Stereotype: Konturen eines Forschungsfeldes* (Bielefeld: Transcript Verlag, 2015), pp. 96-97.

④ Lee Jussim, *Social Perception and Social Reality: Why Accuracy Dominates Bias and Self-Fulfilling Prophecy* (Oxford: Oxford University Press, 2012), p. 301.

为："成见是关于一个社会群体个人属性的一套观念。"① 这个定义是恰当的，因为它保留了其他定义中所假定的成见的开放方面。正如学者们所写的，成见可能会也可能不会：

1. 准确及理性；
2. 被广泛分享；
3. 是有意识的；
4. 是刻板的；
5. 夸大群体间的差异；
6. 假定群体差异是本质或生物性的；
7. 引起或反映偏见；以及
8. 导致偏见和自我实现的预言。②

李·吉西姆说，成见有时是真实理性的，有时则是不准确及非理性的。他批判了成见被描述为精神捷径和进行概括时所产生的负面含义。

> 然而，概括可以被视为一种非凡的认知和智力成就，标志着人类的重要优势之一，不是懒惰愚蠢的反映。不能进行概括和抽象的人有着严重的认知障碍，并且科学理论也往往需要从具体事例到普遍原则的非凡飞跃……如果没有概括的力量，智人不可能达到他们目前的地位，成为地球上的主导物种。③

---

① Richard D. Ashmore and Frances K. Del Boca, quoted in Lee Jussim, *Social Perception and Social Reality: Why Accuracy Dominates Bias and Self-Fulfilling Prophecy* (Oxford：Oxford University Press, 2012), p. 302.

② Lee Jussim, *Social Perception and Social Reality: Why Accuracy Dominates Bias and Self-Fulfilling Prophecy* (Oxford：Oxford University Press, 2012), p. 302.

③ Lee Jussim, *Social Perception and Social Reality: Why Accuracy Dominates Bias and Self-Fulfilling Prophecy* (Oxford：Oxford University Press, 2012), p. 300.

也许我们应该判断一下心怀偏见之人的想法是什么，让事情变得简单些。心怀偏见之人首先把对方视作某个特定群体的成员。与该群体相关的某些特征和行为会被激活、引起自发的心理联想，而这些联想与某些判断（"冷淡""懒惰""勤奋""聪明"）相关，触发特定的情绪。

在我看来，一个人是否以情绪化的表达自发地说出这些联想，或者将与之相关的判断及情感合理化，并以更复杂的方式表达出来，都是无关紧要的。心怀偏见的人会把这些联想投射到另一个人身上：根据他对该群体的偏见，他对此人的判断会比没有这些相关联想时更有利或更不利。即使这些联想明显不适用于此人，心怀偏见之人对整个群体的判断也不会改变。相反，他会认为这个人是个例外，反倒证实了原本设想的规则。偏见不可能轻易被与之相矛盾的知识、事实或经验纠正，因此偏见总是根深蒂固的。

社会偏见是与某个群体的特征关联在一起的（通常具有判断的性质），这些特征被其他群体认为是该群体的典型性特征。然而，这些关联并不适用于该群体的所有人，因为它们并不代表这个群体无可争议的特征。从心怀偏见之人的角度来看，这些关联似乎是正确的描述和概括，但往往是模糊的，其理由也充满争议。它们当然有可能引发激烈的争论，特别是当联想和描述极其负面的时候。

然而，偏见的特点就是，目标群体的成员通常由于属于或不属于某群体或与之有联系而被评价为好或坏。爱丽丝·H. 伊格利和阿曼达·B. 迪克曼写道："正是目标群体成员的身份导致了对其评价的降低，形成了与其角色不一致的偏见。"

如上所述，人们一般很难甚至不可能确定一个判断是对还是错。在本书中，我很少讨论对富人的偏见和成见是否真实这一问题。在有些情况下，这种判断是很难衡量的。例如，你如何衡量富人是否"冷酷"？原则上，我们有时可以确定一种偏见是否正确——例如，拥有特定收入或财富类别的人是否比一般人更聪明。但多数情况下，即使这种判断在原则上是有可能的，仅仅由于缺乏关于偏见的学术研究，我们也无法确定偏见的真实性。

第四节　公然和微妙的偏见以及它们为什么如此难以衡量

托马斯·F. 佩蒂格鲁和罗埃尔·W. 梅尔滕斯区分了"公然的偏见"和"微妙的偏见"。[①] 这种区分越来越重要了，因为价值观的改变和普遍的"政治正确"，人们往往不再公开表达对某些群体（例如移民）的偏见。人们感觉到，表达这种偏见，即使是对民意调查人员，也是不为社会所接受的。例如，很少有反犹分子会公开承认他们的偏见，即使被匿名询问，他们也会拼命以一种正面的态度来展现自己。因此，除了直接询问外，研究人员已经开始开发其他分析方法，以识别更加微妙的偏见形式。例如，采用反应时间法来衡量某些术语相互关联的程度。[②]

人们认为微妙的偏见通常有三个组成部分。[③] 第一部分是

---

① Thomas F. Pettigrew and Roel W. Meertens, "Subtle and Blatant Prejudice in Western Europe," *European Journal of Psychology* 25, no. 1 (1995), p. 71.

② 关于直接与间接衡量法的比较，见 Thomas Eckes, "Messung von Stereotypen," in Johannes Hoffmann, *Stereotypen, Vorurteile, Völkerbilder in Ost und West: in Wissenschaft und Unterricht: Eine Bibliographie*, ed. Petersen and Six (Wiesbaden: Harrassowitz, 1986), pp. 98–104。

③ 关于三个组成部分的更多信息，见 Lars-Eric Petersen, "Vorurteile und Diskriminierung," in Johannes Hoffmann, *Stereotypen, Vorurteile, Völkerbilder in Ost und West: in Wissenschaft und Unterricht: Eine Bibliographie*, ed. Petersen and Six (Wiesbaden: Harrassowitz, 1986), p. 195。

"对传统价值观的捍卫"，有批判性的或许是心照不宣的断言，即群体外的成员是不会按照这些价值观行事的。第二部分是"文化差异的夸大"，强调群体内外的差异。第三部分是对群体外的成员"不怀有正面的情感"。①

"微妙的偏见"这一概念的问题在于，它很容易被滥用。例如，一篇解释公然的偏见和微妙的偏见区别的文章指出，怀有微妙的偏见的人说，他们不想驱逐所有移民，只想驱逐那些"显然与偏见理由无关的人（例如，驱逐已被定罪的罪犯）"②。支持驱逐已被定罪的罪犯的人因此被描述为心怀偏见的人，在我看来这是一种武断的说法。

同样，下面的态度有时会被描述为"象征性的种族主义"（这个词语与"微妙的偏见"相似）："不愿意采取平权行动来促进黑人在就业、教育、福利等方面的发展。"③ 因此，每个反对平权法案的人都被描述为对黑人抱有偏见。虽然我们可以推测每个对黑人抱有偏见的人也都反对平权行动，但这种说法绝不能证明每个反对平权行动的人都对黑人有偏见。

有争议的是，托马斯·F. 佩蒂格鲁和罗埃尔·W. 梅尔滕斯认为某些人对传统价值观的重视和对保守信仰的坚守也是微妙的偏见的组成部分。④ 他们甚至指出将非法或犯罪移民驱逐

---

① Thomas F. Pettigrew and Roel W. Meertens, "Subtle and Blatant Prejudice in Western Europe," *European Journal of Psychology* 25, no. 1 (1995), p. 71.

② Lars-Eric Petersen, "Vorurteile und Diskriminierung," in Johannes Hoffmann, *Stereotypen, Vorurteile, Völkerbilder in Ost und West: in Wissenschaft und Unterricht: Eine Bibliographie*, ed. Petersen and Six (Wiesbaden: Harrassowitz, 1986), p. 195.

③ Andreas Zick and Beate Küpper, "Rassismus," in Johannes Hoffmann, *Stereotypen, Vorurteile, Völkerbilder in Ost und West: in Wissenschaft und Unterricht: Eine Bibliographie*, ed. Petersen and Six (Wiesbaden: Harrassowitz, 1986), p. 113.

④ Thomas F. Pettigrew and Roel W. Meertens, "Subtle and Blatant Prejudice in Western Europe," *European Journal of Psychology* 25, no. 1 (1995), p. 59.

出境也是微妙的偏见的表现。① 例如，如果有人公开表达 "群体外成员犯了严重的罪行或没有移民证件，就将他们驱逐出境" 的愿望，② 那么这个人就会被认定抱有微妙的偏见。按照这个观点，最终只有提倡某类移民及难民政策的极端平等主义者才会被视为不带偏见的人。如此一来，"偏见" 就成了针对政治异见者的论战词——这里针对的是保守派。

拉斯-埃里克·彼得森对没有偏见的人和有明显及微妙偏见的人进行了如下区分："没有偏见的人会将规范内化，有明显偏见的人则忽视或拒绝规范。有微妙的偏见的人则尽可能按照规范行事，但如果他们发现自己处在一个接受偏见行为的环境，或是受到地位较高者的鼓动，能够免除自己歧视他人的责任，他们就会根据自己微妙的仇外态度，以仇外的方式行事。"③

人们似乎不敢再公开表达那些被贴上偏见标签的态度。但同样真实的是，在过去 50 年里，西方社会的人们对男女同性恋者的态度发生了根本性的改变（不仅仅是表面上或理论上的）。有一种风险是，间接的衡量方式可能会把某些观点归为种族歧视或性别歧视，这种分类会错误地把所有持该观点的人都归为种族主义者或性别歧视者，即便他们不是。

艾莉森·C. 奥斯维德、帕特丽夏·J. 朗和艾米丽·K. 沃勒设计了一份调查问卷来衡量不宽容度。她们发现，对某一群

---

① Thomas F. Pettigrew and Roel W. Meertens, "Subtle and Blatant Prejudice in Western Europe," *European Journal of Psychology* 25, no. 1 (1995), p. 63.

② Thomas F. Pettigrew and Roel W. Meertens, "Subtle and Blatant Prejudice in Western Europe," *European Journal of Psychology* 25, no. 1 (1995), p. 70.

③ Lars-Eric Petersen, "Vorurteile und Diskriminierung," in Johannes Hoffmann, *Stereotypen, Vorurteile, Völkerbilder in Ost und West: in Wissenschaft und Unterricht: Eine Bibliographie*, ed. Petersen and Six (Wiesbaden: Harrassowitz, 1986), p. 197.

体表现出偏见和不宽容的人，通常也会对其他群体表现出不宽容。她们的调查包括涉及以下六个群体的偏见问题：

1. 基于性取向的偏见（例如，针对女同性恋者、男同性恋者、双性恋者或变性人的偏见）；

2. 基于阶层的偏见（例如，对穷人的偏见）；

3. 性别歧视（例如，针对女性的偏见）；

4. 种族主义偏见（例如，针对黑人的偏见）；

5. 年龄歧视（例如，针对老年人的偏见）；

6. 宗教不宽容。

调查问卷的 54 个问题表明，偏见是多么难以衡量。一方面，偏见确实不能简单根据直接的种族主义或性别歧视言论来衡量，因为受访者不会公开发表歧视性言论，这种言论在社会上是不被接受的；另一方面，研究人员试图用怀有偏见之人常用的正统的政治言论来衡量偏见，这也是有问题的。这种政治言论并不仅限于这些心怀偏见的群体使用。以下是调查问卷中的一些例子。[①]

● 我支持允许少数族裔租赁或购买房屋的法律，即使出售或出租房产的人不希望向少数族裔出售或出租房屋；

● 少数族裔对学校废除种族隔离计划的影响超过了应有的程度；

● 少数族裔在争取平等权利方面要求太高了；

● 大多数老年人很烦人，因为他们一遍又一遍地讲同

---

① Allison C. Aosved, Patricia J. Long and Emily K. Voller, "Measuring Sexism, Racism, Sexual Prejudice, Ageism, Classism, and Religious Intolerance: The Intolerant Schema Measure," *Journal of Applied Social Psychology* 39, no. 10 (2009), pp. 2351-2353.

样的故事；

· 我缴纳的税款中有太多花在了那些不愿照顾自己的人身上；

· 监狱里的穷人比富人更多，因为犯罪的穷人更多。

我们已经看到，现代偏见研究越来越多地采用隐性测量法来减少与社会期望偏差相关的问题。社会越公开禁止种族主义或性别歧视的态度，这些问题就会越严重。在这种情况下，直接谈话不一定能够识别偏见。弗朗切斯卡·M.弗朗科和安妮·马斯研究了何时该用显性方法衡量偏见，以及何时该用隐性方法衡量偏见。隐性测量法包括以下几点：

· 在调查中使用"温和的"表述，使回答者不担心他们同意该表述时，他们会被视为性别歧视者或种族主义者；

· 在与少数群体进行互动时，对其进行生理测量（接触距离、眼神交流等）；以及

· 反应时间测量，受访者意识到某个类别或分组标签已被激活所花的时间。[1]

传统访谈法比隐性测量法更容易操作，而且后者使得上面提到的偏见概念内涵不断扩大，因此有必要判断何时可以使用直接访谈，而不必担心出现严重的扭曲。研究人员们认为，反对歧视少数群体的道德规范越弱，使用显性测量法的问题就越少。

---

[1] Francesca M. Franco and Anne Maass, "Intentional Control over Prejudice: When the Choice of the Measure Matters," *European Journal of Social Psychology* 29, no. 4 (1999), p. 470.

　　研究人员确定了 13 个社会群体在多大程度上享有针对公开歧视的规范性保护。量表评分从 1（表达负面评价是绝对不可接受的）到 9（表达负面评价是绝对可以接受的），其中犹太人得分 2.1，宗教激进主义者得分 7.1。20 世纪 90 年代末，在意大利进行这项研究时，人们认为公开歧视残疾人、犹太人和黑人是非常不受社会欢迎的。对位于量表另一端的群体，人们可以发表负面评论而不担心受到谴责。①

　　据弗朗切斯卡·M. 弗朗科和安妮·马斯推测，相比不怎么关注公众对其好恶的群体，显性和隐性测量法对于鼓励公众抑制其偏见的群体更容易产生不同的结果。该推测已在若干实验中得到了证实。

　　在本项调查开始之前，我猜想，相比其他少数群体，人们更愿意表达对富人的负面言论。调查问卷中的一个问题测试并证实了这一假设。尽管事实证明，公开批评富人比批评其他少数群体更容易为社会所接受，但在调查中确保提出的问题不要太直接仍然很重要，因为问题太直接可能会引起条件反射，让人们做出更符合社会规范的回答（"如此恶劣地评论他人或一概而论地对待他人是不对的"）。对富人的嫉妒问题尤其如此，因为一般来说，表现出嫉妒被认为是不可取的。

---

① Francesca M. Franco and Anne Maass, "Intentional Control over Prejudice: When the Choice of the Measure Matters," *European Journal of Social Psychology* 29, no. 4（1999），p.472.

第二章

什么是阶级歧视？

自沃尔特·李普曼的经典著作《公众舆论》大约 100 年前（1921 年）首次出版以来，研究人员一直在研究偏见和成见。仅在过去的几十年里，研究人员就该主题发表与出版了大量论文和著作。该研究尤其关注以下偏见和成见：[①]

- 区域成见（例如，与国家和地区有关的成见）；
- 民族种族成见（例如，与黑人或辛提人及罗姆人有关的成见）；
- 性与性别成见（例如，与女性或男女同性恋者有关的成见）；
- 年龄成见；
- 职业成见；
- 经济及阶级成见；
- 身体成见（例如，与肥胖有关的成见）。

种族主义和性别歧视格外受关注，对职业成见的研究则相对较少。在对职业成见所做的调查中，人们倾向于关注记者、

---

① 下文内容见 Martina Thiele, *Medien und Stereotype: Konturen eines Forschungsfeldes* (Bielefeld: Transcript Verlag, 2015), pp. 83–84。

政客、科学家和医生。需要接受学术培训的职业群体主要是传统的专业人士最受关注。[1]

贝蒂娜·斯宾塞和伊曼纽尔·卡斯塔诺注意到"传统的成见及偏见研究文献关注的是种族和性别问题"。基于阶级或阶级从属关系的偏见研究要少得多。根据贝蒂娜·斯宾塞和伊曼纽尔·卡斯塔诺的观点，下层阶级成员的存在感比少数民族或妇女的要低得多。[2]

文献经常提到美国心理学会在 2000 年 8 月 6 日通过的一项决议，该决议要求对美国穷人和富人生活条件的差异进行严格调查。在一份 17 点名录中，美国心理学会承诺要更加有效地倡导"社会公正"。该名录的第一点明确论述了研究、调查阶级歧视的重要性。[3]

种族偏见和阶级偏见常常相伴而生，因为人们常常会看到两者之间的关联。"就像拉丁美洲人说的那样，'金钱会漂白肤色'。一个富有或受过高等教育的少数族裔会获得更高的地位。在越来越多的情况下，阶级可以战胜种族。"[4] 有几项研究已经证实，基于阶级的偏见比基于种族或性别的偏见更加明显。研究人员调查了参与者在给一位申请成为子女家委会副主席的女性打分时的感受："目标女性被认为是拉丁裔、犹太人或盎格鲁-撒克

---

① Martina Thiele, *Medien und Stereotype: Konturen eines Forschungsfeldes* (Bielefeld：Transcript Verlag, 2015), p. 363.

② Bettina Spencer and Emanuele Castano, "Social Class Is Dead：Long Live Social Class！Stereotype Threat among Low Socioeconomic Status Individuals," *Social Justice Research* 20, no. 4 (2007), p. 428.

③ Andreas Kemper and Heike Weinbach, *Klassismus: Eine Einführung*, 2nd ed. (Münster：Unrast-Verlag 2016), p. 100.

④ Susan T. Fiske, *Envy Up, Scorn Down: How Status Divides Us* (New York：Russell Sage Foundation, 2011), p. 49.

逊人，属于工人阶级或中产阶级。不分种族，来自工人阶级的目标女性被认为不像中产阶级女性那么咄咄逼人、追求完美，她们更加平静、温顺、粗俗、不负责任，相对而言不适合这个职位。被评估者的种族归属没有像其阶级背景那样导致很多成见。"①

贝蒂娜·斯宾塞和伊曼纽尔·卡斯塔诺继续解释道，对社会经济地位成见的心理学研究远比对基于性别、种族或其他特征的成见研究更有限。他们声称，造成这种差异的原因可能是心理学家通常属于中产阶级，而他们自己在不知不觉中延续了这种偏见。"心理学文献显示出的这一差距与社会经济地位较低的人在人际关系和制度关系中已然面临的被忽视、被排斥情况是极其相似的。原因可能是，心理学家往往将其理论建立在与己相似的人群基础上，即中产阶级，因此增加并延续了阶级歧视。"②

尽管对基于阶级归属的成见的甄别和研究极其重要，但此类研究要远远少于其他领域的研究。"一旦该观点被更广泛地接受，就可能会涌现出更多关注社会经济地位的心理学研究，接下来我们将寻找方法消除对经济地位较低者的成见或偏见，以及这些偏见或成见对其生活造成的负面影响。"贝蒂娜·斯宾塞和伊曼纽尔·卡斯塔诺写道。③ 但他们没有进一步追问缺乏对较高经济地位人群偏见或成见的研究是不是有着类似的原因。

---

① Bettina Spencer and Emanuele Castano, "Social Class Is Dead: Long Live Social Class! Stereotype Threat among Low Socioeconomic Status Individuals," *Social Justice Research* 20, no. 4 (2007), p. 421.

② Bettina Spencer and Emanuele Castano, "Social Class Is Dead: Long Live Social Class! Stereotype Threat among Low Socioeconomic Status Individuals," *Social Justice Research* 20, no. 4 (2007), p. 421.

③ Bettina Spencer and Emanuele Castano, "Social Class Is Dead: Long Live Social Class! Stereotype Threat among Low Socioeconomic Status Individuals," *Social Justice Research* 20, no. 4 (2007), p. 429.

第一节　向下阶级歧视和向上阶级歧视

"阶级歧视"一词不如"性别歧视"那么为人所知。2016年，安德里亚斯·肯珀和海克·魏巴赫写道，"与种族歧视、性别歧视和反犹太主义相比，对阶级歧视学术的、通俗科学的阐述才刚刚开始"[1]。

他们观察道："对阶级歧视的分析涉及与社会经济地位相伴而来的成见和堕落，因此被合法化。"[2] 然而，"阶级歧视"这个词经常沦为针对社会弱势群体的成见和偏见。这两位学者指出："牙齿脱落、衣衫褴褛、沉迷电视和光碟、对高雅文化不感兴趣、酗酒、不管孩子、滥交、不自立、缺乏自控力……这一切已成为失业者、低社会经济地位及低收入人群给人的刻板印象。"[3]

人们在讨论阶级歧视时，区分了向下阶级歧视和向上阶级歧视。"第一种形式的阶级歧视，"威廉·明·刘解释说，"就是人们通常所说的阶级歧视：有权有势或上层社会的人排斥和歧视下层社会的人。这就是我所说的向下阶级歧视或阶级歧视，是针对那些被认为处于较低社会阶层的人的偏见和歧视。"[4] 他还指出："第二种形式是向上阶级歧视。它是对那些

---

[1] Andreas Kemper and Heike Weinbach, *Klassismus*：*Eine Einführung*, 2nd ed. (Münster：Unrast-Verlag 2016), p. 47.

[2] Andreas Kemper and Heike Weinbach, *Klassismus*：*Eine Einführung*, 2nd ed. (Münster：Unrast-Verlag 2016), p. 11.

[3] Andreas Kemper and Heike Weinbach, *Klassismus*：*Eine Einführung*, 2nd ed. (Münster：Unrast-Verlag 2016), p. 18.

[4] William Ming Liu, *Social Class and Classism in the Helping Professions*：*Research*, *Theory*, *and Practice* (Thousand Oaks, CA：Sage, 2011), p. 199.

被认为处于较高社会阶层的人的偏见和歧视。例如，给某人贴
上精英、势利小人或布尔乔亚（俚语，指资产阶级）的标签
就是一种向上阶级歧视的表现。在人际关系方面，向上阶级歧
视也可能表现为忌恨或嫉妒。"① 此外，威廉·明·刘还提出
了"横向阶级歧视"和"内化阶级歧视"。然而，这些术语还
没有在研究中确立自己的地位。

即使从根本上对向上阶级歧视概念持批评态度的学者也承
认"蓝领工人也心存偏见，比如针对富人和知识分子的偏
见"②。接受政府资助的人"对富人或学者的成见和贬低，也
是某种形式的歧视，即使前者由于身处劣势不能使自己的歧视
具有权威性或规范性。然而，这种歧视也助长了民众贬低他人
的政治氛围"③。

对于阶级歧视是否应该包括针对富人及较高社会经济地位
者的歧视，存在很多争议。反对这种概念扩大化的人将阶级歧
视限定为一种本质上基于"结构优势"的"自上而下的做
法"。④ 有人认为，阶级歧视不仅是一种偏见，还是某种形式
的压迫，而压迫被理解为偏见和社会权力的结合。这种组合同
样适用于其他形式的压迫，如种族主义或性别歧视。安德里亚
斯·肯珀和海克·魏巴赫指出："被支配群体和支配群体之间
存在着偏见，但只有处于统治地位的群体才有能力通过压迫使

---

① William Ming Liu, *Social Class and Classism in the Helping Professions: Research, Theory, and Practice* (Thousand Oaks, CA: Sage, 2011), p. 200.
② Andreas Kemper and Heike Weinbach, *Klassismus: Eine Einführung*, 2nd ed. (Münster: Unrast-Verlag 2016), p. 23.
③ Andreas Kemper and Heike Weinbach, *Klassismus: Eine Einführung*, 2nd ed. (Münster: Unrast-Verlag 2016), p. 51.
④ Andreas Kemper and Heike Weinbach, *Klassismus: Eine Einführung*, 2nd ed. (Münster: Unrast-Verlag 2016), p. 23.

其偏见在结构上有效。"①

　　这就是为什么大多数阶级偏见及成见分析仅限于针对蓝领工人或较低社会经济地位群体。按照这种理解，阶级歧视总是针对弱势群体的。伯尼斯·洛特指出："就像性别歧视、种族歧视和同性恋歧视一样，阶级歧视特指针对被社会贬低的弱势群体的消极态度、看法和行为。"② 然而，具有讽刺意味的是，在感叹缺乏阶级成见研究的同时，伯尼斯·洛特却选择将针对富人的负面偏见和成见研究延续下去。她以最大的同情心描述了穷人的社会环境，对富人生活方式的描述则仅限于重复罗伯特·弗兰克的著作《富人国：探秘美国富人潮及新富之生活》中的极端个例。③ 这些例子包括富人花费9800美元购买鱼子酱，购买三个月的家庭鲜花花费24525美元和一套25支装的雪茄花费730美元。④ 这就是一个极好的例子，完美展示了那些主张对阶级偏见进行更多研究的人长期以来遭受的诟病：研究人员显然不认识富人，因此只是在重复媒体传播的刻板印象。

　　当然，有些富人愿意在这些奢侈品上花很多钱，但可能更多的富人永远不会进行这种炫耀性的消费。在伯尼斯·洛特的文章中，富人被刻板地描绘成过度奢侈的人。他们违反法律，在谈判中撒谎，做出不道德的行为，常常通过职业关系而不是

---

①　Andreas Kemper and Heike Weinbach, *Klassismus: Eine Einführung*, 2nd ed. (Münster: Unrast-Verlag 2016), p. 105.

②　Bernice Lott, "The Social Psychology of Class and Classism," *American Psychologist* 67, no. 8 (2012), p. 654.

③　Robert Frank, *Richistan: A Journey through the American Wealth Boom and the Lives of the New Rich* (New York: Random House, 2007).

④　Bernice Lott, "The Social Psychology of Class and Classism," *American Psychologist* 67, no. 8 (2012), p. 654.

自己的努力来获取财富。因此，有阶级歧视的研究人员自己也在延续阶级的成见——当他们提到富人时。

威廉·明·刘引用了报纸上的一篇文章。该文章描述了一个年收入 30 万美元的家庭艰难维持其生活方式。这个家庭的税后月收入为 1.5 万美元~1.7 万美元，这一数字显然是作者难以想象的。当他用引号来指出这个家庭的"刚需品"或"必需品"时，就清楚地表明了这一点，其中包括每年 4 万美元的保姆开销。[①]"也就是说，如果用'懒惰'的内在属性描述那些穷人，那么用贪婪和享乐主义形容富人岂不是同样公平？"他问道。[②]

美国心理学家反复解释，为什么对阶级偏见的研究远远少于反犹太主义、种族主义或性别歧视等方面的研究。一种解释是，心理学家们体验过种族歧视、性别歧视、年龄歧视、同性恋歧视和残疾歧视，但是只有一小部分心理学家出身于社会经济地位低或工人阶级的家庭。即使对这一小部分心理学家来说，贫穷也只是过去的事情而不是当下的现实。[③]

2002 年，伯尼斯·洛特批判了这样一个事实："在心理学研究中，穷人几乎被完全忽视，心理学家们也普遍缺乏对社会阶层的关注，尽管人们开始直接关注多元文化和多样性……但在思考多元文化问题时明显忽略了社会阶层，这说明了心理学学科的某些现实。心理学理论只关注那些与理论构建者相似的

---

① William Ming Liu, *Social Class and Classism in the Helping Professions: Research, Theory, and Practice* (Thousand Oaks, CA: Sage, 2011), p. 183.

② William Ming Liu, *Social Class and Classism in the Helping Professions: Research, Theory, and Practice* (Thousand Oaks, CA: Sage, 2011), p. 184.

③ Andreas Kemper and Heike Weinbach, *Klassismus: Eine Einführung*, 2nd ed. (Münster: Unrast-Verlag 2016), p. 101.

人，即中产阶级（主要是欧洲裔美国人）。"①

这个论点似乎有些道理，这也是为什么研究人员很少研究向上阶级歧视的原因。推动反犹太主义研究的主要是犹太人，关注性别歧视的大多是女性研究者，带头研究针对性取向少数群体偏见的是男女同性恋者。来自工人阶级家庭的芭芭拉·詹森这样的研究人员研究针对工人阶级的偏见，这并非巧合。作为一个从中产阶级上升到富人阶层的人，我选择研究针对富人的偏见和成见，这也不是巧合。

迄今为止，阶级歧视研究一直单方面关注向下阶级歧视。在许多情况下，对富人的偏见和成见甚至不被认为是阶级歧视。威廉·明·刘是美国阶级歧视研究的领军人物之一，他否认有些负面行为导致了对富人的一概而论，而这种笼统的概括又加深了人们对富人的成见。他说："例如，实际上并不存在任何针对富裕男性的严重的身份攻击。而且……对每个富人的评价都是独立的，一个富人的不良行为不一定会造成针对整个富裕群体的成见，或致其权力下降。"② 当然，群体中一个成员的负面行为并不一定会强化人们对该群体整体的成见。然而，情况往往是：如果一个管理者或银行家行为不道德，或在行为可疑的情况下获得大量红利，那么许多人和媒体就会认为这不仅仅是个人问题，从而进一步强化"贪婪的经理"或"贪婪的银行家"的刻板印象。

亚历山大·J. 科尔博和他的同事们开发了一系列工具以

---

① Bernice Lott, "Cognitive and Behavioral Distancing from the Poor," *American Psychologist* 57, no. 2 (2002), p. 101.

② William Ming Liu, "Introduction to Social Class and Classism in Counseling Psychology," in *The Oxford Handbook of Social Class in Counseling*, ed. William Ming Liu (Oxford: Oxford University Press, 2013), p. 4.

衡量向下阶级歧视和向上阶级歧视。以下表述是用来衡量向上阶级歧视的：

- 在大多数困难情况下，富人会采取简单方法脱困；
- 富人不了解普通人的经历；
- 富人的孩子是麻烦制造者；
- 我讨厌来自上层社会的人；
- 许多富人正试图滥用社会体系；
- 富人多半很自私。[1]

从他们的研究中我们可以看出，向上阶级歧视和"生活满意度"之间存在着最大负相关，[2] 即使多元回归分析控制了其他变量。[3] 生活满意度是用七点量表（seven-point scale）来衡量的。陈述样本包括"到目前为止，我已经得到了生命中想要的重要东西"，以及"如果可以再活一次，我几乎什么都不会改变"[4]。在这个量表上得分高的人不太可能表现出向上阶级歧视。

研究人员提出了以下假设来解释他们的发现："对自己的生活环境或向上流动的前景不满意的人可能会试图将责任归咎于他人，并为那些所谓富人配不上这样的成功之类的说法找借口……富人可能很容易成为替罪羊，那些对自己的生活不满的

---

① Alexander J. Colbow et al., "Development of the Classism Attitudinal Profile (CAP)," *Journal of Counseling Psychology* 63, no. 5 (2016), p. 577.

② Alexander J. Colbow et al., "Development of the Classism Attitudinal Profile (CAP)," *Journal of Counseling Psychology* 63, no. 5 (2016), p. 578.

③ Alexander J. Colbow et al., "Development of the Classism Attitudinal Profile (CAP)," *Journal of Counseling Psychology* 63, no. 5 (2016), p. 581.

④ Alexander J. Colbow et al., "Development of the Classism Attitudinal Profile (CAP)," *Journal of Counseling Psychology* 63, no. 5 (2016), p. 574.

人可以把问题归咎于富人，或给自己的处境找个合理借口，减少不平衡、不协调。"①

研究人员在向上阶级歧视与收入和性别之间也发现了负相关，尽管关联度很小，但在统计上是非常有意义的。向上阶级歧视在低收入群体中比在高收入群体中更为普遍，在男性中比在女性中更为明显。②

第二节　美国媒体中的阶级歧视

戴安娜·肯德尔撰写的《阶级框架：美国媒体对贫富的描述》是为数不多的广泛而深入研究阶级歧视的著作之一，核心就是研究针对富人的成见。该研究不是对媒体内容的定量分析，但作者查阅了大量材料，包括《纽约时报》和大量的热门电视节目，如《真实的家庭主妇》和《单身女郎》，以及专门关注富人及其消费习惯的特殊兴趣杂志和相关电视节目。因此，戴安娜·肯德尔的著作并不局限于纯粹的政治或商业报道。她的著作探讨了"媒体框架"，其定义如下："媒体框架这个术语描述了媒体（报纸、杂志、广播电视以及互联网）在向受众发布信息和娱乐作品之前对其进行包装的过程。"③ 媒体展现了读者和观众对富人羡慕和排斥的情感。她指出："新闻报道和娱乐节目故事线中最受欢迎的媒体框架在人们头脑中形成

---

① Alexander J. Colbow et al., "Development of the Classism Attitudinal Profile (CAP)," *Journal of Counseling Psychology* 63, no. 5 (2016), p. 581.

② Alexander J. Colbow et al., "Development of the Classism Attitudinal Profile (CAP)," *Journal of Counseling Psychology* 63, no. 5 (2016), p. 581.

③ Diana Kendall, *Framing Class: Media Representations of Wealth and Poverty in America*, 2nd ed. (Lanham, MD: Rowman & Littlefield, 2011), p. 8.

了既定的模式，即对富人可以既爱又恨。"① 作者划分了以下六种不同的媒体框架：

- 共识框架：富人和其他人是一样的；
- 赞赏框架：富人慷慨大方，充满爱心；
- 效仿框架：富人是美国梦的化身；
- 价格标签框架：富人相信物质主义；
- 酸葡萄框架：富人不开心、不正常；
- 坏苹果框架：有些富人是无赖。②

共识框架。在该框架下，媒体强调富人在许多方面与其他阶层的人是相似的，淡化了富人和其他阶层人士之间的重要区别。媒体报道中共识框架的例子包括，将富人描绘成同样遭受 2008 年经济衰退和房价下跌之苦的人。戴安娜·肯德尔不仅描述了这些框架，而且对它们进行了批判——当然是从明确的反资本主义立场出发的。她指出："如果将非常有钱的人仅仅看作比他人拥有更多财富的乡巴佬，那么在新闻报道和娱乐节目中资本主义经济固有的令人厌恶的区别就会被掩盖，阶级压迫被淡化，或者似乎根本不存在。"③

这些报道强调富人和其他阶层人士的相似之处，其心理功能可以用完全不同的方式来解释：媒体对富人的日常问题进行报道，尤其是那些强调富人与其他阶层人士没有多大区

---

① Diana Kendall, *Framing Class: Media Representations of Wealth and Poverty in America*, 2nd ed. (Lanham, MD: Rowman & Littlefield, 2011), p. 22.

② Diana Kendall, *Framing Class: Media Representations of Wealth and Poverty in America*, 2nd ed. (Lanham, MD: Rowman & Littlefield, 2011), pp. 29 et seq.

③ Diana Kendall, *Framing Class: Media Representations of Wealth and Poverty in America*, 2nd ed. (Lanham, MD: Rowman & Littlefield, 2011), pp. 32–33.

别的报道，为不富裕的人提供了安慰。"如果富人最终和其他阶层人士一样面临同样的问题，那么富有又有什么用呢？"有人可能会这样问。媒体传达的信息很明确：单凭金钱并不能让你快乐。这样的观点起到了心理安抚作用，因为财富似乎不那么令人向往了——许多问题恐怕不是用钱就能解决的。如果有什么区别的话，也是财富实际上制造了新问题。这就引出了后面我们会讨论的另一个框架——酸葡萄框架。

赞赏框架。这个框架就是要把富人描绘成慷慨大方、有爱心的人，他们进行慈善捐款，支持公益事业。赞赏框架通常用于宣传慈善派对和其他慈善活动。戴安娜·肯德尔批判了这种框架："媒体充当了富人的公关渠道，通过向他人宣扬富人的善行，帮助他们抚平和掩盖商业交易中的瑕疵和（有时）不道德的行为。"①

效仿框架。该框架通常描述了那些来自底层并从贫穷走向富有的人的故事。这些鼓舞人心的故事展现了美国梦。戴安娜·肯德尔讲述了关于奥普拉·温弗瑞的一个真实的故事。②这种媒体对成功人士的描述强调了努力工作、拥有正确心态或性格特征的重要性。戴安娜·肯德尔批评这种描绘延续了美国梦的神话。③考虑到实现这一结果的可能性很低，面对21世纪头十年的经济及社会状况，效仿框架不仅引发了人们不切实际的预期，而且为那些经济状况较好的人提供了一个嘲笑经济

---

① Diana Kendall, *Framing Class: Media Representations of Wealth and Poverty in America*, 2nd ed. (Lanham, MD: Rowman & Littlefield, 2011), p. 34.

② Diana Kendall, *Framing Class: Media Representations of Wealth and Poverty in America*, 2nd ed. (Lanham, MD: Rowman & Littlefield, 2011), p. 41.

③ Diana Kendall, *Framing Class: Media Representations of Wealth and Poverty in America*, 2nd ed. (Lanham, MD: Rowman & Littlefield, 2011), p. 42.

状况不佳者的借口。① 戴安娜·肯德尔没提到的是，与 20 世纪 80 年代相比，今天白手起家的超级富豪比例要远远高于通过继承遗产致富的人的比例。② 此外，一般来说新闻媒介总会报道不寻常事件而不是一般性事件。比如，记者更有可能报道一架坠毁的飞机，而不是每一架安全着陆的飞机。"英雄"之所以受人钦佩，正是因为他们远离大众，可以激励和鼓舞他人，这并不是现在才有的现象。

价格标签框架。该框架体现了美国媒体的一种偏好，即提供只有富人才能负担得起的东西的精确信息。价格标签框架的例子包括昂贵的别墅、奢华的游艇、私人飞机、豪华汽车和富家子弟的昂贵玩具。③ 戴安娜·肯德尔批评说："根据媒体对富裕家庭为子女购买物品的报道，一些收入一般或低于平均水平的父母感到自己的能力不足，因为他们甚至买不起给孩子的便宜东西。"④ 媒体对一个价值 3 万美元⑤奢侈玩具的报道是否真的会给普通家长带来不称职感，这纯粹是猜测。再有，对于描述富人及其奢侈品的另一种解释显示了戴安娜·肯德尔没有批判到的一点：价格标签框架令人产生一种印象，即富人，至少大多数富人是肤浅的物质主义者，其唯一的人生目标就是购

① Diana Kendall, *Framing Class: Media Representations of Wealth and Poverty in America*, 2nd ed. (Lanham, MD: Rowman & Littlefield, 2011), p. 42.

② UBS Financial Services and Pricewaterhouse Coopers, "UBS/PwC 2015 Billionaire Report: Master Architects of Great Wealth and Lasting Legacies," 2015, p. 13.

③ Diana Kendall, *Framing Class: Media Representations of Wealth and Poverty in America*, 2nd ed. (Lanham, MD: Rowman & Littlefield, 2011), pp. 46-47.

④ Diana Kendall, *Framing Class: Media Representations of Wealth and Poverty in America*, 2nd ed. (Lanham, MD: Rowman & Littlefield, 2011), p. 48.

⑤ Diana Kendall, *Framing Class: Media Representations of Wealth and Poverty in America*, 2nd ed. (Lanham, MD: Rowman & Littlefield, 2011), p. 47.

买高价奢侈品来炫耀。

酸葡萄框架。该框架描述了那些大额遗产继承者遭受的身体、心理和其他创伤。许多类似文章描述了富人的痛苦，包括他们的自卑、缺乏自律、无聊、疏远、内疚和猜疑。这类文章还经常指出，富人很难与他人建立积极的关系，因为他们永远不知道别人是爱他们还是爱他们的钱。富裕家庭的家丑，尤其是那些有不忠行为和个人纠纷家庭的家丑，经常出现在电视上，比如风靡全球的电视节目《达拉斯》。[①] 戴安娜·肯德尔"酸葡萄"般的解释是令人信服的，因为从本质上讲，这样的描写给观众一种感觉：成为富人也许并没那么好。在我看来，该框架有一种心理安慰功能：既然富有不像人们所吹嘘的那样好，普通人也就无须追问为什么自己在财务上不成功——这正是读者和观众得出的结论，因为上述媒体的描述强调的是富有带来的问题，而不是优势。

坏苹果框架。该框架展示了许多媒体对富人的负面描述，比如，富人认为自己什么都能买，或能够贿赂他人。坏苹果框架也用于报道诈骗犯，以及靠其他非法手段致富的罪犯。戴安娜·肯德尔批评该框架没有指出问题的根源在于资本主义制度和社会不平等。戴安娜·肯德尔认为，这种现象被错误地描述为"个人的病态，而不是植根于社会更大的经济、政治或社会不平等的结构性问题"[②]。她提出了这样一个观点：记者选择关注少数几只坏苹果，却忽略了社会体系可能存在的固有的

---

① Diana Kendall, *Framing Class: Media Representations of Wealth and Poverty in America*, 2nd ed. (Lanham, MD: Rowman & Littlefield, 2011), pp. 58-59.

② Diana Kendall, *Framing Class: Media Representations of Wealth and Poverty in America*, 2nd ed. (Lanham, MD: Rowman & Littlefield, 2011), p. 71.

问题。① 然而，我们可以从完全相反的角度来批评这些报道。这些报道给人一种印象，即高层管理人员和富人比穷人有更多的欺诈和逃税行为，在法律和道德方面也更自由。这种刻板印象由于其本身的性质是不可能用媒体描述的个案来证实的，因此不一定符合事实。当然，名人和富人的不端行为比中产阶级的不端行为被报道得更为频繁，这往往是因为其涉及金额远远高于普通人逃税的金额。媒体丛林法则决定了，在世界范围内，一场导致 200 人死亡的空难，会比每年车祸死亡的 100 万人更能引发人们的兴趣——因为每起交通事故只会导致一人或几人死亡。在许多情况下，媒体制造的事件印象并不符合其实际的发生频率或危险程度。

戴安娜·肯德尔的研究体现了目前阶级歧视研究中存在的偏见。她批评媒体对富人的报道过于正面，但对于媒体有关穷人和工人的描述，她的批评表现出了相反的倾向性。她承认媒体的报道绝大多数是准确的，人性化地反映了贫困问题，获取了人们的同情。但她批评那些新闻报道只是将穷人视作统计数据，却没有描述他们的个人经历。她也批评只关注个人经历的报道，因为贫穷的结构性问题还是没有得到解决。她指出："（这类报道）仍然没有审视使贫穷长期存在的更大的结构性问题，比如经济不平等的加剧、就业机会的减少、持续存在的种族和性别歧视，以及其他一些减少了人们工作机会的社会和技术变革。"②

戴安娜·肯德尔还感叹道，新闻报道有时会给人一种印

---

① Diana Kendall, *Framing Class: Media Representations of Wealth and Poverty in America*, 2nd ed. (Lanham, MD: Rowman & Littlefield, 2011), p. 71.

② Diana Kendall, *Framing Class: Media Representations of Wealth and Poverty in America*, 2nd ed. (Lanham, MD: Rowman & Littlefield, 2011), p. 84.

象，即穷人"要为自己的困境负部分责任"，因为他们有某些行为，如吸毒或不找工作。① 戴安娜·肯德尔的批评涉及人性的概念，其根本理念是：人们无法对生活的结果负责，无论它是正面的还是负面的。媒体关于白手起家者和富人的报道受到了批评，因为它们有时会给人一种印象，即成功是由于个性特征和个人努力。与此同时，有关穷人的报道也受到了批评，因为它们让人觉得有些人要为自己的命运至少负部分责任。② 在戴安娜·肯德尔和其他阶级歧视研究人员看来，资本主义制度和"结构性"的不公正是导致人们变得富有或贫穷的罪魁祸首，对个人原因的报道则被贴上了试图将穷人的命运归咎于其本身的标签。

然而，戴安娜·肯德尔也批评了那些使用统计数据来探究贫困率或饥饿人口数量增减的纪实性报道。她说："关于数字辩论的文章让饥饿看起来像是一个数字游戏，变得不重要了。"③ 她接着说道："正如我们所看到的那样，新闻报道的主题框架强调数据及其收集方式。尽管媒体偶尔也向受众展示穷人的'人性面孔'，但关于政府统计数据如何产生、解释、传播以及用于社会决策的辩论很容易掩盖与贫穷、饥饿和无家可归相关的更大问题。"④

戴安娜·肯德尔认为，关于个人贫穷经历的负面描述

---

① Diana Kendall, *Framing Class: Media Representations of Wealth and Poverty in America*, 2nd ed.（Lanham, MD: Rowman & Littlefield, 2011），p. 87.

② Diana Kendall, *Framing Class: Media Representations of Wealth and Poverty in America*, 2nd ed.（Lanham, MD: Rowman & Littlefield, 2011），p. 87.

③ Diana Kendall, *Framing Class: Media Representations of Wealth and Poverty in America*, 2nd ed.（Lanham, MD: Rowman & Littlefield, 2011），p. 92.

④ Diana Kendall, *Framing Class: Media Representations of Wealth and Poverty in America*, 2nd ed.（Lanham, MD: Rowman & Littlefield, 2011），p. 93.

"通常很微妙，读者因此可以对其进行多种解释"①。不过，戴安娜·肯德尔并没有追问为什么（事实上或据说）关于穷人的负面新闻是微妙的，富人却能在媒体上遭受公开及尖锐的批评。一个显而易见的解释是，对穷人进行公开而直接的批评被视作政治不正确，批评富人则被认为是绝对必要的。戴安娜·肯德尔还批评了媒体对穷人犯罪的报道，指出这类罪行远没有那些有钱的精英人士的犯罪行为有趣。②

戴安娜·肯德尔特别批评了那些有关脱贫者的媒体报道，因为这些报道强调了意志力和积极思考的重要性。此类报道间接传达了一个信息：其他人只要下定决心，也可以这样做。③她指出："那些改善生活条件、克服艰难困苦、戒除毒瘾、找到幸福生活的人是自我救赎的显著例子，但例外主义的框架忽略了穷人和无家可归者更为典型的经历，使媒体受众对贫穷和无家可归问题形成了个人主义的观点，而不去关注与这些问题相关的更大的'社会问题'。"④

按照这种逻辑，媒体应该避免报道那些成功脱贫者的励志故事。否则，读者和观众可能会忘记很多穷人并没有成功地摆脱贫困。按照戴安娜·肯德尔的说法，这些故事还忽略了与贫困有关的更大的社会问题。人们对此显然会有反对意见。难道向读者和观众传达令人沮丧和绝望的信息就更好吗？——

---

① Diana Kendall, *Framing Class: Media Representations of Wealth and Poverty in America*, 2nd ed. (Lanham, MD: Rowman & Littlefield, 2011), p. 99.

② Diana Kendall, *Framing Class: Media Representations of Wealth and Poverty in America*, 2nd ed. (Lanham, MD: Rowman & Littlefield, 2011), p. 117.

③ Diana Kendall, *Framing Class: Media Representations of Wealth and Poverty in America*, 2nd ed. (Lanham, MD: Rowman & Littlefield, 2011), p. 109.

④ Diana Kendall, *Framing Class: Media Representations of Wealth and Poverty in America*, 2nd ed. (Lanham, MD: Rowman & Littlefield, 2011), p. 111.

"这都得怪体制。只要体制没从根本上改变，你就没有机会。"难道媒体真的应该只关注统计上常见的事情吗？报道罕见和不寻常的事件不正是它们的本性吗？

戴安娜·肯德尔的研究表明，阶级歧视研究者可能觉得有义务采取特定的意识形态立场，为穷人和工人阶级辩护，同时尖锐地批评富人和资本主义制度。比如，关于贫困率增减的新闻被批评为是对个人命运漠不关心的表现。那类只关注个人经历的报道也受到了批评，因为它们没有解决造成贫困的"系统性"及"结构性"问题。从这个角度来看，任何没有指出"系统性问题"的文章也就是没有批评所谓结构性不公正问题的文章，此类文章都该受到批评。这种意识形态框架忽略了有些人成功脱贫的具体原因，谴责了那些通过自己的努力成功摆脱贫困的人，认为他们只是强化了资本主义制度。

我们在希瑟·E.布洛克、凯伦·弗雷泽·威奇和温迪·R.威廉姆斯的研究成果中也可以看到类似的趋势。他们在一篇题为《穷人的媒体形象》的文章中发表了自己的研究综述。1999年3个月，希瑟·E.布洛克、凯伦·弗雷泽·威奇和温迪·R.威廉姆斯分析了美国主要报纸（包括《今日美国》《华盛顿邮报》《纽约时报》）和几家地区性媒体发表的412篇文章。[①] 他们发现绝大多数文章是以同情的口吻对福利受助者进行描述的。总体而言，60%的文章将穷人和福利受助者描述为值得帮助的人，这些人的家庭是需要帮助、努力工作、抚养孩子的家庭；17%的文章充斥着负面的语气，把穷人和福利

---

① Heather E. Bullock, Karen Fraser Wyche and Wendy R. Williams, "Media Images of the Poor," *Journal of Social Issues* 57, no. 2 (2001), p. 245.

受助者描绘成瘾君子或不负责任的父母；14%的文章内容相对中立。[①]

这些研究成果与研究人员认为穷人在媒体中被贬低和模式化的论断是相互矛盾的。根据希瑟·E. 布洛克、凯伦·弗雷泽·威奇和温迪·R. 威廉姆斯的观点，美国主流媒体中出现阶级歧视的表述是主要媒体机构被少数大公司控制的结果，反映了占统治地位的社会群体的利益。[②] 他们的实证研究成果与其理论相矛盾，即媒体为经济强权所控，因而以负面眼光描绘穷人。这三位研究人员对该矛盾的解释近乎阴谋论。他们声称，研究期间穷人被描述得更为正面了，这是因为三年前美国政府通过了《个人责任与就业机会调整法案》（*Personal Responsibility and Work Opportunity Reconciliation Act*），媒体正努力代表政府将福利改革描绘成一项成功举措，向社会表明越来越多的穷人开始工作。[③]

由于他们的实证研究成果与人们对主流阶级歧视成见的预期不一致，希瑟·E. 布洛克、凯伦·弗雷泽·威奇和温迪·R. 威廉姆斯就转而批评媒体缺乏对贫困结构性原因的报道。他们指出："尽管大多数文章的立场是中立的，也带有同情色彩地描述了福利受助者和穷人所面临的困难，但它们并没有深入思考贫困问题，或者说明其原因。"[④] 他们补充

① Heather E. Bullock, Karen Fraser Wyche and Wendy R. Williams, "Media Images of the Poor," *Journal of Social Issues* 57, no. 2 (2001), p. 240.

② Heather E. Bullock, Karen Fraser Wyche and Wendy R. Williams, "Media Images of the Poor," *Journal of Social Issues* 57, no. 2 (2001), p. 230.

③ Heather E. Bullock, Karen Fraser Wyche and Wendy R. Williams, "Media Images of the Poor," *Journal of Social Issues* 57, no. 2 (2001), p. 242.

④ Heather E. Bullock, Karen Fraser Wyche and Wendy R. Williams, "Media Images of the Poor," *Journal of Social Issues* 57, no. 2 (2001), p. 229.

道："在强烈推崇个人主义和资本主义的美国，依赖公共援助就意味着失败。"[1]

这三位研究人员还批评了情节式框架明显多于主题式框架的现象。他们认为，对贫困个人或家庭情况的描述性节目超过了对贫困进行结构性解读的新闻节目。一项对1981年至1986年电视贫困报道的分析发现，情节式框架（讲述个人贫困经历的节目的框架）比主题式框架（对贫困原因进行分析的节目的框架）更常见。[2] 这个结论并不奇怪，因为讲述个人经历比抽象分析更适合电视节目。研究人员抱怨说，与专题的结构性分析相比，情节性的报道可能更关注穷人对自我命运所负的个人责任。这三位研究人员指出："将贫困视为个人问题而不是根植于经济政治不平等的社会问题的媒体框架进一步强化了穷人不配致富的观点。"[3]

无论是明确的还是含蓄的，大多数关于阶级歧视的研究文献认为穷人无须为自己的贫穷负责，而富人也不该拥有他们的财富。对那些将贫穷归因于个人失败，将财富归之于个人努力的媒体报道，研究人员完全持批判的态度。在他们看来，人们从来无法为自己的命运负责，永远是无辜的受害者（穷人和工人阶级）或不该富有的投机者（富人）。因此，不符合这种观点的媒体报道都会受到批评。

---

[1]　Heather E. Bullock, Karen Fraser Wyche and Wendy R. Williams, "Media Images of the Poor," *Journal of Social Issues* 57, no. 2 (2001), p. 234.

[2]　Heather E. Bullock, Karen Fraser Wyche and Wendy R. Williams, "Media Images of the Poor," *Journal of Social Issues* 57, no. 2 (2001), p. 234.

[3]　Heather E. Bullock, Karen Fraser Wyche and Wendy R. Williams, "Media Images of the Poor," *Journal of Social Issues* 57, no. 2 (2001), p. 237.

第三节　阶级歧视是中产阶级价值观的延续

像其他阶级歧视研究人员一样，威廉·明·刘拒绝用缺乏个人动机和努力来解释贫穷。他也拒绝承认努力工作是富人成功的关键因素。他指出，如果公司首席执行官（CEO）的工资比公司收入最低的员工的工资高出 100 倍或 300 倍（有时更高），那么这个结果是不能与 CEO 的工作努力程度挂钩的。[①] 阶级歧视研究人员指责别人把中产阶级的思想绝对化了，然而，按照这样的观点，这正是这些研究人员自己在做的事情。普通员工的工作时长和工作努力程度与获得的工资之间通常有着直接的联系。中产阶级的成员——包括研究人员——清楚而主观地认定，一个人的薪酬应当完全取决于其学历和努力程度。根据他们对"公平薪酬"的理解，有种情况超出了其想象的范围，即在社会某些领域这些联系的影响可能较小。比如，在有些领域，创新思想和良好的人际关系对赚钱的贡献要大于某个人的工作时长或努力程度。毕竟，当一个人的工作价值以他取得的成果价值来衡量时，工作时长和努力程度就不那么令人感兴趣了。

虽然阶级歧视研究人员非常关注贫困问题，但他们的研究通常不着眼于如何摆脱贫困，而致力于研究如何消除不平等。当最低收入者的收入增加时，威廉·明·刘和其他研究人员并不认为这是一种进步，因为富人的收入在不成比例地

---

① William Ming Liu, *Social Class and Classism in the Helping Professions: Research, Theory, and Practice* (Thousand Oaks, CA: Sage, 2011), p. 182.

增长。① 即使穷人和富人的收入按比例增长了（比如，各增长3%），研究人员也会以 5 万美元的 3% 远低于 1000 万美元的3% 这一论点相对地看待这些收益。②

　　阶级歧视研究人员通常所持的世界观并不被有些穷人或蓝领工人所认同，他们并不认为资本主义制度是无法容忍的，需要被推翻。这就给反复解释贫富差异的研究人员提出了挑战。比如，研究人员经常批评一种所谓"自然主义"的世界观。在该话题下，他们谴责西方社会以及历史上其他类型的社会一直有富人和穷人这一观念，认为这种观念是对现状不可接受的辩护。③ 或者他们寻求从心理学角度解释为什么工人和穷人认可现状，认为这种认可是对其无助的合理化解释。威廉·明·刘指出："或许他们内在的这种无助感变成了对自己不成功的自责。既然别人成功了，那就一定是自己的不足导致了不成功。"④

　　阶级歧视研究人员没有意识到，他们批评的正是自己常犯的错误。作为中产阶级的一员，他们将自己的价值体系作为衡量其他一切事物的标准。芭芭拉·詹森在她的著作《解读阶级：美国的文化与阶级歧视》中批判了中产阶级思维的绝对化。一方面，她记录了自己的生活，展示了自己从工人阶级上升到中产阶级的艰难历程，更重要的是，展示了与这种社会流

① William Ming Liu, *Social Class and Classism in the Helping Professions: Research, Theory, and Practice* (Thousand Oaks, CA: Sage, 2011), p. 183.
② William Ming Liu, *Social Class and Classism in the Helping Professions: Research, Theory, and Practice* (Thousand Oaks, CA: Sage, 2011), p. 183.
③ William Ming Liu, *Social Class and Classism in the Helping Professions: Research, Theory, and Practice* (Thousand Oaks, CA: Sage, 2011), p. 185.
④ William Ming Liu, *Social Class and Classism in the Helping Professions: Research, Theory, and Practice* (Thousand Oaks, CA: Sage, 2011), p. 186.

动相关的心理过程；另一方面，作为一名心理学家，她也从科学的角度探讨了阶级歧视这个主题。①

芭芭拉·詹森并没有首先从经济角度来定义阶级，而是从文化角度来定义阶级的。阶级歧视被视作维护阶级统治的工具。芭芭拉·詹森对阶级歧视的定义如下："阶级是一种不公平的现象，表明一些美国人应当比其他人拥有更多的时间、闲暇、控制权和经济回报。阶级歧视是一套维护阶级分化的神话和信念……阶级本身就表明了谁是最努力的人，谁是合法的赢家。"② 她首先关注的是文化阶级歧视，并且认为："所谓'文化'，我指的是一系列被认可的价值观、习俗、道德观、态度、风格、行为，尤其是世界观——用心理学的术语来说，就是一个群体共有的无意识思维。"③

她将阶级歧视定义为中产阶级文化优越感的假设。④ 美国阶级歧视的基础是假定中产（或上层）阶级在风格、品味、态度和价值观上具有优越性。她说："所有人在学校里都被教导哪些是'好的'行为举止、'规范的'英语、'好的'学校，以及'最好的'职业。"⑤

当芭芭拉·詹森抱怨阶级歧视不必要地分化了绝大多数心怀善意的美国人，即工人阶级和中产阶级时，她的政治取向就

① 更多细节，见 Barbara Jensen, *Reading Classes: On Culture and Classism in America* (Ithaca, NY: ILR Press, 2012)。
② Barbara Jensen, *Reading Classes: On Culture and Classism in America* (Ithaca, NY: ILR Press, 2012), p.31.
③ Barbara Jensen, *Reading Classes: On Culture and Classism in America* (Ithaca, NY: ILR Press, 2012), p.31.
④ Barbara Jensen, *Reading Classes: On Culture and Classism in America* (Ithaca, NY: ILR Press, 2012), p.35.
⑤ Barbara Jensen, *Reading Classes: On Culture and Classism in America* (Ithaca, NY: ILR Press, 2012), p.36.

清晰地显露出来。在她看来,实际上工人阶级和中产阶级彼此之间的共同点(尤其是在经济上)比他们与上层或资产阶级之间的共同点要多。① 芭芭拉·詹森认为工人阶级和中产阶级不应该分裂,而应该团结一致、联合起来反对资产阶级。

芭芭拉·詹森承认工人阶级对中产阶级怀有偏见,大量侮辱性的绰号就证明了这一点。她说:"书呆子、胆小鬼、冷血动物、耍笔杆子的人、被宠坏的小屁孩和血吸虫只是其中很少的一部分。"② 然而,芭芭拉·詹森认为,在美国最终是由中产阶级决定哪些人会被看作"正常"及"有教养的"人。

在芭芭拉·詹森看来,区分"高雅"文化和"低俗"文化的行为本身就是一种阶级歧视的表现。③ 正如她所解释的那样,当工人阶级文化中比较常见的大声吵闹,以及更丰富的表情、更情绪化的行为被解读为个人性格缺陷时,阶级歧视是相当明显的。④ 持这种阶级歧视观点的人严厉评判了"那些'装腔作势'或'大嘴巴'的人,以及那些在风格、观点、饮食或行为举止上显得'过于强势'的人"。⑤ 然而,芭芭拉·詹森没有指出这样一个事实,即中产阶级的偏见不仅针对工人阶级,还针对富人和上层阶级,这些人在某些方面甚至更像工人阶级,而不是中产阶级。

① Barbara Jensen, *Reading Classes: On Culture and Classism in America* (Ithaca, NY: ILR Press, 2012), p. 36.
② Barbara Jensen, *Reading Classes: On Culture and Classism in America* (Ithaca, NY: ILR Press, 2012), p. 39.
③ Barbara Jensen, *Reading Classes: On Culture and Classism in America* (Ithaca, NY: ILR Press, 2012), p. 41.
④ Barbara Jensen, *Reading Classes: On Culture and Classism in America* (Ithaca, NY: ILR Press, 2012), p. 45.
⑤ Barbara Jensen, *Reading Classes: On Culture and Classism in America* (Ithaca, NY: ILR Press, 2012), p. 45.

芭芭拉·詹森认为，"社会经济阶级歧视"是一种态度，强调经济上的成功能够证明一个人的优越，经济上不成功的人是"失败者"。[①] 与此相反，在工人阶级文化中，"反地位道德"占据主导地位，因为对更高社会地位的追求不利于群体内部的团结。[②] 芭芭拉·詹森讲述了一个女人从车间被提拔为主管的故事。不到两周，这位女士又回到了车间，因为她无法忍受自己被当成"老板"的感觉，也无法忍受所从事的工作威胁到自己与前同事之间的团结和友谊。[③]

在芭芭拉·詹森看来，强调个人主义是一种文化阶级歧视的表现，也是以中产阶级价值观为普遍准则的表现。对于工人阶级男女来说，归属感比发展个性和竞争力要重要得多。[④] 根据芭芭拉·詹森的观点，阶级价值体系之间的差异在工人阶级和中产阶级使用语言的方式上体现得也很明显。中产阶级用语言来展示个人能力、表达不同观点，工人阶级则更多地使用语言来寻求群体内部的一致意见。[⑤] 与其他学者一样，芭芭拉·詹森也认为工人阶级的语言体系不应被判定为劣等。事实上，她说，人们认为这些语言体系在某些方面更优越。工人阶级用语言来弱化个人主义，提倡集体精神。她指出"'我'和

---

① Barbara Jensen, *Reading Classes: On Culture and Classism in America* (Ithaca, NY: ILR Press, 2012), p. 46.

② Barbara Jensen, *Reading Classes: On Culture and Classism in America* (Ithaca, NY: ILR Press, 2012), p. 64.

③ Barbara Jensen, *Reading Classes: On Culture and Classism in America* (Ithaca, NY: ILR Press, 2012), pp. 64-65.

④ Barbara Jensen, *Reading Classes: On Culture and Classism in America* (Ithaca, NY: ILR Press, 2012), p. 66.

⑤ Barbara Jensen, *Reading Classes: On Culture and Classism in America* (Ithaca, NY: ILR Press, 2012), p. 69.

'我的'都被'我们（的）'取代了。"①

根据阶级歧视理论家的观点，工人阶级的孩子没有需在学校克服的语言缺陷。他们只是在说一种不同的语言，这种语言至少应该被视为等同于通常被称为"规范英语"的中产阶级语言。因此，中产阶级员工应当学会理解工人阶级的语言体系。其中心论点是："美国学校对工人阶级的方言、风格、态度和价值观有偏见，甚至持惩罚性的态度——实际上是对工人阶级的孩子有偏见。"② 芭芭拉·詹森解释说，由于精英大学竞争激烈，学生常常被迫在友谊和个人成功之间做出选择。这种情况使得工人阶级出身的学生获得成功变得尤为困难，因为他们更注重忠诚，而不是"炫耀"。③ 阶级歧视迫使工人阶级放弃他们的价值观，例如谦逊和包容。她指出："你必须丢掉低级的行为方式、'糟糕'的英语、谦逊和包容的价值观（不要'炫耀'，也不要成为大人物，因为这可能会让别人感觉不舒服），以及更多——甚至是你最爱的人。"④

阶级歧视理论的支持者认为，工人阶级家庭的孩子不应被中产阶级同化，因为这种同化可能会导致终身的，有时甚至是严重的心理问题。⑤ 芭芭拉·詹森自身是从工人阶级上升到中产阶级的，她讲述了自己与他人遭受的无数严重的心理问题。

①　Barbara Jensen, *Reading Classes: On Culture and Classism in America* (Ithaca, NY: ILR Press, 2012), p. 76.

②　Barbara Jensen, *Reading Classes: On Culture and Classism in America* (Ithaca, NY: ILR Press, 2012), pp. 111-112.

③　Barbara Jensen, *Reading Classes: On Culture and Classism in America* (Ithaca, NY: ILR Press, 2012), p. 150.

④　Barbara Jensen, *Reading Classes: On Culture and Classism in America* (Ithaca, NY: ILR Press, 2012), p. 156.

⑤　Barbara Jensen, *Reading Classes: On Culture and Classism in America* (Ithaca, NY: ILR Press, 2012), p. 152.

按照她的理解，这些都根植于社会和阶级歧视。她说："大学期间工人阶级遇到的困难包括以下几点：（1）严重的心理健康问题，如抑郁症、情绪障碍（长期轻度的抑郁）、创伤后应激障碍，以及药物滥用导致的心理问题；（2）复杂而混乱的丧亲之痛，或者说是永远离家的悲伤过程；（3）内化的阶级歧视；（4）混乱或无归属感；（5）冒名顶替综合征，以及（6）幸存者的内疚感。"①

芭芭拉·詹森认为，工人阶级父母担心自己的孩子升入中产阶级是可以理解的，因为他们害怕孩子与自己疏远。他们还指责上层阶级让工人阶级的生活变得十分艰难。芭芭拉·詹森说："工人阶级家庭不肯轻易把孩子交给那些让自己的生活变得艰难甚至更糟的人，这有什么可奇怪的呢？"② 从这些以及其他许多陈述中我们可以清楚地看到，那些强烈反对阶级歧视（针对工人阶级和穷人而言）的研究人员实际上赞同针对中产阶级和富人的偏见和成见。认同这些成见可能会使阶级流动更加困难。

虽然这些研究人员是从极端意识形态的角度来看待这个世界的，他们存在对工人阶级的理想化与对中产阶级个人主义的憎恨，以及对富人的偏见，但他们注意到了重要的一点：中产阶级将其特定的价值观和规范绝对化了。迄今为止被忽视的观点是，这种绝对化既是针对上层阶级和富人的，也是针对工人阶级的。这两种绝对化的主要区别在于：如果工人阶级家庭的孩子设法学会了中产阶级的语言并内化了其价值观，他们就有

---

① Barbara Jensen, *Reading Classes: On Culture and Classism in America* (Ithaca, NY: ILR Press, 2012), p. 161.

② Barbara Jensen, *Reading Classes: On Culture and Classism in America* (Ithaca, NY: ILR Press, 2012), p. 155.

机会实现阶层跨越。毕竟，如果一个人不讲"规范的"英语，并且不内化某些价值观，那么他是不可能实现社会地位提升的。然而，同样强调和绝对化其价值观让中产阶级本身更难提升到上层阶级，因为在某些情况下，这种转变需要一个人有与学校所教的完全不同的态度、技能和价值观。这就是为什么教育不能自然而然地让一个人从工人阶级上升到中产阶级，也不能保证一个人能从中产阶级加入富人的行列。每个群体都有各自不同的价值观。阶级歧视研究人员尽管存在意识形态上的偏见，但他们成功指出了中产阶级价值观被绝对化的程度。

第三章

热情度还是能力:
我们如何判断外部群体

　　心理学家苏珊·T. 菲斯克和其他研究人员一起开发了一个模型，这个模型对于人们理解关于富人的刻板印象做出了重大贡献，尽管他们的模型只是粗略涉及了人们对富人的态度。事实上，该模型更关注的是证明偏见和成见本质上不一定是纯粹负面的，以及外部群体的形象往往是在各种成见混合的基础上形成的。[1]

第一节　刻板印象内容模型

　　根据研究人员的"（通常是混合的）刻板印象内容模型"，两个基本维度决定了人们对社会外部群体的情感反应。第一个维度是热情度：外部群体可能被刻画为热情友好的群体，也可能被定型为冷漠、不值得信任、不友好的群体。第二个维度是

---

[1] Susan T. Fiske et al., "A Model of (Often Mixed) Stereotype Content: Competence and Warmth Respectively Follow from Perceived Status and Competition," *Journal of Personality and Social Psychology* 82, no. 6 (2002), pp. 878-902.

能力：外部群体可能被定型为自信、勤奋、雄心勃勃的群体，也可能被刻画成懒惰无能的群体。研究表明，这两个维度解释了80%以上的文化成见与个人印象差异。① 对外部群体的认知有四种可能的组合：热情能干、热情无能、冷漠能干、冷漠无能。

为什么研究人员要特别使用这些术语呢？无论是个人还是群体成员，当遇到他人时，就会想知道他人的目的，对自己或自己群体的意图是好还是坏。对方个人或群体对自己的群体是友好还是不友好？这就是"热情度"维度涉及的问题。对方个人或群体在多大程度上有能力追求其正面或负面的目标？简言之，对方个人或群体的能力有多强？② 这是研究人员的第二个问题。

对外部群体的负面态度和偏见主要基于两种不同的评价：要么外部群体被认为缺乏能力，就像我们发现的针对家庭主妇、残疾人的负面偏见或成见；要么外部群体被认为缺乏热情，就像我们发现的针对亚洲人、犹太人或女性专业人士的负面偏见或成见。③

有几项研究要求每位参与者按照1个到5个等级为社会外部群体的热情度和能力打分。为避免社会期望答案集中出现，参与者被告知，研究人员对参与者本人的观念和个人信仰不感

① Susan T. Fiske, "Divided by Status: Upward Envy and Downward Scorn," *Proceedings of the American Philosophical Society* 157, no. 3 (2013), p. 1.

② Susan T. Fiske et al., "A Model of (Often Mixed) Stereotype Content: Competence and Warmth Respectively Follow from Perceived Status and Competition," *Journal of Personality and Social Psychology* 82, no. 6 (2002), p. 879.

③ Susan T. Fiske et al., "A Model of (Often Mixed) Stereotype Content: Competence and Warmth Respectively Follow from Perceived Status and Competition," *Journal of Personality and Social Psychology* 82, no. 6 (2002), p. 879.

兴趣，只对参与者如何评价其他人对这些群体的看法感兴趣。[①] 以下是四个重要发现：

● 在热情度和能力方面得分最高的是内部群体——研究的参与者主要是白人和中产阶级；

● 残疾人和老年人被认为是热情度较高但能力差的群体；

● 犹太人、亚洲人和富人在能力方面得分很高，但在热情度方面得分很低；

● 福利受助者和无家可归者被认为既无能力也不热情。

人们认为富人的能力很强，但热情度较低。福利受助者的能力和热情度都很低。老年人则被认为能力不强，但热情度高。[②]

通过对访谈的分析，研究人员确定了目标群体在能力和热情度这两个维度的得分差异。一方面，在参与评估的 23 组人群中，能力和热情度两项得分差异最大的是富人，其次是亚洲人。这两组人被认为非常有能力，但缺乏热情。另一方面，家庭主妇和残疾人被评价为能力低下，但热情度很高。[③]

[①] Susan T. Fiske et al., "A Model of (Often Mixed) Stereotype Content: Competence and Warmth Respectively Follow from Perceived Status and Competition," *Journal of Personality and Social Psychology* 82, no. 6 (2002), p. 884.

[②] Susan T. Fiske et al., "A Model of (Often Mixed) Stereotype Content: Competence and Warmth Respectively Follow from Perceived Status and Competition," *Journal of Personality and Social Psychology* 82, no. 6 (2002), p. 895.

[③] Susan T. Fiske et al., "A Model of (Often Mixed) Stereotype Content: Competence and Warmth Respectively Follow from Perceived Status and Competition," *Journal of Personality and Social Psychology* 82, no. 6 (2002), pp. 888, 893, 895.

　　研究人员还探究了这些群体的刻板印象所引发的情感。能力高、热情度低的群体，包括富人、犹太人和亚洲人，容易引发钦佩和嫉妒的复杂情感。被认为热情度高但能力差的群体，如残疾人或老年人，引发最强烈的情感就是同情。[①]

　　当人们认定某些外部群体能力很强时，对他们的负面情绪和态度会被强化。

　　　　地位高的外部群体可能会招致美慕（而不是无礼对待），以及由于其威胁感（对危险的竞争对手而言）而被人厌恶。因此，人们认为美国亚裔、犹太人和女商人有能力（甚至有超能力）的想法只会强化偏见。例如，反犹分子往往相信有关犹太人经济及社会影响力的离谱的阴谋论。在这种情况下，对外部群体能力的正面印象（连同相应的对该群体缺乏热情、心怀叵测的负面成见）会催生出一种特别危险的偏见，而这种偏见常常会导致极端形式的暴力。[②]

　　刻板印象内容模型已经在美国一项代表性抽样调查和三十多个国家的分组研究中得到了验证。"热情度和能力这两个维度显然体现一些人类的共性。"苏珊·T.菲斯克总结道。[③] 在

---

① Susan T. Fiske et al. , "A Model of (Often Mixed) Stereotype Content: Competence and Warmth Respectively Follow from Perceived Status and Competition," *Journal of Personality and Social Psychology* 82, no. 6 (2002), p. 897.

② Susan T. Fiske et al. , "A Model of (Often Mixed) Stereotype Content: Competence and Warmth Respectively Follow from Perceived Status and Competition," *Journal of Personality and Social Psychology* 82, no. 6 (2002), p. 899.

③ Susan T. Fiske, "Divided by Status: Upward Envy and Downward Scorn," *Proceedings of the American Philosophical Society* 157, no. 3 (2013), p. 2.

苏珊·T. 菲斯克看来，全世界的人都认为富人和企业家们有能力但冷漠。①

2005 年，莫妮卡·H. 林和同事在一系列研究中使用了刻板印象内容模型，以探讨人们对美国亚裔的成见和偏见。他们在结论中指出，采用该模式进行调查时发现，亚裔美国人的形象与其他一些群体的形象非常相似——他们明确提到了犹太人和"世界各地富人的形象"。② 美国白人认为美国亚裔的能力很强，但让人感觉不舒服，缺乏人际交往能力。更重要的是，1296 名林氏研究的参与者使人们将以下特点同美国亚裔紧密联系了起来。

- 不断追求更大的权力；
- 沉迷于竞争；
- 认为自己比别人聪明；
- 努力争当第一名；
- 积极争取社会权力；
- 将自己的成就与他人的成就进行比较；
- 为了超越别人，可能会过度竞争；
- 享受不相称的经济成就。③

同时，人们认为美国亚裔很少花时间社交，在社交场合的

---

① Susan T. Fiske，"Divided by Status：Upward Envy and Downward Scorn," *Proceedings of the American Philosophical Society* 157, no. 3（2013），p. 2.

② Monica H. Lin et al.，"Stereotype Content Model Explains Prejudice for an Envied Outgroup," *Personality and Social Psychology Bulletin* 31, no. 1（2005），p. 44.

③ Monica H. Lin et al.，"Stereotype Content Model Explains Prejudice for an Envied Outgroup," *Personality and Social Psychology Bulletin* 31, no. 1（2005），p. 37.

表现也不如其他群体的表现。可以想象，富人也有类似的特征，这个问题我们稍后再讨论。该研究得出的结论是："因此，亚裔成为被怨恨、嫉妒的对象。他们因较强的能力勉强受到人们尊重，但因不善社交而不受欢迎。"[①]

因此，对亚裔、犹太人和富人等群体的偏见，与对非裔美国人和其他少数族裔的偏见是不同的，非裔美国人和其他少数族裔被认为能力低下。亚裔美国人是引发"钦佩、怨恨和嫉妒"之类混合情感的群体之一。[②] 为了给排斥这个外部群体（这个群体的能力是不可否认的）提供理由，人们就将其形象建立在所谓"社交能力"低的特征之上，例如，美国亚裔不善社交、孤僻而笨拙。莫妮卡·H. 林认为："为了证明歧视一个成就卓越的外部群体是正当的，把他们定型为不善社交的群体就是一个现成的借口。"[③]

第二节 影视作品中冷酷而精于算计的富人

电影、电视作品对富人的刻画常常与成见内容模式直接契合。让我们看看 1974 年到 1998 年在德国播出的犯罪题材连续剧《探长德里克》中的两个例子。这部连续剧在国际上取得

---

① Monica H. Lin et al., "Stereotype Content Model Explains Prejudice for an Envied Outgroup," *Personality and Social Psychology Bulletin* 31, no. 1 (2005), p. 44.

② Monica H. Lin et al., "Stereotype Content Model Explains Prejudice for an Envied Outgroup," *Personality and Social Psychology Bulletin* 31, no. 1 (2005), p. 35.

③ Monica H. Lin et al., "Stereotype Content Model Explains Prejudice for an Envied Outgroup," *Personality and Social Psychology Bulletin* 31, no. 1 (2005), p. 44.

了巨大的成功（在 100 多个国家播放），可见剧中的形象不仅符合德国观众的口味，还符合其他许多国家观众的口味。下面是《冷血动物》那一集讲述的故事。[1]

两名男子闯入了一座豪华别墅。别墅的主人很富有，开着一辆捷豹轿车。他把窃贼吓了一跳，自己却既没表现出害怕的样子，也没有流露出其他任何情绪。他的手势、言语和行为像个机器人。他冷静地分析了情况，向窃贼提出了如下建议：他会告诉银行送 2 万德国马克到别墅来。这位富翁嘲笑了罪犯极度情绪化的状态："你的额头出汗了……来杯威士忌会对你有好处，会让你平静下来。"与富翁相反，一名窃贼特别紧张，对他说："你血管里流的是冰吧。"

窃贼带着 2 万德国马克离开了别墅，却忘了拿走枪。不久，那位富人的合伙人来拜访他。合伙人拿着富人欺骗客户的证据与他对质。在与商业伙伴的争执中，富人承认："我的确做了假账……我找到了一种，呃，有点违法的方式……但生活是什么？生活就是走钢丝！我做的一切都是为了不让自己跌倒。"他的合伙人的想法不同，他声称要打官司。富人嘲笑道："让我们一起来赞美你的好品格吧。你有这么好的品格，让世人都看看。我相信他们会欣赏你。"

富人抓住这个机会，用窃贼的手枪射杀了他的合伙人，显然是想诬陷窃贼谋杀。见过这个富人后，德里克探长对他的同事说："他是个冷血动物。"

这位富人被描绘成没有感情却非常能干的人，这几乎完全符合刻板印象内容模型中富人的形象——缺乏热情和情感，却极其聪明。

---

① *Derrick*, episode 213, July 17, 1992.

下面是第二个例子，同样来自连续剧《探长德里克》。《没有昂贵的尸体》① 这集讲述了这样一个故事。

一位企业主（锯木厂的老板），是恐吓电话的受害者。有人打电话给他，指责他剥削别人。一位律师是企业主家族的朋友，打电话给德里克探长。但这位企业主没把那些恐吓电话当真，把德里克赶走了，还问他是不是没有别的事可做。最终，企业主被谋杀了。

这位律师这样描述这位企业主："他用铁腕手段做生意，以冒犯他人为乐。如果你不反击，你就会出局。他就像个奴隶主。"这位企业主是这样描述自己的："我有今天的成就，靠的不是交朋友。如果有人想叫我奴隶主，那他该这么叫。我就是这样的人！"

他的秘书这样评价他："他恨每个人……每当他走进房间，我就很紧张。接下来的一天我甚至无法正常呼吸。"工头也附和其他人的话："他就是个蓄意阻挠者——一个真正的祸害。"

德里克对这位企业主的评价同样是负面的："他是一个坏人，而且我觉得他对此很自豪。他蔑视其他人，总想伤害别人。"在私人生活中，这位企业主也是个暴君，他殴打女儿。女儿就像他的妻子以及他接触到的所有人一样，总是生活在对他的恐惧中。谋杀事件发生后，每个人都松了口气。家人变得轻松愉快，秘书也放松了。富有的企业主被描绘成财务上成功，但冷酷、没有人性的人。

第三节　社会地位高的群体

当我们考虑偏见等因素在历史上的作用时，就会意识到探

---

① *Derrick*，episode 218，December 11，1992.

索偏见、成见和嫉妒的重要性，尤其是针对特权群体和统治阶级时。正如拉萨娜·T. 哈里斯、米娜·席卡拉和苏珊·T. 菲斯克所写的那样："历史表明，社会地位高的群体往往成为种族灭绝的目标。在社会动荡时期，受人嫉妒的社会群体往往会遭受最为严重的伤害——集体屠杀。而同时，这类群体往往是最受人尊敬的。即使充满怨恨，人们也经常在其他场合与之合作和联系。这种尊敬与厌恶的情感交织在一起的奇怪感觉，使人们的矛盾情绪变得极其复杂多变。"①

嫉妒是一种源于渴望获得他人资源的情感。拉萨娜·T. 哈里斯、米娜·席卡拉和苏珊·T. 菲斯克说："你有我们所珍视的东西，如果可能的话，我们想从你那里拿走它。"② 嫉妒是一种正面和负面混杂的矛盾情感。被嫉妒的人或社会群体会同时受到尊重、钦佩和强烈的排斥。③ 在所有样本中，"这种复杂的社会情感针对社会地位较高的外部群体（如商人和富人）。嫉妒可能是一种不稳定的情感反应。社会地位较高的群体会被动受益，因为其他群体因社会地位较高群体的地位和资源而与其交好。但有时社会地位较高的群体也会因为是享有特

---

① Lasana T. Harris, Mina Cikara and Susan T. Fiske, "Envy, as Predicted by the Stereotype Content Model: A Volatile Ambivalence," in *Envy: Theory and Research*, ed. Richard H. Smith (Oxford: Oxford University Press, 2008), p. 133.

② Lasana T. Harris, Mina Cikara and Susan T. Fiske, "Envy, as Predicted by the Stereotype Content Model: A Volatile Ambivalence," in *Envy: Theory and Research*, ed. Richard H. Smith (Oxford: Oxford University Press, 2008), p. 142.

③ Lasana T. Harris, Mina Cikara and Susan T. Fiske, "Envy, as Predicted by the Stereotype Content Model: A Volatile Ambivalence," in *Envy: Theory and Research*, ed. Richard H. Smith (Oxford: Oxford University Press, 2008), p. 135.

权的外部群体而受到攻击。所以嫉妒会引发怨恨，导致稳定条件下的暂时性交往，以及不稳定社会条件下的攻击"①。

受嫉妒的群体同受羡慕的群体（不受嫉妒）一样，享有较高的地位，被认为有能力。但两者的不同之处在于，前者被认为不那么热情。一个被认为不热情的群体会被视作"超人类"或"更像机器"的群体。② 被认为冷漠却高效的群体是非人化感知的对象，被剥夺了热情和社交等特征。

斯蒂芬·洛夫南和尼克·哈斯拉姆研究了人们对其他社会群体的看法。根据他们 2007 年的研究，人们通常倾向于将人类特有的情感归于内部群体而不是外部群体。研究人员区分了两种不同的人类感知特征：发展早期出现的人类本性特征和发展后期出现的人类独有特征。这个区分不算直观易懂，但与我们的研究息息相关。

人类本性特征包括以下几点：③

- 好奇
- 友好
- 爱玩乐
- 善交际
- 有进取心
- 不专心
- 不耐烦
- 嫉妒

① Lasana T. Harris, Mina Cikara and Susan T. Fiske, "Envy, as Predicted by the Stereotype Content Model：A Volatile Ambivalence," in *Envy: Theory and Research*, ed. Richard H. Smith（Oxford：Oxford University Press, 2008），p. 136.

② Lasana T. Harris, Mina Cikara and Susan T. Fiske, "Envy, as Predicted by the Stereotype Content Model：A Volatile Ambivalence," in *Envy: Theory and Research*, ed. Richard H. Smith（Oxford：Oxford University Press, 2008），p. 137.

③ 下面的部分，见 Stephen Loughnan and Nick Haslam, "Animals and Androids：Implicit Associations between Social Categories and Nonhumans," *Psychological Science* 18, no. 2（2007），p. 117。

- 信任   - 紧张

人类独有特征包括以下几点：

- 心胸开阔   - 冷漠
- 谦卑   - 保守
- 有条理   - 无情
- 有礼貌   - 粗鲁
- 周密   - 肤浅

斯蒂芬·洛夫南和尼克·哈斯拉姆的研究表明，在成见形成的过程中，被认为具有人类本性特征的外部群体更有可能与动物联系在一起，被认为具有人类独有特征的外部群体则更有可能与机器及机器人联系在一起。"此外，人们把人类特征分别与不同类型的非人类特征相联系。"斯蒂芬·洛夫南和尼克·哈斯拉姆写道，"人们把人类独有特征更多地与机器联系在一起，而不是与动物联系在一起；把人类本性特征则更多地与动物联系在一起，而不是与机器联系在一起。"①

尼克·哈斯拉姆区分了两种形式的"非人化"，这两种"非人化"对应两种不同的人类感知。当一个外部群体被否认拥有人类的感知属性时，就会发生这种"非人化"情况。他称之为"动物性非人化"和"机械性非人化"。"这两种形式的非人化区别很大，在机械性非人化中，外部群体被否认具有情感反应或人际间的热情。"②

---

① Stephen Loughnan and Nick Haslam, "Animals and Androids: Implicit Associations between Social Categories and Nonhumans," *Psychological Science* 18, no. 2 (2007), p. 119.

② Nick Haslam, "Dehumanization: An Integrative Review," *Personality and Social Psychology Review* 10, no. 3 (2006), p. 258.

正如偏见研究和刻板印象内容模型所显示的那样，把富人、商人与电脑及机器联系在一起，确实将这些人"非人化"了。苏珊·T. 菲斯克强调："这些冷漠却高效的外部群体被比作机器人。这个群体看起来像机器人，因此被认为具有威胁性。以这种方式被'非人化'的外部群体与其说令人厌恶，不如说令人恐惧。你想一想半人半机器的生物就明白这种感觉了。我们总是把商人与机器人（从机器到软件）联系在一起。从负面的角度来看，尽管我们承认商人有条理、礼貌、做事周密，但是我们把商人与冷酷、保守、无情和肤浅联系在一起。CEO 和电脑都不具备典型的人类本性特征：好奇、友好、善交际、爱玩乐。"[1] 有些人认为富人和其他一些人"有能力但冷漠"，不能完全算是人。这种看法或许可以解释为什么在社会动荡时期他们会成为极端危害行为的受害者。[2] 苏珊·T. 菲斯克指出："最糟糕的是，这种观念可以证明，消灭一个地位较高、对'我们'造成威胁的群体是正当、合理的。"[3]

一般来说，被认为缺乏热情而受到"非人化"对待的群体既有富人，也有瘾君子和无家可归者，后者被认为既没有能力也不热情。对人类大脑活动的监测显示，这类群体在若干人类感知的核心特征上得分明显较低。不同社会群体之间的比较表明，被嫉妒的群体——与无家可归者、瘾君子不同——被认为是非常有能

[1]　Susan T. Fiske, *Envy Up, Scorn Down: How Status Divides Us* (New York: Russell Sage Foundation, 2012), p. 22.

[2]　Lasana T. Harris, Mina Cikara and Susan T. Fiske, "Envy, as Predicted by the Stereotype Content Model: A Volatile Ambivalence," in *Envy: Theory and Research*, ed. Richard H. Smith (Oxford: Oxford University Press, 2008), p. 137.

[3]　Susan T. Fiske, *Envy Up, Scorn Down: How Status Divides Us* (New York: Russell Sage Foundation, 2011), p. 23.

力的。"然而，与引发同情和骄傲的热情组相比，被嫉妒的群体和无家可归者、瘾君子都被认为不具有典型的人类特征。"①

被嫉妒的群体一方面被认为能力超群，另一方面却被认为冷漠。人们之所以认为被嫉妒的群体不那么热情，也是因为无法否认高效能社会群体有能力——尽管有人说他们在热情和道德方面的表现太差而"活该受攻击"。"人们很可能伤害那些同他们没有共鸣的人，以及那些被认为没有内在精神状态和情感的人。"②

在社会稳定的情况下，被嫉妒群体面临的风险较小；但在社会不稳定的情况下，他们会受到主动攻击。嫉妒不仅表明人们缺乏同情心，不愿帮助被嫉妒的群体，还表明被嫉妒群体遭受痛苦时，人们会产生恶意的满足感。该效应造成了一种恶性循环：被嫉妒群体受到的攻击越多，嫉妒者就越幸灾乐祸。"如果主动的伤害带来了恶意的快感，那么会出现一个危险的强化学习循环。"拉萨娜·T. 哈里斯和他的同事写道："快感强化了伤害，增加了未来攻击性行为重复发生的可能性。换句话说，如果主动伤害一个被嫉妒群体让人感觉良好，那么有害行为就更有可能持续下去。"③

---

① Lasana T. Harris, Mina Cikara and Susan T. Fiske, "Envy, as Predicted by the Stereotype Content Model: A Volatile Ambivalence," in *Envy: Theory and Research*, ed. Richard H. Smith (Oxford: Oxford University Press, 2008), p. 138.

② Lasana T. Harris, Mina Cikara and Susan T. Fiske, "Envy, as Predicted by the Stereotype Content Model: A Volatile Ambivalence," in *Envy: Theory and Research*, ed. Richard H. Smith (Oxford: Oxford University Press, 2008), p. 139.

③ Lasana T. Harris, Mina Cikara and Susan T. Fiske, "Envy, as Predicted by the Stereotype Content Model: A Volatile Ambivalence," in *Envy: Theory and Research*, ed. Richard H. Smith (Oxford: Oxford University Press, 2008), p. 143.

　　拉萨娜·T. 哈里斯和他的同事认为，在社会稳定的时候，针对被嫉妒群体的负面、侵略性倾向不会被激活，人们会同这些受尊敬的人一起工作。但是，"社会地位高、有竞争力的外部群体需要明白社会动荡对他们个人真切的危害"[1]，因为动荡时期他们会处于危险之中。特殊形式的"机械非人化"，即将富人与非人的机器联系在一起，是迫害甚至谋杀此类人群的先决条件——尤其是在危机或战争等特殊情况下。毕竟，没有人会同情无情的机器。

---

[1]　Lasana T. Harris, Mina Cikara and Susan T. Fiske, "Envy, as Predicted by the Stereotype Content Model: A Volatile Ambivalence," in *Envy: Theory and Research*, ed. Richard H. Smith (Oxford: Oxford University Press, 2008), p. 144.

第四章

关于嫉妒的学术研究

　　无论在哪里进行刻板印象内容模型测试，富人总是被视为有能力却冷漠的群体，会引发他人的嫉妒。心理学家伊丽莎白·贝利·沃尔夫和彼得·格里克报告称，在美国的样本中，被嫉妒的群体包括女权主义者、商界女性、亚裔、犹太人和富人。在韩国，雇主、富人和知识分子都属于这类人群。在德国，职业女性、富人和女权主义者被认为"能力有余却热情不足"。①

　　社会比较研究显示，我们一直在有意或无意地将自己与他人进行比较，以获得自我评价所需的数据。同样，当我们进行自我评价时，也会把自己和别人进行比较。这种比较是自动发生的，毕竟，我们只有在与相关者进行比较时才能对自己做出评价。这是我们了解自己是高还是矮、是强还是弱、是丑还是美、是聪明还是愚蠢的唯一途径。没有两个人是完全相同的，因此我们总是通过比自己或优

---

① Elizabeth Baily Wolf and Peter Glick, "Competent but Cold: The Stereotype Content Model and Envy in Organizations," in *Envy at Work and in Organizations*, ed. Richard H. Smith, Ugo Merlone, and Michelle K. Duffy (Oxford: Oxford University Press, 2017), p. 151.

或劣的人来评价自己。"我们将自己置于和他人的关系之中。这种对抗的过程是不可避免的，因为它是建立在人类认知结构之中的。"①

当 A 把自己和 B 作比较，B 拥有 A 想要但目前还没有的品质、财产或地位时，A 就会产生嫉妒情绪。在互联网时代，社会比较的范围已经大大扩大，我们正在不断地将自己与世界各地的人进行比较。② 前几辈人只能将自己与邻居及熟人进行比较。如今社会比较的机会迅速增加，从而增加了嫉妒产生的可能性。嫉妒的对象不再是某个人，而是一些抽象的群体，例如"富人"或"精英"。③

这些比较经常发生在清醒的意识之下。人们通常意识到的不是嫉妒这种情绪本身，而是嫉妒的结果，即对他们所嫉妒的人持有的负面情绪。在试图向自己解释这些负面情绪时，人们可能会夸大被嫉妒者的缺点，甚至编造不存在的缺点。④ 嫉妒者无视他人做得好的方面，却选择发现"运动员智力的平庸、天才身体的虚弱、科学家审美的麻木、艺术家知识的贫乏、创新者的奢靡、传统主义者的庸俗……当嫉妒者别无选择只能承认他人的优点时，就拿自己应该或者有可能达到的理想

---

① Gonzalo Fernández de la Mora, *Egalitarian Envy: The Political Foundations of Social Justice* (San Jose, CA: iUniverse, 2000), p. 77.

② Mark D. Alicke and Ethan Zell, "Social Comparison and Envy," in *Envy: Theory and Research*, ed. Richard H. Smith (Oxford: Oxford University Press, 2008), pp. 74-75.

③ Gonzalo Fernández de la Mora, *Egalitarian Envy: The Political Foundations of Social Justice* (San Jose, CA: iUniverse, 2000), p. 80.

④ Mark D. Alicke and Ethan Zell, "Social Comparison and Envy," in *Envy: Theory and Research*, ed. Richard H. Smith (Oxford: Oxford University Press, 2008), p. 77.

标准进行比较"①。

因此，重要的是区分两种情况，一种是人们意识到嫉妒，另一种是他们虽出于嫉妒但不知道这一事实。根据心理学家 W. 杰罗德·帕罗特的说法，有时候嫉妒者是最后知道自己的行为是出于嫉妒的人。② 不过，在通常情况下，我们更有可能在对自己重要的领域产生嫉妒。一个生活在森林里的哲学教授不太可能嫉妒邻居的狩猎能力，而教授的邻居也不太可能嫉妒他对黑格尔辩证法的卓越把握。③ 与一个人密切相关的领域最有可能引发嫉妒。当然，这些领域因人而异，并且领域相关性在人的一生中也可能会发生变化。④ 研究人员还发现，那些进化上与成功繁殖有关的领域往往最有可能引发嫉妒，部分原因是这些领域（从性和繁殖开始）对今天的许多人来说仍然很重要。"他们（研究人员）提出，从人类发展史上看，对成功繁殖至关重要的领域是最容易引发嫉妒的领域。而且由于男性和女性面临'性质不同的适应性问题'，还会有一些性别差异。"⑤

根据这个理论，与男性最相关的领域似乎也是其在生物进化中扮演关键角色的领域，例如身体和精神上的优势，以及在

---

① Gonzalo Fernández de la Mora, *Egalitarian Envy: The Political Foundations of Social Justice* (San Jose, CA: iUniverse, 2000), p. 75.

② W. Gerrod Parrott, "The Emotional Experiences of Envy and Jealousy," in *The Psychology of Jealousy and Envy*, ed. Peter Salovey (New York: Guilford Press, 1991), pp. 6-7.

③ Mark D. Alicke and Ethan Zell, "Social Comparison and Envy," in *Envy: Theory and Research*, ed. Richard H. Smith (Oxford: Oxford University Press, 2008), p. 78.

④ Mark D. Alicke and Ethan Zell, "Social Comparison and Envy," in *Envy: Theory and Research*, ed. Richard H. Smith (Oxford: Oxford University Press, 2008), pp. 342-343.

⑤ Christine R. Harris and Peter Salovey, "Reflections on Envy," in *Envy: Theory and Research*, ed. Richard H. Smith (Oxford: Oxford University Press, 2008), p. 342.

占有物质资源方面的成功。金钱和物质资源是成功的象征，会增加男人选择伴侣的机会。

嫉妒尤其会发生在"零和游戏"中，即一个人的所得就是另一个人的所失。有趣的是，在这一点上，人们对什么是"零和游戏"有着不同的看法。① 人们讨论对富人的看法时，这种差异就很重要了：如果我相信一个人的财富只能以另一个人的贫穷为代价（反之亦然），那么我认为经济学就是一种"零和游戏"。这种观点往往会引起嫉妒。对此，我们将在下一章进行更详细的讨论。

研究人员一致认为，人们往往会嫉妒与自己相似的人。② 一方面，这是有道理的：如果我对国际象棋毫无兴趣，就不太可能嫉妒一位国际象棋世界冠军。对于渴望赢得国际象棋世界冠军的人来说，情况就不一样了，他们很可能会嫉妒这位冠军。另一方面，我们很难确定哪些因素最能影响人们对相似性的理解。正如克里斯汀·R. 哈里斯和彼得·萨洛维指出的那样，"目前尚不清楚群体之间的相似性是否会导致嫉妒，或者如何导致嫉妒。根据刻板印象内容模型，嫉妒是一种针对高地位外部群体所产生的情绪。然而，在研究个人层面的嫉妒中，相似性是反复出现的主题（大概人们认为自己与群体内成员比群体外成员更相似吧）。未来的研究会直接比较外部群体和内部群体的嫉妒，这可能有助于阐明这一主题"③。

---

① Christine R. Harris and Peter Salovey, "Reflections on Envy," in *Envy: Theory and Research*, ed. Richard H. Smith（Oxford：Oxford University Press, 2008），p. 346.

② Christine R. Harris and Peter Salovey, "Reflections on Envy," in *Envy: Theory and Research*, ed. Richard H. Smith（Oxford：Oxford University Press, 2008），pp. 339-340.

③ Christine R. Harris and Peter Salovey, "Reflections on Envy," in *Envy: Theory and Research*, ed. Richard H. Smith（Oxford：Oxford University Press, 2008），p. 344.

　　嫉妒是一种"不良情绪"，① 所以我们会尽量避免。一些领域客观上很容易被直接比较。而另一些领域会更难被直接比较。例如，我们很难否认或弱化其他人在经济或职业上的优势。相反，对于社交领域的行为，如礼貌或合作，我们不容易进行客观比较。此时，否认另一事物的优势，或者至少质疑它的重要性会相对容易一些。②

　　当处于劣势的比较者认为他或她几乎没有机会达到优势目标的地位时，嫉妒感一定会增强。③ 对此，人们会尽量避免或减少自己的嫉妒。他们可以通过缩小自己和被嫉妒者之间的差距来做到这一点。如果没有成功，人们也可以采用以下策略，即马克·D. 阿利克和伊森·泽尔所说的"次级控制机制"。

　　第一，嫉妒者会强调自己的特征优势，它们是与他们所比较的领域无关的特征优势。④ 例如，他们会说："我可能没有某某那么有钱，但我受过更好的教育，或者说是更和气的人。"

　　第二，嫉妒者会淡化自己劣势领域的重要性，强调自己比

---

① Mark D. Alicke and Ethan Zell, "Social Comparison and Envy," in *Envy: Theory and Research*, ed. Richard H. Smith (Oxford: Oxford University Press, 2008), p. 82.

② Mark D. Alicke and Ethan Zell, "Social Comparison and Envy," in *Envy: Theory and Research*, ed. Richard H. Smith (Oxford: Oxford University Press, 2008), pp. 84-85.

③ Mark D. Alicke and Ethan Zell, "Social Comparison and Envy," in *Envy: Theory and Research*, ed. Richard H. Smith (Oxford: Oxford University Press, 2008), p. 85.

④ Mark D. Alicke and Ethan Zell, "Social Comparison and Envy," in *Envy: Theory and Research*, ed. Richard H. Smith (Oxford: Oxford University Press, 2008), p. 87.

较有优势的领域。① 他们会说："无论如何，生活并不全是金钱和物质价值，其他东西要重要得多，例如……"

第三，嫉妒者会夸大被嫉妒者的能力，这样处于劣势之人的境况会显得相对好一些。② 当沃伦·巴菲特这样的人被视作独一无二的金融天才时，人们更容易接受他的优势。在这种情形下，嫉妒者会承认，虽然自己或许不是天才，但比不上超级明星也不丢人。

第四，嫉妒者可以进行神奇的思考，幻想未来的成功，并最终战胜他们嫉妒的对象。③ 例如，他们可以设想天堂里的角色会颠倒过来，穷人会比富人得到更多的祝福。

第五，嫉妒者可以想象比自己强的人会失败或垮台。④

第一节　嫉妒和不公平感

根据查尔斯·E. 霍格兰、斯蒂芬·蒂尔克和理查德·H. 史密斯的研究，人们感到嫉妒是因为他们觉得"有些东西

---

① Mark D. Alicke and Ethan Zell, "Social Comparison and Envy," in *Envy: Theory and Research*, ed. Richard H. Smith (Oxford: Oxford University Press, 2008), p. 87.

② Mark D. Alicke and Ethan Zell, "Social Comparison and Envy," in *Envy: Theory and Research*, ed. Richard H. Smith (Oxford: Oxford University Press, 2008), p. 87.

③ Mark D. Alicke and Ethan Zell, "Social Comparison and Envy," in *Envy: Theory and Research*, ed. Richard H. Smith (Oxford: Oxford University Press, 2008), p. 87.

④ Mark D. Alicke and Ethan Zell, "Social Comparison and Envy," in *Envy: Theory and Research*, ed. Richard H. Smith (Oxford: Oxford University Press, 2008), p. 87.

不正当"。① 这种感觉使嫉妒者把他（她）所嫉妒之人（不应得的）优势合理化。因此，从嫉妒者的角度来看，被嫉妒者是否因为个人不当行为而获得不公平的优势，这一点并不重要。② 学者们指出，嫉妒者指责被嫉妒者在游戏规则上获得了优势，这在他们看来是不公平的。

理查德·H. 史密斯认为，嫉妒通常都伴随一种不公平的感觉，即相信被嫉妒者是以不公平手段获得了优势，或者嫉妒者与被嫉妒者之间的差异是不公平的。"因此，对嫉妒典型的敌对情绪进行完整解释的前提或许就是嫉妒者必须感到不公。换句话说，一个怀有敌意的嫉妒者或许必须相信被嫉妒者具有某些优势从某种程度上、某种主观层面上讲是不公平的。"③彼得·萨洛维说道。

区分合理的愤慨和嫉妒并不容易，因为在这两种情形下，敌意的焦点都是（真实或想象的）不公正。理查德·H. 史密斯、W. 杰罗德·帕罗特和金成熙要求 150 名本科生详细描述他们深感嫉妒的情形。然后这三位研究人员对两种表述进行了区分：一种表述中的不公平感（或嫉妒）是主观的，例如，"我嫉妒的人一开始就拥有某些出众的才华、能力或身体特征，这似乎是不公平的"。另一种表述中的愤慨是客观合理

---

① Charles E. Hoogland, Stephen Thielke and Richard H. Smith, "Envy as an Evolving Episode," in *Envy at Work and in Organizations*, ed. Richard H. Smith, Ugo Merlone and Michelle K. Duffy (Oxford: Oxford University Press, 2017), p. 127.

② Charles E. Hoogland, Stephen Thielke and Richard H. Smith, "Envy as an Evolving Episode," in *Envy at Work and in Organizations*, ed. Richard H. Smith, Ugo Merlone and Michelle K. Duffy (Oxford: Oxford University Press, 2017), p. 127.

③ Peter Salovey, ed. *The Psychology of Jealousy and Envy* (New York: Guilford Press, 1991), p. 93.

的，例如，"一个了解事实真相的客观的判断者会认为我所嫉妒的人不配拥有他或她的好运气"①。

根据理查德·H. 史密斯及其同事的分析，在第一种情形中，任何不公平的感觉都是基于嫉妒者的主观感知。这意味着，第三方客观审视这种情况时，不会发现任何的不公平或不公正情况。在第二种情形中，不公平的感觉源自明显的不公平待遇，其他人同样会感受到并批评这些不公平的待遇。② 理查德·H. 史密斯承认，要区分这两种情感——嫉妒与合理的愤慨——并不总是很容易。他指出："尽管嫉妒的敌意可能是基于对不公平现象主观、不合理的认定，而合理的愤慨是基于对不公平现象合理的认定，但在两种情形中敌意的性质更相似。"③

在日常生活中，我们很容易判断一个人的敌意是基于事实上的不公正、不公平，还是仅仅是主观感知的结果。我们不难想象工作场所的这种情形：一名员工认为他或她的一位同事的薪水比自己的高是不公平的。事实上，经过客观调查，显然没有任何证据表明他们有不公平的待遇，工资的差异实际上反映了嫉妒者较差的工作表现。当然，嫉妒者是不愿意承认这个事实的。

在一个更大的社会背景下，我们要做出明确的区分就更难

---

① Richard H. Smith, "Envy and the Sense of Injustice," in *The Psychology of Jealousy and Envy*, ed. Peter Salovey (New York：Guilford Press, 1991), p. 94.

② Richard H. Smith, "Envy and the Sense of Injustice," in *The Psychology of Jealousy and Envy*, ed. Peter Salovey (New York：Guilford Press, 1991), p. 84.

③ Richard H. Smith, "Envy and the Sense of Injustice," in *The Psychology of Jealousy and Envy*, ed. Peter Salovey (New York：Guilford Press, 1991), p. 89.

了。当首席执行官的收入超过其他员工的 100 倍时，你感到不公平，同时你会发现很多人有同样的想法。在政治领域，许多人赞同这种极端的收入差距是经济不公平的表现。因此，众人有了统一的"信念"：抗议管理者获得过高的薪资绝不是嫉妒的表现，而是对社会不公的正当批评。

理查德·H. 史密斯指出，嫉妒的敌意往往根植于嫉妒者的主观感受，即他们受到了不公平的对待。尤其是在政治领域，嫉妒几乎总是为所谓缺乏"社会正义"的愤慨所掩盖。在很多情况下，愤慨的人甚至懒得解释他们所谓的"社会正义"到底是什么。嫉妒者口中的"正义"通常指的是"平等"。

所以，当人们感受到不公平待遇或觉得自己不如别人时，他们就会产生嫉妒。在 1994 年的一项研究中，理查德·H. 史密斯及其同事让 427 名学生想出一个他们经历过的嫉妒情形。学生们在书面描述该情形之后，被要求填写一份问卷，对自己在嫉妒事件中的感受进行评价。

这项研究特别衡量了两组特定的想法。①

1. 主观的不公正的想法，例如，
- "感觉受到了不公平对待。"
- "对生活本身的不公平感到愤慨。"
- "我嫉妒的人在人生开始时就比我有某些优势，这似乎不公平。"
- "我嫉妒的人自然而然就有了好运，这似乎不公平。"

---

① Richard H. Smith et al. , "Subjective Injustice and Inferiority as Predictors of Hostile and Depressive Feelings in Envy," *Personality and Social Psychology Bulletin* 20, no. 6 (1994), pp. 707-708.

2. 自卑的想法，例如，

- "我嫉妒的那个人让我感到自卑。"
- "意识到自己的不足。"
- "我嫉妒的人和我之间的差异是由自己的素质不高导致的。"

研究人员发现，主观的不公正感是嫉妒的核心因素。"有趣的是，主观的不公正感是唯一与抑郁情绪和敌意都密切相关的独立变量。嫉妒的敌意和抑郁因素十分普遍，在定义嫉妒时起着核心作用，因此主观的不公正感与这些因素的双重关联表明，这种感受可能是嫉妒独有的特征。"[1]

嫉妒明显源于自卑感。不平等在每个社会都存在，这意味着总会有人觉得自己相对于其他人来说处于劣势。"在任何人类系统中，人与人之间的差异都会对获取资源及增强生殖力产生影响，从而使某些个体发现自己处于劣势。"[2] 这种情形的后果之一就是嫉妒："嫉妒是对不利条件的一种适应性、时常发生的反应。"[3]

苏珊·T. 菲斯克认为，当那些不太成功、资源较少的人试图解释他们所认为的那些取得更大成功或积累了更多资源的同龄人所具有的不正当优势时，嫉妒就会产生。"如果一个同龄人能够成功，那么人们就会因为自己没有做得同样好而心有

[1] Richard H. Smith et al. , "Subjective Injustice and Inferiority as Predictors of Hostile and Depressive Feelings in Envy," *Personality and Social Psychology Bulletin* 20, no. 6（1994）, p. 710.

[2] Richard H. Smith and Sung Hee Kim, "Introduction," in *Envy: Theory and Research*, ed. Richard H. Smith（Oxford：Oxford University Press, 2008）, p. 4.

[3] Richard H. Smith and Sung Hee Kim, "Introduction," in *Envy: Theory and Research*, ed. Richard H. Smith（Oxford：Oxford University Press, 2008）, p. 5.

不甘。嫉妒还会让人们对自己地位低下这一不公正的事实感到愤怒。那些成功的人肯定有不公平的优势。嫉妒同抑郁、不快乐和自卑是联系在一起的。"[1]

嫉妒的结果取决于产生嫉妒的情形。在一些情况下，嫉妒者与他们所嫉妒的对象达成合作，可能会从中直接受益。然而，在另一些情况下，嫉妒会导致被嫉妒者受到侵犯。这就是嫉妒内在的危险。赫尔穆特·舍克指出："嫉妒会使嫉妒者与地位更高、权力更大的人为伍，但也会妨害和攻击他们。嫉妒是即将发生的伤害。"[2]

第二节　为什么人们会否认他们的嫉妒

赫尔穆特·舍克在其《嫉妒：社会行为理论》（又译作《嫉妒与社会》）一书中指出："如今，谈到嫉妒的动机，我们通常会保持沉默和克制。"[3] 嫉妒通常是最被否认、压抑和掩饰的情绪。乔治·M. 福斯特 1972 年发表了一篇题为《剖析嫉妒：象征行为研究》的文章。文章指出，在所有文化中，人们都非常不愿意承认自己的嫉妒情绪。在长达几年的时间里，乔治·M. 福斯特不断询问自己的学生他们嫉妒的感觉。约 50% 的学生说自己几乎没有嫉妒心，40% 的学生说他们有一定的嫉妒心或

---

[1] Susan T. Fiske, "Envy Up, Scorn Down: How Comparison Divides Us," *American Psychologist* 65, no. 8 (2010), p. 2.

[2] Susan T. Fiske, "Envy Up, Scorn Down: How Comparison Divides Us," *American Psychologist* 65, no. 8 (2010), pp. 6-7.

[3] Helmut Schoeck, *Envy: A Theory of Social Behaviour* (Indianapolis: Liberty Fund, 1987), p. 29.

只是偶尔嫉妒他人，只有10%的学生承认自己非常嫉妒他人。①

　　被直接询问时，大多数人并不承认自己嫉妒他人，这一发现也得到了唯一一项针对嫉妒及其影响的大规模纵向研究的验证。在2005年、2009年和2013年，研究人员随机采访了1.8万名澳大利亚成年人。研究中一个采访问题是："下面这些词能形容你吗？"这次采访还将"嫉妒"作为可能的选项之一。受访者给自己打分，分值为7分，从1分（"完全不能形容我"）到7分（"非常好地形容了我"）。近54%的受访者给自己的"嫉妒"打了最低分：1分或2分。超过72%的受访者给自己的打分为1分到3分。相比之下，只有3.6%的受访者给自己打了6分或7分，承认自己非常嫉妒他人。② 然而，如果根据这项研究的结果就得出结论：嫉妒是一种人们很少有的情绪，那显然是错误的。如果比起其他情绪，人们的确更倾向于否认嫉妒，而且如我们所看到的那样，许多科学家为该理论提出了貌似有理的论点，那么嫉妒就不能通过直接询问受访者来进行衡量。就像种族偏见一样，如果问题的答案能够间接地表明某个人是否嫉妒，那么这样的问题才会引出更加真实的结论。所以，此项研究的结论需要我们谨慎对待。③

　　在其著作《平等的嫉妒：社会正义的政治基础》中，贡萨洛·费尔南德斯·德·拉莫拉指出："嫉妒是一种被广泛否

---

① George M. Foster, "The Anatomy of Envy: A Study in Symbolic Behavior," *University of Chicago Press Journals* 13, no. 2 (1972), p. 166.

② Redzo Mujcic and Andrew J. Oswald, "Is Envy Harmful to a Society's Psychological Health and Wellbeing? A Longitudinal Study of 18000 Adults," *Social Science & Medicine* 198 (2018), p. 104.

③ Redzo Mujcic and Andrew J. Oswald, "Is Envy Harmful to a Society's Psychological Health and Wellbeing? A Longitudinal Study of 18000 Adults," *Social Science & Medicine* 198 (2018), p. 105.

认的情感。一个人可以承认自己骄傲、贪婪、愤慨、贪吃和懒惰，甚至会以此为傲。只有一种罪过是谁也不肯承认的，那就是嫉妒。它是黑暗、隐秘、永远被遮掩的罪恶。人们试图用各种伪装来掩盖它，其标志应该是一个面具。嫉妒者避免被看到这种情绪的本来面目，把它埋藏在潜意识里，或者为了曲解而将它合理化。人们隐藏嫉妒情绪，甚至不承认嫉妒。"[1] 隐藏嫉妒情绪的一个原因是，当人们公开承认自己受嫉妒驱使时，他们为消除嫉妒根源而采取的任何行动在社会上都会被视作不合理。当嫉妒得到承认或公开表达时，嫉妒者就会自然而然地放弃满足或消除嫉妒的意图。[2]

乔治·M. 福斯特解释说，嫉妒与恐惧有关联。人们害怕自己因为拥有某些东西而受到嫉妒，想要保护自己不受他人嫉妒的影响。与此同时，人们害怕被人指责嫉妒别人，并且害怕承认自己嫉妒别人。[3]

乔治·M. 福斯特还问道，为什么人们可以承认内疚、羞耻、骄傲、贪婪甚至愤慨而不丧失自尊，却发现几乎不可能承认嫉妒。他给出了这样的解释：任何承认嫉妒的人，也等于承认自己感到自卑。这就是为什么承认和接受自己嫉妒如此困难。正如他所言："一个人认识到自己嫉妒，就等于承认自己不如别人。他把自己和别人进行比较，却发现了自己的不足。我认为，是这种隐含的承认自我卑微的感觉让人很难接受，而

---

[1] Gonzalo Fernández de la Mora, *Egalitarian Envy: The Political Foundations of Social Justice* (San Jose, CA: iUniverse, 2000), p. 73.

[2] Gonzalo Fernández de la Mora, *Egalitarian Envy: The Political Foundations of Social Justice* (San Jose, CA: iUniverse, 2000), p. 74.

[3] George M. Foster, "The Anatomy of Envy: A Study in Symbolic Behavior," *University of Chicago Press Journals* 13, no. 2 (1972), p. 166.

不是承认自己嫉妒让人很难接受。"①

　　乔治·M.福斯特提出了一个问题，这对于探究人们对富人的嫉妒有重要意义。当一个人意识到另一个人拥有自己想拥有的东西时，嫉妒就出现了。这种认知必然会引出这样一个问题："为什么我没有这个东西？为什么他们能完成我做不到的事？"这一观点解释了为什么大多数人不愿承认他们嫉妒别人。乔治·M.福斯特说道："嫉妒是令人不愉快的，因为它的任何表达方式——任何与之相关的隐秘过程——都必然始于你需要某些东西，但不幸的是，别人拥有它们。这很容易引出一个问题：为什么你没有这些东西呢？在某些情况下，这个问题本身就足以引发不安全感，因为显然另一个人比你更擅长积累物质保障，这会使你更加自卑。"②

　　根据乔治·M.福斯特的理论，为了化解嫉妒情绪，嫉妒者需要把失败的责任转移到他们无法控制的环境上。他指出："将自卑归于个体之外不可控的因素或条件，虽然令人不快，但至少可以让人接受。个人弱点、能力不足或判断力差导致的自卑感更加让人难以接受，因为它对自我形象的损害是相当大的。"③如果嫉妒者可以将他人的成功归于命运、机遇或不诚实，这种指责就能缓解他人成功对其自尊心所造成的负担。

　　这可能就是人们把富人的成功归于诸如运气、使用不道德

---

① George M. Foster, "The Anatomy of Envy: A Study in Symbolic Behavior," *University of Chicago Press Journals* 13, no. 2 (1972), p. 184.

② Harry Stack Sullivan, quoted in George M. Foster, "The Anatomy of Envy: A Study in Symbolic Behavior," *University of Chicago Press Journals* 13, no. 2 (1972), p. 184.

③ George M. Foster, "The Anatomy of Envy: A Study in Symbolic Behavior," *University of Chicago Press Journals* 13, no. 2 (1972), p. 184.

手段、拥有不公平优势等因素的原因之一。一个嫉妒者或许会说，无论如何，财富都不值得为之奋斗。毕竟，嫉妒者最好的回避策略就是简单地宣称他对金钱没兴趣。把现实中不存在的选择方案拿出来做比较也可以达到同样的效果，就像谚语所说的那样："宁可贫穷而健康，也不要富有而多病。"

第三节　有良性嫉妒吗？

有时人们认为，嫉妒不一定是负面的，或者说存在一种良性的嫉妒。赫尔穆特·舍克明确否定了这一观点。"在极少数情况下，"他写道，"就像某些诗歌描述的那样，嫉妒被当作兴奋剂来用，是一种崇高或有益的东西。在这种描述中，诗人用词不当，他实际上指的是效仿。真正嫉妒的人几乎从未考虑过进行公平的竞争。"①

赫尔穆特·舍克将嫉妒描述为一种攻击性的情绪，嫉妒者已经意识到自己的无能，所以从一开始，部分攻击性以及一定程度的痛苦折磨就转嫁到了被嫉妒者身上。他指出："一个人嫉妒别人的物质资产，通常想要的是毁灭对方，而不是获得对方的资产。"②

根据赫尔穆特·舍克的说法，嫉妒者对从他人手中获得有价值的东西并不感兴趣。"他希望看到的是他人被抢劫、被驱逐、被剥夺、被羞辱或者被伤害，但他几乎从没想象过别人的财产会转移给自己这种事。纯粹的嫉妒者不会为了自

---

① Helmut Schoeck, *Envy: A Theory of Social Behaviour* (Indianapolis: Liberty Fund, 1966), p. 11.

② Helmut Schoeck, *Envy: A Theory of Social Behaviour* (Indianapolis: Liberty Fund, 1966), p. 25.

己的目的去当小偷或骗子。无论如何，被嫉妒者的个人品性、技能或声望是不可能被窃取的。嫉妒者很可能希望对方失去他的话语权、技能、美貌或者正直的品性。"①

不过，赫尔穆特·舍克的观点也并非无人质疑。延斯·兰格和扬·克鲁修斯就区分了"良性嫉妒"和"恶意嫉妒"。其他语言也对这两种形式的嫉妒做出了语义上的区分，包括俄语有"白"嫉妒和"黑"嫉妒，德语有"嫉羡"（neid）和"不利的嫉妒"（missgunst），尽管"嫉羡"一词本身是这两种嫉妒的上位词。② 根据延斯·兰格和扬·克鲁修斯的研究，良性嫉妒会增加嫉妒者向上跃迁、提升地位的动机，恶意嫉妒则会增加伤害他人或损害他人地位的动机。根据学者们的说法，"性格上的嫉妒是一种基于比较的情绪，会让人在面对向上的标准时产生挫败感……一般来说，嫉妒的功能目标是抚平嫉妒者与被嫉妒者之间的差异。在良性嫉妒的情况下，嫉妒者尽量提升自我；在恶意嫉妒的情况下，嫉妒者则试图把被嫉妒者的水平拉下来"③。

学者们设计了一个包含 10 个条目的良性嫉妒及恶意嫉妒衡量表，以便区分这两种嫉妒，这是以前的量表没有指出的区别。衡量良性嫉妒的表述有："当嫉妒别人时，我关注的是如何在未来获得同样的成功。"在衡量恶意嫉妒的条

---

① Helmut Schoeck, *Envy: A Theory of Social Behaviour* (Indianapolis: Liberty Fund, 1966), p. 8.

② 德语"missgunst"是贬义词，而"neid"是嫉妒的统称，但在口语中也含有褒义（相当于"羡慕"）。在俄语中"黑"嫉妒是恶意的，"白"嫉妒是良性的。

③ Jens Lange and Jan Crusius, "Dispositional Envy Revisited: Unraveling the Motivational Dynamics of Benign and Malicious Envy," *Personality and Social Psychology Bulletin* 41, no. 2 (2015), p. 286.

目中有这样一句话："我希望比自己优秀的人失去他们的
优势。"①

W. 杰罗德·帕罗特区分了"无恶意"嫉妒和"恶意"
嫉妒。有人认为，"希望拥有他人拥有的东西"就是无恶意
嫉妒的一种表现。相反，恶意嫉妒的典型说法是："我希望
你失去已经拥有的东西。"根据 W. 杰罗德·帕罗特的说法，
恶意嫉妒完全是有害的。他认为："对遭受恶意嫉妒的人来
说，豪车应该被偷走、被损坏，品德高尚的人应该被腐蚀、
被杀害，漂亮的脸蛋应该被遮盖、被损毁。恶意嫉妒者不一
定渴望拥有别人的东西，只是渴望从别人那里夺走那些
东西。"②

尼尔斯·范·德·文、马塞尔·泽伦贝格和里克·彼得斯
在他们的论文《为什么嫉妒胜过羡慕》中提出一个假说，即
良性嫉妒，而不是恶意嫉妒或羡慕情绪，能够促使人们提高自
我。他们指出，与（良性）嫉妒带来的挫败感相反，羡慕或
许是一种正面的情绪，但它很难成为人们提高自我的动机。③
不过，学者们确实承认羡慕有时也会产生积极的影响，④ 尽管

① Jens Lange and Jan Crusius, "Dispositional Envy Revisited: Unraveling the Motivational Dynamics of Benign and Malicious Envy," *Personality and Social Psychology Bulletin* 41, no. 2 (2015), p. 288.

② W. Gerrod Parrott, "The Emotional Experiences of Envy and Jealousy," in *The Psychology of Jealousy and Envy*, ed. Peter Salovey (New York: Guilford Press, 1991), pp. 9-10.

③ Niels van de Ven, Marcel Zeelenberg and Rik Pieters, "Why Envy Outperforms Admiration," *Personality and Social Psychology Bulletin* 37, no. 6 (2011), p. 784.

④ Niels van de Ven, Marcel Zeelenberg and Rik Pieters, "Why Envy Outperforms Admiration," *Personality and Social Psychology Bulletin* 37, no. 6 (2011), p. 790.

他们指出羡慕对动机产生负面影响的情况更为常见。学者们还声称，当羡慕仅限于对另一个人的出色表现表示认可时，它很可能会导致积极性下降。在向上社会比较的三种可能情绪（良性嫉妒、恶意嫉妒和羡慕）中，他们认为良性嫉妒最有可能激发自我提高的动力。

之前引用的澳大利亚有关嫉妒的纵向研究结果似乎与尼尔斯·范·德·文、马塞尔·泽伦贝格和里克·彼得斯提出的理论相矛盾。澳大利亚的研究表明嫉妒对人的幸福有负面影响，而且没有实证证据表明嫉妒是一种有用的动力——甚至不能作为，譬如，经济成功的动力。①

贾斯汀·达姆斯和艾莉森·邓肯·克尔对良性嫉妒和恶意嫉妒之间的区别不屑一顾。他们认为，实际上不存在什么良性嫉妒。正如他们所看到的那样，康德（Kant）将嫉妒定义为一种痛苦地看待他人幸福的倾向。嫉妒的目的就是毁掉别人的好运气。② 两位学者指出，认为某些嫉妒是良性的想法来源于日常用语中"嫉妒"这个词的用法（例如，"你有一座这么大的房子，我好嫉妒你哟"）。然而，正如他们所指出的那样，情感研究者们很清楚一个事实，即自然语言在描述情感时往往很草率。在这些学者看来，嫉妒不仅是对别人拥有之物的痛苦渴望，而且是对别人失去这种物品、优势

---

① Redzo Mujcic and Andrew J. Oswald, "Is Envy Harmful to a Society's Psychological Health and Wellbeing? A Longitudinal Study of 18000 Adults," *Social Science & Medicine* 198 (2018), pp. 108-109.

② Justin D'Arms and Alison Duncan Kerr, "Envy in the Philosophical Tradition," in *Envy: Theory and Research*, ed. Richard H. Smith (Oxford: Oxford University Press, 2008), p. 45.

或地位的渴望。① 因此他们得出结论："良性嫉妒"的概念在措辞上是自相矛盾的。②

如果让嫉妒者在竞争对手拥有好处或双方都没有好处之间做出选择，他会选择双方都没有好处。例如，我的邻居买了一辆奔驰车，我很嫉妒，那么即使一周后我自己也买了一辆，我的嫉妒也不一定会消失。但如果我的邻居因为某种原因弄丢他的奔驰车，那么嫉妒就会马上消失。③

与理查德·H. 史密斯相反，贾斯汀·达姆斯和艾莉森·邓肯·克尔认为嫉妒不一定与不公平感联系在一起。他们认为让嫉妒者烦恼的是竞争对手拥有的优势，不管这种优势是否公平正当。事实上，他们指出，那些嫉妒者经常会用一些道德借口来证明自己对对方的负面感觉是合理的，也就是说，他们会用道德借口把自己的嫉妒包裹起来。④

在我看来，区分别人的优势应得或不应得，判断别人拥有财富这件事是"公平"还是"不公平"，并没有什么好处。毕竟，在每个人的心目中正义的概念都是不一样的。为了减轻自卑，失败者往往会简单地说服自己：在他们参与竞争的领域，

---

① Justin D'Arms and Alison Duncan Kerr, "Envy in the Philosophical Tradition," in *Envy: Theory and Research*, ed. Richard H. Smith (Oxford: Oxford University Press, 2008), p. 46.

② Justin D'Arms and Alison Duncan Kerr, "Envy in the Philosophical Tradition," in *Envy: Theory and Research*, ed. Richard H. Smith (Oxford: Oxford University Press, 2008), p. 47.

③ Justin D'Arms and Alison Duncan Kerr, "Envy in the Philosophical Tradition," in *Envy: Theory and Research*, ed. Richard H. Smith (Oxford: Oxford University Press, 2008), p. 48.

④ Justin D'Arms and Alison Duncan Kerr, "Envy in the Philosophical Tradition," in *Envy: Theory and Research*, ed. Richard H. Smith (Oxford: Oxford University Press, 2008), p. 49.

规则本身就是不公平的。然而，优势的分配天生就是不平等的，大自然才不关心平等意义上的"正义"，乃至机会平等意义上的"正义"。这里举一个例子：美女在选择伴侣时会占上风。那么她的优势是"挣来的"吗？长相不那么好看的女性在选择伴侣时处于不利地位，她们会抱怨外表在寻找伴侣时起的作用太大。弱势群体总是希望游戏规则有所不同。不那么漂亮的女性希望外表不是那么重要，不那么富裕的女性希望金钱不是那么重要。

克里斯汀·R. 哈里斯和彼得·萨洛维还认为，其他人所说的良性嫉妒（不含愤慨、敌意或恶意嫉妒），更准确的描述应该是"欲望或渴望"。① 嫉妒有两个方面：一方面，嫉妒者执着于拿走别人拥有的东西，认为不平等的处境是不公正的；另一方面，嫉妒者认为不平等的处境是自己的失败造成的，从而威胁了他的自我价值感和自尊。②

考虑到众多相互矛盾的嫉妒定义，约奇·科恩-查拉什和艾略特·拉森提出了一个整合所有嫉妒概念的定义："嫉妒是消极的社会比较、痛苦的感觉、对嫉妒对象的渴望，以及消除嫉妒痛苦的目标。"这些因素在所有关于嫉妒的著作中都可以看到，因此可以成为嫉妒定义公认的基础。③ 他们确

---

① Christine R. Harris and Peter Salovey, "Reflections on Envy," in *Envy: Theory and Research*, ed. Richard H. Smith（Oxford：Oxford University Press, 2008），p. 335.

② Christine R. Harris and Peter Salovey, "Reflections on Envy," in *Envy: Theory and Research*, ed. Richard H. Smith（Oxford：Oxford University Press, 2008），p. 336.

③ Yochi Cohen-Charash and Elliot Larson, "What Is the Nature of Envy?" in *Envy at Work and in Organizations*, ed. Richard H. Smith, Ugo Merlone, and Michelle K. Duffy（Oxford：Oxford University Press, 2017），p. 25.

定了所有嫉妒定义的共同特征："因此，我们把嫉妒定义为一种痛苦的情绪，包括以下信念：（1）一个人缺乏并渴望拥有别人的东西；（2）他渴望拥有的这个东西对其自我评价或竞争地位至关重要。嫉妒包含减少嫉妒带来的痛苦和提高个人相对地位的动力。"[1]

第四节　嫉妒和幸灾乐祸

在亚里士多德所处的时代，哲学家就意识到恶意的快乐和嫉妒是紧密相连的。斯宾诺莎将嫉妒定义为由于别人的好运而感到的悲伤，当不好的事情发生在他人身上时所有的幸福感。[2] 社会学研究支持这一理论框架。根据理查德·H. 史密斯及其同事报告的心理实验结果[3]，当被嫉妒者遭受不幸时，嫉妒者会有一种恶意的快感，即幸灾乐祸。他们指出："我们的研究结果表明，对某人优越感所做出的嫉妒反应将大大影响我们之后对发生在此人身上的不幸所产生的感受。我们可能会幸灾乐祸，而不是同情这个人。"[4]

科学家们进行了一项实验，测量受试者对发生在不同人身上正面或负面日常事件的反应。在实验过程中，他们使用

---

[1] Yochi Cohen-Charash and Elliot Larson, "What Is the Nature of Envy?" in *Envy at Work and in Organizations*, ed. Richard H. Smith, Ugo Merlone, and Michelle K. Duffy (Oxford: Oxford University Press, 2017), p. 26.

[2] Caitlin A. J. Powell, Richard H. Smith and David Ryan Schurtz, "Schadenfreude Caused by an Envied Person's Pain," in *Envy: Theory and Research*, ed. Smith, pp. 148-150.

[3] Richard H. Smith et al., "Envy and Schadenfreude," *Personality and Social Psychology Bulletin* 22, no. 2 (1996), pp. 158-168.

[4] Richard H. Smith et al., "Envy and Schadenfreude," *Personality and Social Psychology Bulletin* 22, no. 2 (1996), p. 167.

了上文提到的刻板印象内容模型。实验涉及一系列日常生活中发生在某个人身上的情景。例如，一位富商不小心坐在了公园长凳的口香糖上，或是踩了狗屎。受试者在看到这些正面或负面的日常经历图片后，根据其在现实生活中看到这些场景时的感受对每张图片进行了评价。实验采用了10分制的量表，等级从1（"我感觉非常糟糕"）到10（"我感觉非常好"）。同其他不受嫉妒的人群相比，看到负面事件发生在被嫉妒者群体（包括富人）身上时，受试者的反应最不消极。而看到正面事件发生在他们身上时，受试者的反应也最不积极。此外，研究人员还使用了一种设备来测量受试者的笑肌运动。仅就被嫉妒的外部群体成员而言，这些笑肌面对负面事件比遇到正面事件时更加活跃。研究人员观察到，"当一位投资银行家'踩到狗屎'时，人们会忍不住笑一笑。这就是幸灾乐祸"[1]。

在进一步的实验中，米娜·席卡拉和苏珊·T.菲斯克调查了哪些群体最有可能令人们幸灾乐祸。除了直接提问，研究人员还测量了受试者面部肌肉组织的变化，因为他们发现，幸灾乐祸的语言表达很可能会受到社会期望效应的约束。面部肌电图甚至可以测量到面部肌肉组织最微小的变化。受试者对肌肉反应的控制远不及他们对语言表达的控制。

在另一项实验中，研究人员向受试者展示了不同人经历正面、中性或负面事件的照片。照片中有一人是投资银行家。结果是："与其他人相比，当负面事件发生在被嫉妒者身上时，受试者的感觉最佳；当正面事件发生在被嫉妒者身上时，受试

---

[1] Susan T. Fiske, *Envy Up, Scorn Down: How Status Divides Us* (New York: Russell Sage Foundation, 2011), p. 7.

者的感觉最不佳……虽然受试者不想明确表达当被嫉妒者遭遇不幸时自己所感受到的愉悦，但是，面对被嫉妒者的不幸，那些面部肌电图为受试者积极情绪（也就是微笑）而不是消极情绪的产生提供了证据。"①

米娜·席卡拉和苏珊·T. 菲斯克指出，在很多情况下，地位较高群体的成员发生意外时人们不会同情，相反他们往往会产生恶意快感。"然而，并非所有的外部群体都一样。地位高、竞争力强的群体比其他群体更有可能成为幸灾乐祸和主动施害的目标。了解到人们对热情和能力的感知造成了这些反应，我们就能够预测哪些群体在社会不稳定时期面临的风险最大。"②

当别人遭遇不幸时，人们典型的反应是为他们感到难过。然而，根据凯特琳·A. J. 鲍威尔、理查德·H. 史密斯和大卫·瑞恩·舒尔茨的观点，在很多情况下，人们显然会幸灾乐祸。在他们看来，嫉妒是一种不愉快的情绪，当被嫉妒者遭遇不幸时，嫉妒者的痛苦就减少了。③ 学者们观察到，当人们将自己和别人做比较时，如果比较的结果是不利的，他们的自尊就会受到威胁。"如果人们嫉妒他人，他们通常会感受到对自身价值的威胁。因此，学术界对嫉妒的研究往往强调嫉妒包含

---

① Mina Cikara and Susan T. Fiske, "Stereotypes and Schadenfreude: Affective and Physiological Markers of Pleasure at Outgroup Misfortunes," *Social Psychological and Personality Science* 3, no. 1 (2012), p. 69.

② Mina Cikara and Susan T. Fiske, "Stereotypes and Schadenfreude: Affective and Physiological Markers of Pleasure at Outgroup Misfortunes," *Social Psychological and Personality Science* 3, no. 1 (2012), p. 70.

③ Caitlin A. J. Powell, Richard H. Smith and David Ryan Schurtz, "Schadenfreude Caused by an Envied Person's Pain," in *Envy: Theory and Research*, ed. Smith, pp. 148–150.

了一种自卑感，这也就是嫉妒是一种痛苦情绪的主要原因之一。被嫉妒者遭遇不幸会减轻或消除造成嫉妒者自卑的原因，并且会令嫉妒者愉悦。"[1]

嫉妒者认为被嫉妒者的优势是通过不公平的手段获得的。凯特琳·A.J.鲍威尔、理查德·H.史密斯和大卫·瑞恩·舒尔茨指出："这种优势可能会以一种有失偏颇的方式被解读为不正当的优势。这种解读会产生错误的信念，并助长嫉妒者的敌意。"[2] 事实上，学者们指出，被嫉妒者优势的不正当性或嫉妒者的劣势是组成嫉妒的关键因素。嫉妒者主观地认为这种优势是不正当的。后果就是：当享受（据推测）不正当优势的人在某种程度上受到损害，或经历不幸时，幸灾乐祸似乎就顺理成章了。[3]

"高大罂粟花综合征"指的是对成功人士的嫉妒和怨恨。澳大利亚教授诺曼·T.费瑟研究了中产阶级在成功人士失宠时的情绪和态度。诺曼·T.费瑟首先观察到当一位重要的政界人士由于愚蠢的行为被抓时，当一名商人在股市崩盘中损失惨重时，或当一个电视名人的声望突然下降时，澳大利亚人（其研究涉及澳大利亚的学生）的反应是积极的。[4] 他抱怨说，

[1] Caitlin A. J. Powell, Richard H. Smith and David Ryan Schurtz, "Schadenfreude Caused by an Envied Person's Pain," in *Envy: Theory and Research*, ed. Smith, p. 151.

[2] Caitlin A. J. Powell, Richard H. Smith and David Ryan Schurtz, "Schadenfreude Caused by an Envied Person's Pain," in *Envy: Theory and Research*, ed. Smith, p. 153.

[3] Caitlin A. J. Powell, Richard H. Smith and David Ryan Schurtz, "Schadenfreude Caused by an Envied Person's Pain," in *Envy: Theory and Research*, ed. Smith, pp. 153-154.

[4] Norman T. Feather, "Attitudes towards the High Achiever: The Fall of the Tall Poppy," *Australian Journal of Psychology* 41, no. 3 (1989), p. 239.

关于人们对身居高位者态度的心理学文献相对较少。①

诺曼·T. 费瑟最初的假设是，人们对极端成功者的态度往往是复杂而矛盾的，这种矛盾心理应该反映在人们对高大罂粟花落地时的情绪和态度上。② 一方面，他提出，高成就者或成功者至少在某些方面应该比普通人受到更加积极的对待。"例如，在注重个人主义和成就的社会里，高成就者可能会被认为更有能力、更勤奋、更有效率、更自信，比一般人更值得尊重和钦佩。"③ 另一方面，他认为，人们对高成就者持有与积极评价相抵触的消极态度也是有可能的。"例如，他们可能倾向于认为高成就者普遍冷漠、孤僻、好胜。"④ 尽管他的研究跳出了刻板印象内容模型，但该研究显然得出了相似的结论。

诺曼·T. 费瑟假定，集体主义价值观同看重高罂粟花的做法是对立的，尽管我认为这种价值观是平等主义的。诺曼·T. 费瑟说："文化中的集体主义价值观可能成为高罂粟花落地时人们产生满足感的基础，特别是当高罂粟花落到了平均位置，与其他罂粟花高度相似或一致的时候。相比之下，成就平平者的失败就不那么受人欢迎了，因为这种失败把一个人从中等成就的集体中移除。"⑤ 诺曼·T.

① Norman T. Feather, "Attitudes towards the High Achiever: The Fall of the Tall Poppy," *Australian Journal of Psychology* 41, no. 3 (1989), p. 240.

② Norman T. Feather, "Attitudes towards the High Achiever: The Fall of the Tall Poppy," *Australian Journal of Psychology* 41, no. 3 (1989), p. 240.

③ Norman T. Feather, "Attitudes towards the High Achiever: The Fall of the Tall Poppy," *Australian Journal of Psychology* 41, no. 3 (1989), p. 240.

④ Norman T. Feather, "Attitudes towards the High Achiever: The Fall of the Tall Poppy," *Australian Journal of Psychology* 41, no. 3 (1989), p. 241.

⑤ Norman T. Feather, "Attitudes towards the High Achiever: The Fall of the Tall Poppy," *Australian Journal of Psychology* 41, no. 3 (1989), pp. 241-242.

费瑟指出，尽管澳大利亚人重视成功，但他们也认为一个人不应该太成功或取得超出平均水平太多的成就。①

诺曼·T. 费瑟的实验证实了他的假设。他的受试者在高成就者失败时比在成就平平者失败时表现得更高兴（或至少不那么不高兴）。当高成就者因为失败落到中间位置，而不是垫底时，他们相对来说更高兴。"中间或平均位置可以作为群体的标准，是代表集体的位置。"②

令人惊讶的是，诺曼·T. 费瑟没有发现任何证据表明，他的受试者对高成就者比对成就平平者态度更消极。关于这一点，诺曼·T. 费瑟引用了乔治·M. 福斯特的观察结果，即人们害怕嫉妒带来的后果，因此往往否认嫉妒。"例如，一个高成就者遭遇挫折，如果有一个明确的借口来表达人们对他的负面情绪，我们就有可能更容易观察到这种情绪。"③

在另一项研究中，诺曼·T. 费瑟调查了受试者在高成就者犯错误时的反应，以及他们是否会对随后的失败感到更加高兴。受试者报告说，即使犯了同样的错误，高成就者也应该受到比一般人更加严厉的惩罚。④"因此，在这两项研究中，受试者面对高成就者的挫折可能会更高兴，因为这一挫折使得高成就者降到了应有的高度，说明高成就者也容易犯错误，与其

---

① Norman T. Feather, "Attitudes towards the High Achiever: The Fall of the Tall Poppy," *Australian Journal of Psychology* 41, no. 3 (1989), p. 242.

② Norman T. Feather, "Attitudes towards the High Achiever: The Fall of the Tall Poppy," *Australian Journal of Psychology* 41, no. 3 (1989), p. 250.

③ Norman T. Feather, "Attitudes towards the High Achiever: The Fall of the Tall Poppy," *Australian Journal of Psychology* 41, no. 3 (1989), p. 250.

④ Norman T. Feather, "Attitudes towards the High Achiever: The Fall of the Tall Poppy," *Australian Journal of Psychology* 41, no. 3 (1989), p. 255.

他人之间的差异就缩小了。"①

诺曼·T. 费瑟做了第三项研究，这次不是实验，而是一项调查，旨在检验人们对高成就者的态度，以及这些态度是否与调查对象的自尊有关。为此，诺曼·T. 费瑟设计了一个量表来衡量人们对高成就者的态度，然后将该量表上的得分与自尊和价值优先级的得分相对照。

以下是诺曼·T. 费瑟调查问卷中对高成就者的失败持强烈支持态度的一些表述：②

- 看到非常成功的人偶尔失败是件好事；
- 非常成功的人往往过于自负；
- 非常成功的人从高位跌下通常是活该；
- 那些非常成功的人应该放下架子，像其他人一样；
- 成功人士有时需要碰碰钉子，即使他们没做错什么；
- 那些总是比别人做得好的人需要了解失败是什么感觉；
- 那些非常成功的人过于强调自己的重要性；
- 非常成功的人通常是以牺牲他人为代价获得成功的。

这些表述得到了那些对高成就者的失败感到异常高兴的人的强烈支持。另外，那些相信高成就者应该得到回报的受试者

---

① Norman T. Feather, "Attitudes towards the High Achiever: The Fall of the Tall Poppy," *Australian Journal of Psychology* 41, no. 3 (1989), p.256.

② Norman T. Feather, "Attitudes towards the High Achiever: The Fall of the Tall Poppy," *Australian Journal of Psychology* 41, no. 3 (1989), p.259.

则强烈支持以下表述：①

- 处于顶端的人通常配得上他们的高位；
- 社会支持和鼓励成功人士是非常重要的；
- 当成功人士经历失败并从高位跌落时，人们应该同情他们；
- 成功人士应该得到其成就应得的所有回报。

诺曼·T. 费瑟相关性分析的重要发现如下：②

- 自尊方面得分较低的受试者对高成就者持更加强烈的消极态度；
- 低自尊的受试者在高成就者遭遇失败时会获得更多的满足感；
- 与持其他政治观点的受试者相比，左翼受试者更愿意看到高成就者的失败，不太可能支持对高成就者的回报。

第五节　嫉妒是提倡财富再分配的动机

那么，嫉妒与对财富再分配的支持有什么关系呢？为了回答这个问题，一组研究人员对来自美国、英国、印度和以色列的 6024 名受访者进行了 13 项研究。

用来衡量财富再分配支持度的例子有，"应当把富人的财

① Norman T. Feather, "Attitudes towards the High Achiever: The Fall of the Tall Poppy," *Australian Journal of Psychology* 41, no. 3 (1989), p. 259.
② Norman T. Feather, "Attitudes towards the High Achiever: The Fall of the Tall Poppy," *Australian Journal of Psychology* 41, no. 3 (1989), pp. 261 et seq.

富给穷人"（程度从 1 到 7），以及"政府在失业者身上花了太多钱"（反向，程度从 1 到 7）。[1] 衡量同情心的表述有"别人的不幸让我很难受"，以及"我不喜欢心软的人"。[2] 衡量嫉妒的表述包括"我每天都感到嫉妒"，以及"看到有些人如此轻易地获得成功真令人沮丧"。[3]

从再分配中获得的预期个人收益是通过这个问题来衡量的："想象一下，对富人增税的政策得到了实施。你认为对富人征收更高的税总体上会对你产生什么影响？"受访者可以从 1 到 5 的范围内指出在多大程度上，他们"自己的经济状况会显著恶化或得到改善"。[4]

为了模拟对富人增税的结果，研究人员提出了以下两种可供选择的财政情况：

- 最富有的 1% 的人多缴纳其收入 10% 的税款，穷人将因此获得额外的 2 亿美元；[5]
- 富人多缴纳 50% 的税款，穷人将因此多得 1 亿美

---

① Daniel Sznycer et al. , "Support for Redistribution Is Shaped by Compassion, Envy, and Self‑Interest, But Not a Taste of Fairness," *Proceedings of the National Academy of Sciences* 114, no. 31（2017）, p. 8424.

② Daniel Sznycer et al. , "Support for Redistribution Is Shaped by Compassion, Envy, and Self-Interest, But Not a Taste of Fairness," *Proceedings of the National Academy of Sciences* 114, no. 31（2017）, p. 8424.

③ Daniel Sznycer et al. , "Support for Redistribution Is Shaped by Compassion, Envy, and Self-Interest, But Not a Taste of Fairness," *Proceedings of the National Academy of Sciences* 114, no. 31（2017）, p. 8424.

④ Daniel Sznycer et al. , "Support for Redistribution Is Shaped by Compassion, Envy, and Self-Interest, But Not a Taste of Fairness," *Proceedings of the National Academy of Sciences* 114, no. 31（2017）, p. 8424.

⑤ Daniel Sznycer et al. , "Support for Redistribution Is Shaped by Compassion, Envy, and Self-Interest, But Not a Taste of Fairness," *Proceedings of the National Academy of Sciences* 114, no. 31（2017）, p. 8424.

元，而不是2亿美元。（为了让调查对象相信这一点，研究人员解释说，税率较低时富人赚得更多，因此在这种情况下会产生更多的税款，然后再把税款分配给穷人。）①

公平则更难衡量，因为每个人对公平和不公平都有着不同的定义。因此，从事该研究的学者决定使用不同的工具来分别衡量对"程序公平"和"分配公平"的支持度。

- 对"程序公平"支持度的衡量是用这样的表述，例如"土地法应该以同样的方式适用于每个人"，以及"如果不同群体或个人受不同规则的约束，我并不会因此太过烦恼"。②
- 对"分配公平"的支持度是通过一组关于如何分配意外之财的七个决定来衡量的。这七个决定在意外之财的数额和金钱的分配选择上都有所不同。③

研究发现，在所有四个国家中，对两种不同公平（平等分配和平等适用法律及标准）的看法对再分配支持度几乎没有什么影响。④

---

① Daniel Sznycer et al. , "Support for Redistribution Is Shaped by Compassion, Envy, and Self-Interest, But Not a Taste of Fairness," *Proceedings of the National Academy of Sciences* 114, no. 31 (2017), p. 8424.
② Daniel Sznycer et al. , "Support for Redistribution Is Shaped by Compassion, Envy, and Self-Interest, But Not a Taste of Fairness," *Proceedings of the National Academy of Sciences* 114, no. 31 (2017), p. 8424.
③ Daniel Sznycer et al. , "Support for Redistribution Is Shaped by Compassion, Envy, and Self-Interest, But Not a Taste of Fairness," *Proceedings of the National Academy of Sciences* 114, no. 31 (2017), p. 8424.
④ Daniel Sznycer et al. , "Support for Redistribution Is Shaped by Compassion, Envy, and Self-Interest, But Not a Taste of Fairness," *Proceedings of the National Academy of Sciences* 114, no. 31 (2017), pp. 8422-8423.

　　然而至关重要的是，研究人员证实，同情、嫉妒和利己这三个因素对再分配的支持度有着重要的影响，而且每个因素都是相互独立的。14%到18%的调查参与者甚至主张通过对富人征收高额税金实现财富再分配（额外增加50%的税），即使穷人只能得到适度增税（额外增加10%的税）情况下一半的收益。① 在美国、英国和印度，调查参与者嫉妒心越强，就越倾向于选择"伤害富人"的做法。② 研究人员的分析还表明，同情是衡量人们是否愿意帮助穷人的唯一可靠的预测因素，而嫉妒对人们帮助穷人的意愿没有影响。相反，调查参与者支持对富人征收高税的原因是嫉妒——而不是同情——即使这种做法对穷人不利。研究人员指出"是嫉妒而不是同情，预示了向富人征税的愿望，即使这会让穷人付出代价。"③

　　嫉妒与人类一样长期存在，是一个人类学的常量。因此，嫉妒本身并不是任何政治力量的发明，尽管它可以被利用和放大以达到政治目的。近年来，煽动人们嫉妒最重要的旗号是社会正义，这被理解为一种激进的平等主义。正如贡萨洛·费尔南德斯·德·拉莫拉指出的："有一个基本的假设，即一个社会越公正，其成员在机会、地位和财富方面就越平等。那么我们立刻就可以确定：政党将为实现这样的'正

① Daniel Sznycer et al. , "Support for Redistribution Is Shaped by Compassion, Envy, and Self-Interest, But Not a Taste of Fairness," *Proceedings of the National Academy of Sciences* 114, no. 31 (2017), p. 8424.

② Daniel Sznycer et al. , "Support for Redistribution Is Shaped by Compassion, Envy, and Self-Interest, But Not a Taste of Fairness," *Proceedings of the National Academy of Sciences* 114, no. 31 (2017), p. 8424.

③ Daniel Sznycer et al. , "Support for Redistribution Is Shaped by Compassion, Envy, and Self-Interest, But Not a Taste of Fairness," *Proceedings of the National Academy of Sciences* 114, no. 31 (2017), p. 8424.

义'进行不眠不休的斗争。对于嫉妒者来说，这个公理和这种计划的吸引力显然是无与伦比的，因为它承诺消除不被接纳的、给他们带来太多痛苦的自卑心理。对于嫉妒者而言，平等是天堂般的承诺，是绝对的激励。"①

　　然而，苏珊·T.菲斯克和其他研究人员发现，嫉妒也会伤害嫉妒者。② 毕竟，那些爱嫉妒的人往往把世上所有的邪恶都归咎于他们所嫉妒的有钱有势者，这会削弱他们对周围环境的控制力，事实证明这种状态会引发健康问题。对嫉妒对象施加伤害，会迫使甚至最爱嫉妒的人接受自己的劣势。而下层民众最渴望的东西，即尊重，会因为对"上层人士"的怨恨而受到威胁。正如苏珊·T.菲斯克所言："嫉妒会吞噬嫉妒者。"③

　　上述来自澳大利亚的研究提供了实证证明嫉妒对人的心理健康和幸福感是有害的。不可否认，这项研究的一个缺点是只有那些声称自己容易嫉妒他人的人才被认为是嫉妒者。然而，在那些调查参与者中，我们很明显看到嫉妒者对生活不太满意，比声称不太嫉妒的人健康状况要差。研究人员使用 SF-36 心理健康指数来确定哪些参与者应该被归为嫉妒者，哪些参与者是非嫉妒者。调查参与者也被问及他们对生活的总体满意度（"综合考虑，你对自己的生活有多满意？"）。调查结果显示，"这些固定效应方程表明，无论是在实际意义上还是在统计意义上，

①　Gonzalo Fernández de la Mora, *Egalitarian Envy: The Political Foundations of Social Justice* (San Jose, CA: iUniverse, 2000), p. 93.

②　Susan T. Fiske, *Envy Up, Scorn Down: How Status Divides Us* (New York: Russell Sage Foundation, 2012), pp. 24-26.

③　Susan T. Fiske, *Envy Up, Scorn Down: How Status Divides Us* (New York: Russell Sage Foundation, 2012), p. 24.

参与者报告的嫉妒同期变化与人们生活满意度的变化成反比"[1]，"今天你的嫉妒心越重，未来的你的幸福感就越低"[2]。

第六节　更多的平等会减少嫉妒吗？

简单来说，答案是否定的：再分配和更高程度的平等的社会正义并不能减少嫉妒。赫尔穆特·舍克反复强调这一观察结果，甚至引用了一句古老的谚语："人们越想取悦一个嫉妒者，他就会越嫉妒。"赫尔穆特·舍克强调这个观察结果至关重要，因为它已经被反复证实很多次了。赫尔穆特·舍克认为，你（被嫉妒者）越是努力消除嫉妒者所说的嫉妒理由，例如送礼物给他们、帮他们的忙，就越显示出你的优越感，更加凸显实际上你有多么不在乎你的礼物。[3] "一旦嫉妒者开始嫉妒他人，他就会在他的想象中（如果不是在实际的感知行为中）歪曲自己的实际经历，以致他永远不会缺乏嫉妒的理由。"[4] 因此，赫尔穆特·舍克认为没有嫉妒的社会只不过是乌托邦。事实上，他认为相反的情况才是真相，并且指出："在一个等级结构稳定的社会中，嫉妒产生的问题会比一

---

[1] Redzo Mujcic and Andrew J. Oswald, "Is Envy Harmful to a Society's Psychological Health and Wellbeing? A Longitudinal Study of 18000 Adults," *Social Science & Medicine* 198 (2018), p. 107.

[2] Redzo Mujcic and Andrew J. Oswald, "Is Envy Harmful to a Society's Psychological Health and Wellbeing? A Longitudinal Study of 18000 Adults," *Social Science & Medicine* 198 (2018), p. 108.

[3] Helmut Schoeck, *Envy: A Theory of Social Behaviour* (Indianapolis: Liberty Fund, 1966), p. 28.

[4] Helmut Schoeck, *Envy: A Theory of Social Behaviour* (Indianapolis: Liberty Fund, 1966), p. 125.

个流动性大的社会要少。"①

汉斯-彼得·穆勒有着类似的思路，他认为，在早期高度等级化的社会中，社会比较总是专门针对内部群体的。过去根本不可能发生"野蛮人拿自己和希腊公民做比较，女人拿自己和男人做比较，或者奴隶拿自己和主人做比较的情况。任何比较只同自己所属的群体有关，是在群体内部确定是好还是坏，是高还是低。其他阶级则生活在一个完全不同的世界里。想跨越角色和阶级界限的人会被认为傲慢、狂妄，甚至是桀骜不驯的"②。

在现代社会情况就不同了。汉斯-彼得·穆勒写道：

> 尽管上层社会最初是对所有人开放的，但最终只有极少数人能够上升到上层社会。不可避免地会有许多人要么两手空空，遭受失业和失败的痛苦；要么将就着获得低于自己技术和能力的专业职位。在这个游戏中有赢家也有输家。面对"命运"令人失望的现实，失败者会对"幸运儿"产生嫉妒和怨恨，不管这些幸运儿在生活和事业上的成功在多大程度上被精英社会的理想证明是合理、合法的。是的，也许只有合法的不平等状况才会令人们怨恨，因为除了怨恨，还有对自己无能为力的认知。③

该研究发现的矛盾之处是显而易见的：在一个不平等文化中，嫉妒和怨恨会受到抑制，因为它们只与群体内部的社会差

---

① Helmut Schoeck, *Envy: A Theory of Social Behaviour* (Indianapolis: Liberty Fund, 1966), p. 341.

② Hans-Peter Müller, "Soziale Ungleichheit und Ressentiment," *Merkur* 58 (2004), pp. 885-886.

③ Hans-Peter Müller, "Soziale Ungleichheit und Ressentiment," *Merkur* 58 (2004), pp. 888-889.

异有关。"然而，在平等文化中，机会显然被承诺给每个人（作为一种理想），但某些职业和生活道路只会对少数人开放（作为一种现实），于是嫉妒、恶意和怨恨的空间被充分打开了。无限的平等作为一个（空洞的）承诺会释放出有害的情绪。"①

与乔治·西梅尔的观点相呼应，汉斯-彼得·穆勒认为，社会不平等及消除不平等的努力是一个永恒的过程，没有高潮，也没有终点。他注意到，不仅是绝对的不平等，还有相对的不平等，这些都会引起嫉妒、恶意和怨恨。"外部社会的平等程度越高，人们对剩余的不平等现象就越敏感。更多的平等只会增强不平等的意识。"② 赫尔穆特·舍克尖锐地阐明了这一思想，他写道："当几乎人人都平等时，人类的嫉妒最强烈。"他进一步观察到，在几乎没什么东西剩下来用于再分配的时候，要求再分配的呼声最响亮。③

汉斯-彼得·穆勒认为，现代福利国家特别容易受到嫉妒情绪的影响。他指出："那些把福利国家作为中心机构分配生活机遇的社会，成为被指责的对象，为失败付出代价。它们遭受的不是'自我责备'，而是'系统责备'。人们不会为自己的失败而自责，当他们用自己的目标来衡量自己的所得时，就会将指责的目标转向'自己的政府'或'社会'。"④

---

① Hans‒Peter Müller, "Soziale Ungleichheit und Ressentiment," *Merkur* 58 (2004), p. 889.

② Hans‒Peter Müller, "Soziale Ungleichheit und Ressentiment," *Merkur* 58 (2004), p. 890.

③ Helmut Schoeck, *Envy: A Theory of Social Behaviour* (Indianapolis: Liberty Fund, 1966), p. 361.

④ Hans‒Peter Müller, "Soziale Ungleichheit und Ressentiment," *Merkur* 58 (2004), p. 893.

第五章

零和信念：
你的收益就是我的损失

乔治·M. 福斯特的研究强调了嫉妒与"生活是一场零和游戏"这一信念之间的联系。在零和信念中，一方的胜利意味着另一方的失败。"在零和博弈的社会或情境里，正是这种相对差异引发了潜在的嫉妒，而该差异可能是由同一群体中人们财富的起起落落造成的。"①

零和游戏是博弈双方的收益之和为零的游戏。一名玩家的收益自然就是另一名玩家的损失。相比之下，非零和游戏是参与者的收益总和不是恒定的游戏。在这种游戏中，双方都可以赢或输，或者一方赢另一方也不输，以此类推。

研究人员认为，将生活视为一场零和游戏的倾向源于过去的社会形态，当时资源有限是社会常态。心理学家丹尼尔·V. 米根解释道："当资源有限时，对理想资源的分配意味着这些资源将很快被耗尽。"②

---

① George M. Foster, "The Anatomy of Envy: A Study in Symbolic Behavior," *University of Chicago Press Journals* 13, no. 2 (1972), p. 166.

② Daniel V. Meegan, "Zero-Sum Bias: Perceived Competition Despite Unlimited Resources," *Frontiers in Psychology* 1, no. 191 (2010), p. 12.

美国经济学家保罗·H. 鲁宾解释说，大众经济学、流行或业余的经济生活观关注的完全是财富的分配问题，而不是财富是如何生产的。[①] 他指出："关键是，大众经济学是财富分配经济学，而不是有关财富生产的经济学。那些无知或没有受过经济学训练的人认为价格是分配财富的工具，而不是影响资源分配或商品生产及服务的工具。在大众经济学中，商品交易的总量——无论是总交易量还是个体交易量——是固定的，并且与价格无关。此外，每个人都关心财富和收入的分配……而不关注从经济活动中获得的任何效率提升。大众经济学的世界是一个零和的世界，每个人的首要经济问题是使自己的财富最大化。劳动力也是被交易的一个商品，因此工作岗位的数量也被看作是固定的。所以在大众经济学中，如果一个人得到了工作，一定会有另一个人失去工作。"[②]

因此，技术进步常被人们看作对现有工作的威胁。这就是19世纪初机器破坏者们恐惧的根源。如今当机器人接管了人们的工作，人们会担心自己因此变得多余。所有这些想法都是基于一种思维方式，即不理会技术创新创造出来的新的就业机会、效率提升和经济增长，而只关注所谓固定资源的"公平"分配。

保罗·H. 鲁宾将这种思维方式归因于人类大脑的条件反射，从进化生物学的角度对此进行了解释。[③] 在数百万年里，科技几乎没有任何进步。原始社会的变化速度缓慢，人们在生活中几乎无法察觉这些变化。每个人都生活在一个技术似乎一成不变的世界里，那些了解技术发展的人没有任何优势——确切地说，

---

① Paul H. Rubin, "Folk Economics," *Southern Economic Journal* 70, no. 1 (2003), pp. 157–158.
② Paul H. Rubin, "Folk Economics," *Southern Economic Journal* 70, no. 1 (2003), p. 158.
③ Paul H. Rubin, "Folk Economics," *Southern Economic Journal* 70, no. 1 (2003), p. 162.

实际上根本没有这样的发展。除了儿童和成人以及男人和女人之间的分工外，几乎没有什么劳动分工。贸易并不是系统的劳动分工的表现，而是碰巧产生的结果——仅仅是出于运气，或者也可能是由于地理因素，一个人拥有了许多另一个人可以利用的东西。如果在这样的社会中人们拥有了优势或劣势，那么这些优势大多是由于一个人没有公平地对待另一个人，或者是由于对另一个人而言此人拥有真正但侥幸获得的优势。因此，保罗·H.鲁宾认为，人们会产生出一种强烈的意识，来识别和避免自己可能受到他人伤害或欺骗的情况。

在前资本主义社会里，一个人的财富实际上常常基于抢劫和权力。然而，自由市场体系不是以劫掠为基础的，不是零和游戏。它所依据的事实是：满足尽可能多的消费者需求的人就会致富。这就是市场的逻辑。资本主义制度经济增长的特征使得一些人比别人更富有成为可能——在大多数情况下，并不会以牺牲他人的利益为代价。

像"分配公平"这样的术语是具有误导性的，因为它们暗示在社会内部有固定数量的资源要分配。经济学家路德维希·冯·米塞斯从根本上否认了生产和分配之间的区别，提出了以下论点：

> 在市场经济中，所谓生产和分配是两个独立过程的二元论并不存在。正在进行的只有一个过程。商品不是先生产再分配，没有所谓的"将无主的物品分成若干部分"这回事。产品总归是作为某人的财产而存在。如果要分配物品，必须先没收物品。[1]

---

[1] Ludwig von Mises, *Human Action*: *A Treatise on Economics* (Auburn, AL: The Ludwig von Mises Institute), 1949, ed. Bettina Bien Greaves 1998, p. 892.

经济学的非专业人士倾向于把生活看成一系列零和游戏。例如，他们常常认为贸易总是有赢家和输家，却忽略了这样一个事实，即干预经济"蛋糕"的分配会影响"蛋糕"的大小。对公司或企业家征收过多的税可能会导致这个"蛋糕"整体变小。同样，用减税去刺激经济增长，也可能会使税收总量增加。更有甚者，对企业和富人减税可能会惠及所有人。

社会学家帕特里克·萨奇威在德国进行了一项有关"社会不平等的解释模式"的定性研究。其研究证实，确实有许多人将经济学视为一场零和游戏。他发现许多受访者认为，"只有一定数量的特权位置可以占据，只有固定数额的财富可供分配，因此只要有人过得富足，就一定有人陷于贫困。在这种解释中，少数人的发展只能以其他多数人的损失为代价"[1]。

对零和游戏的信仰可能就是对社会外部群体嫉妒和偏见的基础。丹尼尔·V. 米根指出："将零和信念应用于群组间的判断时，我们就会得出这样的结论：另一组（外部群体）的所得就意味着自己组（内部群体）的相应损失……如果把大公司的首席执行官看作一个群体的话，那么公众对管理层高薪的愤慨可能就是因为他们觉得高管们的所得就是他们的所失。"[2]

贝托尔特·布莱希特在其 1934 年发表的诗歌《字母》中简明地表达了这种态度。诗中有两个男人——一个富人，一个穷人——面对面。

　　穷人哆嗦地说：

---

① Patrick Sachweh, *Deutungsmuster sozialer Ungleichheit: Wahrnehmung und Legitimation gesellschaftlicher Privilegierung und Benachteiligung* (Frankfurt: Campus Verlag, 2009), p. 151.

② Daniel V. Meegan, "Zero-Sum Bias: Perceived Competition Despite Unlimited Resources," *Frontiers in Psychology* 1, no. 191 (2010), p. 13.

没有我的穷，哪来你的富。①

这就是许多反资本主义者对经济生活的理解。因此，富裕国家应该把它们的一些财富给贫穷国家，富人应该帮助穷人。从这个角度来看，正是因为富人的自私和吝啬，才会有这么多人仍然贫穷。

丹尼尔·V. 米根所进行的几个实验已经证明，人们会相信他们在玩一场零和游戏，即使这个想法客观上是不正确的。他指出："零和偏见会让人凭直觉判断一个情况是零和的（一方获得的资源正好对应另一方的损失），尽管实际上它并非是零和的。"②

在我的研究中有一项是用来衡量美国人、英国人、德国人和法国人在多大程度上相信社会财富分配的零和游戏。③

简言之，零和信念显然是嫉妒、怨恨富人的重要基础。从逻辑上讲，如果有人相信富人财富的增加会自然而然与非富人的损失联系在一起，他们就会认为与贫困做斗争就是同富人做斗争，以及支持再分配。

---

① Bertolt Brecht, "Alfabet," in *The Collected Poems of Bertolt Brecht*, trans. David Constantine and Tom Kuhn (New York: Liveright, 2018).
② Daniel V. Meegan, "Zero-Sum Bias: Perceived Competition Despite Unlimited Resources," *Frontiers in Psychology* 1, no. 191 (2010), p. 1.
③ 乔安娜·雷日卡-特兰和同事进行了一项关于零和信念的国际性研究。事实上，正是这些研究人员创造了"零和信念"这个词。不幸的是，这项研究在方法上存在一些重大缺陷，因此无法实现其既定目标，即衡量不同国家间零和信念的差异。一部分原因是调查问题设计不当，但还有部分原因是参与者在这些国家的人口中不具有代表性，例如有一组参与者中女性心理学学生的比例非常高。

第六章

替罪羊心理

在赎罪日（犹太教的赎罪日），大祭司会忏悔以色列人的罪过，并象征性地伸出手去将这些罪恶转移到一只山羊身上。山羊被赶进沙漠，罪恶于是被驱散。翻译自希伯来语 ǎzāzêl 的英文词"scapegoat"（替罪羊）由此产生。[①]"寻找替罪羊"描述了这样一种机制，即他人或外部群体会因内部群体的问题受到指责。彼得·格里克对于"寻找替罪羊"是这样定义的："一种极端形式的偏见，不公正地指责某个外部群体蓄意造成了内部群体的不幸。"[②]

纵观历史，总有些群体被挑出来为无法解释的负面事件负责。在很多情况下，人们甚至把自然灾害也归咎于替罪羊。[③]本·欧文指出，人们之所以选择替罪羊，往往是因为觉得它们很强大。他以女巫迫害事件为例做了说明。在欧洲，有 4 万人到 6 万人，其中绝大多数是妇女，成为中世纪和现代早期猎杀

[①] Lev. 16: 8-21（ESV）.

[②] Peter Glick, "Choice of Scapegoats," in *On the Nature of Prejudice: Fifty Years after Allport*, ed. John F. Dovidio, Peter Glick and Laurie A. Rudman (Malden, MA: Blackwell, 2005), p. 244.

[③] Ben Irvine, *Scapegoated Capitalism* (UK: Oldspeak Publishing, 2016), p. 12.

女巫的受害者。① 女巫被认为是疾病传播、作物歉收、自然灾害和其他许多当时人们无法解释的负面事件的罪魁祸首。据说她们拥有超自然的能力。本·欧文指出："尽管是替罪羊，但女巫们被认定拥有可怕的力量。毕竟，任何能够制造暴风雨、破坏收成、造成疾病和不育，还能骑着扫帚飞的人，都不是易于征服的人。"②

戈登·W. 奥尔波特在其经典著作《偏见的本质》中强调了寻找替罪羊的重要性。他将寻找替罪羊描述为"可能最流行的偏见理论"。③ 按照戈登·W. 奥尔波特的说法，替罪羊理论如此流行的一个原因是它特别容易理解，这反过来也证明了其有效性。戈登·W. 奥尔波特认为，理论易于理解一定与人们对该理论普遍熟悉有关。④

戈登·W. 奥尔波特观察到，婴儿对挫折的反应带有攻击性，他们攻击的不是真正的挫折来源，而是任何挡在他们路上的人或物。⑤ 在以后的生活中，儿童和成年人会发展出相当程度的挫折容忍力，学会以一种更加差异化和适当的方式对待挫折。⑥

---

① Gerd Schwerhoff, "Vom Alltagsverdacht zur Massenverfolgung: Neuere deutsche Forschung zum frühneuzeitlichen Hexenwesen," *Geschichte in Wissenschaft und Unterricht* 46 (1995), p. 365.

② Ben Irvine, *Scapegoated Capitalism* (UK: Oldspeak Publishing, 2016), p. 19.

③ Gordon W. Allport, *The Nature of Prejudice* (New York: Basic Books, 1979), p. 343.

④ Gordon W. Allport, *The Nature of Prejudice* (New York: Basic Books, 1979), p. 349.

⑤ Gordon W. Allport, *The Nature of Prejudice* (New York: Basic Books, 1979), p. 343.

⑥ Gordon W. Allport, *The Nature of Prejudice* (New York: Basic Books, 1979), p. 348.

按照戈登·W. 奥尔波特的想法，替罪羊理论是完全建立在"挫折-攻击"假设之上的。在竞争激烈的社会，许多人并不像自己或他人所期望的那样成功，这一事实所引发的挫折感尤为重要。"例如，美国激烈的竞争文化必然会使那些在学业、声望、职业成就和社会地位等方面达不到为其所设定的高水平成就的人感到愤慨。"① 戈登·W. 奥尔波特认为，这种不满足感可能会导致挫败感，而这种挫败感可能会转移到诸如移民等群体。②

然而，戈登·W. 奥尔波特指出，替罪羊理论本身是有缺陷的，研究人员单靠该理论是不足以解释偏见的。首先，挫折并不一定会导致攻击，即使导致了攻击，也不一定会转移到无辜的外部群体。③ 此外，挫折-攻击理论也不能解释为什么有些群体会被选为替罪羊，而另一些不会。④

戈登·W. 奥尔波特之后的偏见研究对替罪羊理论提供了不同的解释。在某些情况下，人们会从精神分析角度将替罪羊机制解释为：将自己不愿承认的负面特征进行压制或在心理上投射到他人身上。例如，彼得·格里克报告说，对同性恋的偏见可以解释为，有些表现出这种偏见的人本身就是潜在的同性恋者。研究人员有些直截了当地解释说，人们将自己的挫败感

---

① Gordon W. Allport, *The Nature of Prejudice* (New York：Basic Books, 1979)，p. 346.

② Gordon W. Allport, *The Nature of Prejudice* (New York：Basic Books, 1979)，p. 346.

③ Gordon W. Allport, *The Nature of Prejudice* (New York：Basic Books, 1979)，p. 350.

④ Gordon W. Allport, *The Nature of Prejudice* (New York：Basic Books, 1979)，p. 351.

转化为对其他群体的攻击，这些群体就成了替罪羊。①

归因理论强调，人们倾向于将解释性属性（包括简单的内疚）赋予特定的人或群体，来解释那些难以简单解释的复杂事件。彼得·格里克认为，只有那些被认为具有造成负面事件能力和意图的群体才会成为替罪羊。然而，这些群体并不是毫无防备能力的少数群体。彼得·格里克引用苏珊·T. 菲斯克等人开发的刻板印象内容模型，得出了以下结论：

> 地位高或有权势（例如，在社会经济上获得成功）的少数群体被视为主流群体的竞争者，会遭受嫉妒。他们因成功而受人钦佩，但也因成功遭人嫉恨。他们被描述为能力很强但动机不纯的人。由于人们认为被嫉妒的少数群体有造成伤害的能力和意图，这些少数群体很有可能因造成群体挫败而受到指责。②

根据彼得·格里克的说法，这种评价是阴谋论的根源。在这种阴谋论中，替罪羊群体被认为是无所不能的。对这些替罪羊群体来说，后果可能是致命的。彼得·格里克指出："如果一个替罪羊群体被认定为既强大又恶毒，那么针对他们最极端的行动（如谋杀）都可被合理化为自卫。"③

彼得·格里克认为，特别是在危急情况下人们会寻找替罪

---

① Peter Glick, "Choice of Scapegoats," in *On the Nature of Prejudice: Fifty Years after Allport*, ed. John F. Dovidio, Peter Glick and Laurie A. Rudman (Malden, MA: Blackwell, 2005), pp. 245 et seq.

② Peter Glick, "Choice of Scapegoats," in *On the Nature of Prejudice: Fifty Years after Allport*, ed. John F. Dovidio, Peter Glick and Laurie A. Rudman (Malden, MA: Blackwell, 2005), p. 250.

③ Peter Glick, "Choice of Scapegoats," in *On the Nature of Prejudice: Fifty Years after Allport*, ed. John F. Dovidio, Peter Glick and Laurie A. Rudman (Malden, MA: Blackwell, 2005), p. 251.

羊，因为大多数人无法理解当前危机真正的复杂原因。

　　错误的归因是有可能发生的，因为信息和人们处理信息的认知能力是有限的，特别是在处理复杂现代社会中的大规模问题时。例如，即使是专业的经济学家也可能无法充分解释经济危机……寻找替罪羊的做法为共同面对负面事件提供了更加简单、在文化上也合理的解释和解决方案，从而吸引了众多的追随者。①

　　彼得·格里克不同意戈登·W.奥尔波特的观点，即弱小、无力自卫的少数群体总是被选作替罪羊。事实上，他声称，真相恰恰相反："正是人们感知到某个群体的力量（而不是感知到这个群体的软弱），使得这个群体很有可能成为替罪羊"。② 彼得·格里克列举了土耳其的亚美尼亚人、德国的犹太人、卢旺达的图西族人以及柬埔寨的富人和知识分子的例子。在这些例子中，经济上获得成功的群体先是被当作替罪羊，然后被谋杀。③ "选择这些群体是因为人们感到他们脆弱吗？不，恰恰相反——这些群体被选作替罪羊，是因为他们（通常错误地）被认为强大而恶毒。"④

---

① Peter Glick, "Choice of Scapegoats," in *On the Nature of Prejudice: Fifty Years after Allport*, ed. John F. Dovidio, Peter Glick and Laurie A. Rudman (Malden, MA: Blackwell, 2005), p. 253.

② Peter Glick, "Choice of Scapegoats," in *On the Nature of Prejudice: Fifty Years after Allport*, ed. John F. Dovidio, Peter Glick and Laurie A. Rudman (Malden, MA: Blackwell, 2005), p. 254.

③ Peter Glick, "Choice of Scapegoats," in *On the Nature of Prejudice: Fifty Years after Allport*, ed. John F. Dovidio, Peter Glick and Laurie A. Rudman (Malden, MA: Blackwell, 2005), p. 254.

④ Peter Glick, "Choice of Scapegoats," in *On the Nature of Prejudice: Fifty Years after Allport*, ed. John F. Dovidio, Peter Glick and Laurie A. Rudman (Malden, MA: Blackwell, 2005), p. 255.

在现代，犹太人经常成为替罪羊，正是因为他们被认为是经济上的成功人士。反犹太主义的研究表明，基督教早期和中世纪的反犹太主义往往是由宗教驱动的，而在现代，反犹太主义具有经济特征。"一方面，中世纪相关内容融入了现代犹太人的刻板印象之中，但比例完全改变了。宗教所占比例急剧下降。而另一方面，关于犹太人经济行为的表述成倍增加，占据了主导地位，成为现代犹太人刻板形象的中心内容。"①

到了19世纪中期，对犹太人财富的描述已经很普遍了。甚至更早的时候，在17世纪的汉堡，人们发布了这样的描述作为对西班牙犹太人的攻击。"他们逃离伊比利亚半岛来到了这座城市。他们穿金带银，珠光宝气，四处招摇；他们总是坐在摆满碗碟和糖果的婚宴餐桌前，用银餐具进餐；最后，他们乘着华丽的马车，带着一大群随从到了这里。"②

法国反犹联盟的创始人爱德华·德拉蒙1890年写道："犹太人重商、贪婪、诡诈、阴险、狡猾……犹太人十分世俗，对死后的生活毫不关心……经商是犹太人的本能，他们是天生的交易者，能做任何你想得到的买卖，抓住每次机会打败下一个人。"③ 他的话非常符合我们一直在研究的刻板印象内容模型，在该模型中，犹太人冷漠但极其能干，因此相当危险。

阿道夫·希特勒的反犹太主义还包含强烈的反资本主义成分。这一点在他早期的演说中尤其明显，例如，1920年8月13日关于"我们为什么反对犹太人"的演说。在这次演说中，

① Susan Gniechwitz, "Antisemitismus im Licht der modernen Vorurteilsfor-schung: Kognitive Grundlagen latenter Vorurteile gegenüber Juden in Deutschland" (PhD diss., Universität Jena, 2006), p. 26.
② H. Reils, "Antisemitismus im Licht der modernen Vorurteilsforschung," p. 20.
③ Édouard Drumont, La France Juive, p. 9, quoted in *The French Right: From de Maistre to Maurras*, ed. J. S. McLelland (London: Jonathan Cape, 1970), p. 92.

他指责了犹太人资助的"（国际）股票市场和借贷资本"。

民族社会主义者和其他反犹主义者不认为犹太人是一个弱势群体。相反，犹太人被视作一个特别强大的群体，反犹主义者引用（伪造的）《锡安长老协议》（the Protocols of the Elders of Zion）作为犹太人谋求统治世界的证据。

阿道夫·希特勒面对各种敌人。因此，他需要找到一个共同点，让不同的对手看起来都"属于同一个类别"——这个共同点就是犹太人。

尽管反犹太主义是阿道夫·希特勒的早期演讲中的重要内容，但在 1929 年至 1932 年希特勒势不可挡地夺取政权期间，反犹太主义远没有那么突出。那几年国家社会党获得了广泛支持，在阿道夫·希特勒那些年的演讲中，其他动机，特别是社会政治承诺发挥了更大的作用。那时，阿道夫·希特勒和 20 世纪 20 年代初一样，仍是一个狂热的犹太人仇恨者——我们知道他一生都是反犹太主义者——但他认识到，仅凭这种仇恨不足以煽动起德国民众。这一观察结果驳斥了对替罪羊理论过于简单化的解释，该理论将国家社会党在 1929 年经济危机期间的崛起归因于该党对犹太人的替罪羊宣传。

第二次世界大战期间，阿道夫·希特勒提出了犹太资本主义和犹太布尔什维克主义的论点。事实上，正如他对核心圈人物做出的无数表述所显示的那样，他自己也不相信"犹太布尔什维克主义"的论点，不过，在他看来，这在宣传方面是有用的。①

这个例子证实了彼得·格里克上面提到的心理考量，即最

---

① Rainer Zitelmann, "Zur Begründung des 'Lebensraum' - Motivs in Hitlers Weltanschauung," in *Der Zweite Weltkrieg*, ed. Wolfgang Michalka（Munich: Seehammer, 1997）.

有可能成为替罪羊的是那些看起来非常强大的少数群体——在这个例子中，犹太人，从国家社会主义者宣传的角度，被认为是资本主义和共产主义背后无所不能的策划者。根据国家社会主义者的意识形态，犹太人不是一个弱势的少数群体，而是一个特别强大和危险的群体，因为他们非常重视"种族的纯洁性"。这些成见就是后来排斥和迫害犹太人的基础，并最终导致了对欧洲犹太人的大规模屠杀。

欧文·斯托布的著作《邪恶的根源：种族灭绝和其他群体暴力的起源》分析了大规模屠杀和针对少数群体暴力的社会心理学原因。欧文·斯托布认为，攻击行为的动机之一是怨恨，这种怨恨是由不公平感或者由被当作替罪羊的少数群体激起的，这些少数群体被指责享有不公正的利益或特权，是社会弊病的罪魁祸首。

欧文·斯托布指出："对一个人幸福的比较、对一个人努力和回报的比较以及对自我和自我群体的权利特权与他人或群体的权利特权之间的比较，所有这些令人不快的比较都会让人产生不公平感，从而导致怨恨、愤怒和暴力。不公平的体验会激发各种攻击行为：革命及其他社会运动，犯罪和其他暴力行为……怨恨的根源其实并不是事实上的不公，而是不公平的感受。那些被人们认定该负责的人往往被认为是邪恶的，应该受到惩罚。"[1] 在这种情况下，意识形态发挥了重要作用，它描绘了一个更美好的世界，为暴行做了辩护。[2]

社会上富人和"特权"群体被大规模屠杀的历史由来已

---

[1] Ervin Staub, *The Roots of Evil: The Origins of Genocide and Other Group Violence* (New York: Cambridge University Press, 1989), p.40.

[2] Ervin Staub, *The Roots of Evil: The Origins of Genocide and Other Group Violence* (New York: Cambridge University Press, 1989), pp. 234 et seq.

久，但很少被人们讨论。乔治·吉尔德在他的经典著作《财富与贫穷：21世纪的新版本》中写道：

> 在每片大陆和每个时代，善于创造财富的人都成了社会最残忍暴行的受害者。近代历史见证了德国对犹太人的大屠杀、俄罗斯对富农和犹太人的大屠杀、尼日利亚北部对部落成员的驱逐和屠杀……在孟加拉国，比哈尔人被谋杀和监禁。20世纪70年代末东南亚的大部分财富和资本被迫流出。世界各地都在为摆脱富人——店主、银行家、商人、企业家——的威胁而进行长期的斗争，恐怖蔓延、尸积如山。①

一般来说，作为种族灭绝目标的少数群体早在种族灭绝发生很久之前就已经成了偏见的受害者以及大多数人所无法理解的复杂的社会发展的替罪羊。在危机发生时，长期以来积聚的仇恨就会爆发，成为针对替罪羊的暴力攻击。尽管大多数人通常不会直接参与对替罪羊群体的迫害和大规模屠杀，但杀人者相信大多数人会对此视而不见，情愿漠视这些野蛮行径。

在这些少数群体被挑出来杀掉之前，他们将经历一个漫长的非人化过程——纯粹被当作体制的"性格面具"，或者干脆被当作"猪"。例如，20世纪70年代德国"赤军团"恐怖分子骂富人为"猪"，然后谋杀了德意志银行和德累斯顿银行董事会的发言人以及雇主协会的主席。作为"资本主义的子孙"，他们先是成了"非人道的资本主义"和世界不公正的替罪羊，最终被"清除"。

---

① George Gilder, *Wealth and Poverty: A New Edition for the Twenty-First Century* (Washington: Regnery Publishing, 2012), p. 139.

第七章

维护自尊：补偿理论

早在童年和青少年时期，社会成员就构建了富人和穷人的形象，卡罗尔·K. 西格曼对美国 6 岁、10 岁和 14 岁孩子进行的实证研究就证明了这一点。在访谈过程中，研究人员向儿童和年轻人展示了一个穷人和一个富人的照片及报告，并问他们为什么富人是富人而穷人是穷人。

虽然只有 6 岁，但孩子们就已经认为富人比穷人"更有能力"，但他们很难理解二者的区别。尽管孩子们知道富人和穷人的职位不同，但还没有将这一事实与性格特征联系起来。随着年龄的增长，参与研究的孩子开始将一些个性特征与富人联系起来，而将另一些个性特征与穷人联系起来。他们越来越多地将财富和贫穷与能力和努力程度等联系起来。[①] 卡罗尔·K. 西格曼的研究部分证实了以前的调查结果："总的来说，看待富人比看待穷人更正面的倾向似乎很早就出现了，而且一旦孩子们采取个人主义或公平视角去看待收入不平等问题，相信富人比穷人工作起来更努力和/或拥有更强的能力的这种倾向就会进一

---

① Carol K. Sigelman, "Rich Man, Poor Man: Developmental Differences in Attributions and Perceptions," *Journal of Experimental Child Psychology* 113, no. 3 (2012), p. 416.

步加强。"①

　　不仅是孩子，成年人也认为富人更聪明、更成功。赫尔加·迪特玛尔进行了一项试验，测试了人们对富人和穷人的第一印象。根据她的假说，物质财产标志着社会经济地位，但也会让人对财产的所有者得出更广泛的结论。② 两个对照组的学生——一组社会地位较高，另一组社会地位较低——观看了5分钟的视频。在其中一个视频中，演员有着丰厚的物质财富。在另一个视频中，演员的环境不太理想，拥有的财产也不那么丰厚——尽管有意避免这两个演员的差异过大。试验要求学生们将30项个人素质分配给视频中的演员，如聪明、成功、友好、热情等。试验结果如何呢？"人们认为富人更聪明、更成功、受教育程度更高，与那些没有特权的人相比，他们更能掌控自己的生活和环境。一个类似但不那么明显的趋势也体现在坚强有力这项素质上。相比而言，穷人表现得更热情、更友好，也更愿意表达自我。"③

　　当各社会群体认为外部群体在经济上更成功也更聪明时，社会群体成员会制定补偿策略来维护自己的自尊，这是很自然的。同样，较高社会阶层的成员更容易接受社会排名的标准，例如经济成功或教育程度，这也是很自然的，因为他们自己处于社会等级的顶端。

　　我们知道，人总是不断自动和无意识地将自己与他人进

---

① Carol K. Sigelman, "Rich Man, Poor Man: Developmental Differences in Attributions and Perceptions," *Journal of Experimental Child Psychology* 113, no. 3 (2012), p.417.

② Helga Dittmar, "Perceived Material Wealth and First Impressions," *British Journal of Social Psychology* 31, no.4 (1992), p.381.

③ Helga Dittmar, "Perceived Material Wealth and First Impressions," *British Journal of Social Psychology* 31, no.4 (1992), p.387.

行比较。如果比较的结果令人不快，较差的一方就会制定策略进行补偿。"即使被迫与他人进行比较，我们也可能出于失望而降低标准，不再做太多比较，甚至转换比较的领域。例如，学术突然间变得不那么重要了，体育一时之间却变得重要起来。"①

另一些研究表明，上层社会的成员更倾向于在社会经济和文化方面同其他群体区别开，而下层社会的成员更倾向于依赖道德标准。这种对道德标准的重视为工人和中下阶层提供了另一种衡量标准，这项标准使他们能够在那些在社会经济和文化方面优于自己的人之上。②

帕特里克·萨奇威在他的论文中对德国的工人阶级进行了质性访谈。访谈证实了他的观点。帕特里克·萨奇威报告说，他的受访者"尤其"批评了"特权阶级的利己、贪婪、无情和傲慢"。③ 这种批评在对富人的描述中显而易见，例如，说有些富人给小费时比穷人还吝啬，尽管他们更有钱。据说那些"真有钱"的人表现出的自私和吝啬与受访者自己对低收入者的责任感或团结精神形成了鲜明的对比。④ 他写道：

> 通过否定"他人"的某种品质（如体贴）或赋予他

① Susan T. Fiske, *Envy Up*, *Scorn Down: How Status Divides Us* (New York: Russell Sage Foundation, 2012), p. 101.

② Patrick Sachweh, *Deutungsmuster Sozialer Ungleichheit: Wahrnehmung und Legitimation gesellschaftlicher Privilegierung und Benachteiligung* (Frankfurt: Campus Verlag, 2009), pp. 165–166.

③ Patrick Sachweh, *Deutungsmuster Sozialer Ungleichheit: Wahrnehmung und Legitimation Gesellschaftlicher Privilegierung und Benachteiligung* (Frankfurt: Campus Verlag, 2009), pp. 181–182.

④ Patrick Sachweh, *Deutungsmuster Sozialer Ungleichheit: Wahrnehmung und Legitimation Gesellschaftlicher Privilegierung und Benachteiligung* (Frankfurt: Campus Verlag, 2009), p. 182.

人某个负面的属性（如以自我为中心），人们也可以突出自己的品质，并从更加有利的角度定义自己（如团结精神）。此外，在下层社会的受访者眼中，"富人"不仅自私、无情、吝啬，而且贪婪、过着奢侈的生活……这种"不道德的富人"形象与下层社会受访者的自我定义以及弱势阶层之间更加团结的特性形成了鲜明的对比。这表明下层阶级的成员（普通雇员、工人、失业者）会采用道德准则使自己区别于"在他们之上"的富人，富人被认定是不道德的。①

帕特里克·萨奇威研究中的受访者解释道，物质地位的象征（如大房子或汽车）对他们来说并不那么重要，并表示极端富有的人并不比其他人更幸福或满足。"一些受访者特别强调了后面一点，这有助于淡化物质幸福的重要性。"② 从下面的表述中我们可以明显看到这种淡化策略。帕特里克·萨奇威指出："富人在经济上可能更富有，但我怀疑从做人的角度来看他们是否更幸福。因此，我想，就物质安全而言，他们肯定更有优势。呃，至于他们是不是更快乐的人，我对此很怀疑。"③ 帕特里克·萨奇威提到物质上更富有但不一定更

---

① Patrick Sachweh, *Deutungsmuster Sozialer Ungleichheit: Wahrnehmung und Legitimation Gesellschaftlicher Privilegierung und Benachteiligung* (Frankfurt: Campus Verlag, 2009), pp. 182-183.

② Patrick Sachweh, *Deutungsmuster Sozialer Ungleichheit: Wahrnehmung und Legitimation Gesellschaftlicher Privilegierung und Benachteiligung* (Frankfurt: Campus Verlag, 2009), p. 171.

③ Patrick Sachweh, *Deutungsmuster Sozialer Ungleichheit: Wahrnehmung und Legitimation Gesellschaftlicher Privilegierung und Benachteiligung* (Frankfurt: Campus Verlag, 2009), p. 171.

幸福的人，很明显是为了强调人们对自我生活成就的满足感。①

帕特里克·萨奇威指出，当人们相信有较高社会地位的人不一定都开心时，会更容易接受自己的生存状况，即使自己的境况有明显的物质局限性。帕特里克·萨奇威认为："当人们认为物质地位的象征无关紧要，将其重要性降到最低时，他们强调非社会经济的差异。"②

托马斯·J.戈尔曼在美国进行的一项质性研究证实，这是一个普遍存在的策略，在其他社会中也广泛存在。人们先是将经济成功的重要性弱化，然后突出自己在其他领域的优势（如道德优势、更好的家庭生活等），旨在维护其自尊。托马斯·J.戈尔曼的访谈显示，工人阶级受访者对中产阶级和富人有着强烈的担忧。工人认为自己比其他群体优秀，因为他们更重视家庭。他们批评那些更高阶层的人过于重视教育和职业目标。③

有些工人阶级受访者认为，那些拥有社会经济优势的人缺乏一些重要的东西。一名办公室职员（35岁，女性，失业职员，高中学历）说道："钱可以买到一切，但买不到爱情和幸福，这是真的。我宁愿钱少却幸福，也不愿富有却痛苦。我想

---

① Patrick Sachweh, *Deutungsmuster Sozialer Ungleichheit: Wahrnehmung und Legitimation Gesellschaftlicher Privilegierung und Benachteiligung* (Frankfurt: Campus Verlag, 2009), pp. 171–172.

② Patrick Sachweh, *Deutungsmuster Sozialer Ungleichheit: Wahrnehmung und Legitimation Gesellschaftlicher Privilegierung und Benachteiligung* (Frankfurt: Campus Verlag, 2009), p. 172.

③ Thomas J. Gorman, "Cross–Class Perceptions of Social Class," *Sociological Spectrum* 20, no. 1 (2000), pp. 107–108.

过舒适的生活。有钱人不知道该如何处理自己的钱。"①

在总结调查结果时，托马斯·J. 戈尔曼注意到工人阶级"自我怀疑"和"缺乏自信"。② 他们对特权阶级的贬损绝不仅仅针对真正的富人，更多的是针对"着套装者"。托马斯·J. 戈尔曼指出，中产阶级、大学毕业生的着装，尤其是商业套装，是中产阶级行为中另一个让有些受访者感到愤慨的方面。一位工人阶级男士（34 岁，失业的桥梁油漆匠，高中学历）说："我讨厌那些穿西装的人。我觉得他们看不起我，因为我用自己的双手工作，而不是坐在桌子后面。"同样，一位工人阶级女士（43 岁，服务员，高中以下学历）说："一个穿三件套西装的男人，点了些东西，表现得好像比别人优越似的。我的工作不是坐在桌子后面，我站着工作，但我跟他一样棒。"托马斯·J. 戈尔曼认为，问题不在于西装作为一件衣服的意义，而在于它对员工的象征意义。托马斯·J. 戈尔曼指出："职业套装代表着中产阶级成员因工作而赢得尊重的能力。在我们的社会中，职业套装'大声（宣告）'它的穿着者从事着有尊严的工作。"③

托马斯·J. 戈尔曼所描述的美国工人阶级白人对中上层阶级或精英阶层的猛烈抨击，有助于解释近来所谓"愤怒的白人男性的崛起"现象。2017 年，托马斯·J. 戈尔曼在《工人阶级的成长：隐性伤害和愤怒的白人男性和女性的发展》一书中指出："工人阶级男性和女性的自尊受到了伤害，他们

---

① Thomas J. Gorman, "Cross‑Class Perceptions of Social Class," *Sociological Spectrum* 20, no. 1 (2000), p. 104.

② Thomas J. Gorman, "Cross‑Class Perceptions of Social Class," *Sociological Spectrum* 20, no. 1 (2000), pp. 117-118.

③ Thomas J. Gorman, *Growing Up Working Class: Hidden Injuries and the Development of Angry White Men and Women* (Cham, Switzerland: Palgrave Macmillan, 2017), pp. 116-117.

对自己的职业能力缺乏信心……'隐性阶级伤害'作为一个概念，目前已成为社会科学普遍接受的共识。"[1]

对中产阶级和富人的贬低可以让工人阶级成员减轻自己的自卑感。这种补偿策略也得到了米歇尔·拉蒙特一项质性研究的证实，该研究探讨了美国工人阶级如何看待特权阶级和富人的问题。她的主要发现如下："虽然美国工人认同并对中上阶层及其地位属性（特别是金钱）和文化倾向（特别是抱负）给予了正面评价，但大多数人有一套与社会地位无关的价值评价标准。"[2] 这套不同的评价标准包括真诚和丰富的人际关系等价值取向，认为它们比金钱和物质财产更重要。[3] 因此，工人阶级评价身份地位不是根据社会经济的标准，而是根据道德标准。[4]

米歇尔·拉蒙特说，75%的受访工人对特权阶层和富人表现出了批判倾向。"工人反复强调，判断价值不应该以社会地位为根据，而要依据人际关系的质量等标准。他们用来评估价

[1] Thomas J. Gorman, *Growing Up Working Class: Hidden Injuries and the Development of Angry White Men and Women* (Cham, Switzerland: Palgrave Macmillan, 2017), p. 71.

[2] Michèle Lamont, "Above 'People Above'? Status and Worth among White and Black Workers," in *The Cultural Territories of Race: Black and White Boundaries*, ed. Michèle Lamont (Chicago: University of Chicago Press, 1999), p. 127.

[3] Michèle Lamont, "Above 'People Above'? Status and Worth among White and Black Workers," in *The Cultural Territories of Race: Black and White Boundaries*, ed. Michèle Lamont (Chicago: University of Chicago Press, 1999), p. 127.

[4] Michèle Lamont, "Above 'People Above'? Status and Worth among White and Black Workers," in *The Cultural Territories of Race: Black and White Boundaries*, ed. Michèle Lamont (Chicago: University of Chicago Press, 1999), pp. 127-128.

值的标准使其能够将自己定位在等级体系的顶端，并向所有人推销其评价标准。"①

　　然而，工人阶级成员仅仅指出他们也有东西可以提供并强调使自己获得较高评价的那些品质显然是不够的。他们还要指责其他社会群体——在这种情况下，是更有特权的群体——在他们所声称的重要领域存在着相应的缺陷。在米歇尔·拉蒙特组织的访谈中，工人经常指出地位较高的人在有些方面存在缺点，而恰恰在这些方面工人能将自己定位在等级体系的顶端。这些方面包括人际关系、家庭生活和普遍的道德价值观。

　　首先，上层阶级成员被指责为缺乏"热情"，② 这与第三章刻板印象内容模型的研究结果是一致的。一名无线电技术员形容上层阶级成员为"非常冷漠、肤浅的人……格外关注财务状况，却很少关注个人需求"③。人们尤其批评"上层人士"的争强好胜及其引发的不诚实行为。一名工人解释道："当你得到万能的金钱时，你当然不想失去它。因此，你要踩着别人的脚、别人的手或头来确保你能站在顶端。在世上这不是什么了不起

---

①　Michèle Lamont, "Above 'People Above'? Status and Worth among White and Black Workers," in *The Cultural Territories of Race: Black and White Boundaries*, ed. Michèle Lamont (Chicago: University of Chicago Press, 1999), p. 131.

②　Michèle Lamont, "Above 'People Above'? Status and Worth among White and Black Workers," in *The Cultural Territories of Race: Black and White Boundaries*, ed. Michèle Lamont (Chicago: University of Chicago Press, 1999), p. 131.

③　Michèle Lamont, "Above 'People Above'? Status and Worth among White and Black Workers," in *The Cultural Territories of Race: Black and White Boundaries*, ed. Michèle Lamont (Chicago: University of Chicago Press, 1999), p. 131.

的事情……中下阶层的人没有什么可失去的，彼此坦诚相待。"①

米歇尔·拉蒙特采访过的 1/3 的工人还批评上层阶级成员野心勃勃，认为这是上层阶级的一种文化倾向。米歇尔·拉蒙特指出："一个野心勃勃、发愤图强的人只能看到自己的目标。他错过了生活中的一切……"② 米歇尔·拉蒙特采访过的工人中有超过 2/3 的人认为他们比上层社会的人活得更好，因为这些工人的生活质量更高。③

在非裔美国工人中，这种倾向没那么强烈，尽管也有人发表了与那 2/3 的受访工人类似的言论，指出富人的道德缺陷和较低的生活质量。一名管道工说："有些有钱人……无法过普通人的生活。例如，某个富人开着宝马，生活在沙点（Sands Points，纽约一处地名）的豪宅，只有猫与他做伴。再如，这个富人拥有一艘无人同乘的船，或者告诉别人去过哪里，却无法与他人一起观赏和分享美景。"④

帕特里克·萨奇威、米歇尔·拉蒙特和其他一些研究人员

① Michèle Lamont, "Above 'People Above'? Status and Worth among White and Black Workers," in *The Cultural Territories of Race: Black and White Boundaries*, ed. Michèle Lamont (Chicago: University of Chicago Press, 1999), p. 132.
② Michèle Lamont, "Above 'People Above'? Status and Worth among White and Black Workers," in *The Cultural Territories of Race: Black and White Boundaries*, ed. Michèle Lamont (Chicago: University of Chicago Press, 1999), p. 133.
③ Michèle Lamont, "Above 'People Above'? Status and Worth among White and Black Workers," in *The Cultural Territories of Race: Black and White Boundaries*, ed. Michèle Lamont (Chicago: University of Chicago Press, 1999), p. 134.
④ Michèle Lamont, "Above 'People Above'? Status and Worth among White and Black Workers," in *The Cultural Territories of Race: Black and White Boundaries*, ed. Michèle Lamont (Chicago: University of Chicago Press, 1999), p. 141.

一致认为，工人阶级划分了针对上层阶级的道德界限，将社会经济地位置于道德之下，根据普遍可以获得的美德来定义自己和其他群体的价值。帕特里克·萨奇威指出："这样，即使工人阶级的社会经济地位不高，也能与那些在社会经济和物质方面比自己优越的人并肩而站，甚至高于他们，从而保持自尊和尊严感，尽管工人阶级不符合普遍的成功标准。中产阶级及上层阶级的成员经常因为其肤浅的人际关系、不真诚、有太多野心和争强斗胜受到工人阶级的批判。"[1]

总而言之，帕特里克·萨奇威声称，这些发现驳斥了 L. 理查德·德拉·法夫的理论思考。[2] L. 理查德·德拉·法夫认为，社会经济地位低的人对自己的社会价值评价也会比较低。[3] 米歇尔·拉蒙特主张重新评估马克斯·韦伯提出的一种模型，该模型将阶级身份与社会经济地位等同了。正如米歇尔·拉蒙特所言，这种传统的视角没有考虑到个人评价自我身份的方式，并将身份与价值同社会地位分离开来。[4] 米歇尔·拉蒙特还驳斥了理查德·塞内特和乔纳森·科布的论点，那就是在美国，"工人被剥夺了尊严，因为人们只有通过向上流动

① Patrick Sachweh, *Deutungsmuster Sozialer Ungleichheit: Wahrnehmung und Legitimation Gesellschaftlicher Privilegierung und Benachteiligung* (Frankfurt: Campus Verlag, 2009), p. 48.

② L. Richard Della Fave, "The Meek Shall Not Inherit the Earth: Self - Evaluation and the Legitimacy of Stratification," *American Sociological Review* 45, no. 6 (1980), pp. 955–971.

③ Patrick Sachweh, *Deutungsmuster Sozialer Ungleichheit: Wahrnehmung und Legitimation Gesellschaftlicher Privilegierung und Benachteiligung* (Frankfurt: Campus Verlag, 2009), p. 48.

④ Michèle Lamont, "Above 'People Above'? Status and Worth among White and Black Workers," in *The Cultural Territories of Race: Black and White Boundaries*, ed. Michèle Lamont (Chicago: University of Chicago Press, 1999), p. 143.

和实现美国梦才能获得尊严"①。

在经典著作《阶级的隐性伤害》中，理查德·塞内特和乔纳森·科布提出了这样的论点：在（明显）平等的社会中，工人的自尊会受到伤害，因为他们会将无法登上社会上层阶梯归咎于自己的缺点。工人阶级的成功故事符合美国的主流意识形态，证明人是可以出人头地的，从而隐晦地传达了这样的信息："如果你不喜欢贫穷，你可以摆脱它，假如你足够优秀的话；如果你无法逃离一文不名的生活，那是因为你的能力不够。因此，说阶级社会的奖励制度是多么任意武断，大家都会赞同，不过有附带条件，即你应该更加努力。"②

按照理查德·塞内特和乔纳森·科布的说法，工人阶级认为不平等是他们自身缺点的结果。"如果我相信我与自己称之为'先生'而他直呼我名字的人一开始具有相同水平的能力，那么我们之间的差异、人们给予他却没给予我的礼貌和关注，以及他与我不同的品味和理解力难道不恰好表明无论如何他都比我强吗？不然我能怎么解释不平等呢？"③

米歇尔·拉蒙特批判了"隐性伤害"这个论点，并将其与她自己的观点进行了对比，并且指出工人并不感到自卑，而是发展出了另一套不基于经济成功而注重道德标准的价值体系。这种价值体系能让他们在某些方面甚至感到优于上层阶级

---

① Michèle Lamont, "Above 'People Above'? Status and Worth among White and Black Workers," in *The Cultural Territories of Race: Black and White Boundaries*, ed. Michèle Lamont (Chicago: University of Chicago Press, 1999), p. 128.

② Richard Sennett and Jonathan Cobb, *The Hidden Injuries of Class* (New York: W. W. Norton, 1972), pp. 250-251.

③ Richard Sennett and Jonathan Cobb, *The Hidden Injuries of Class* (New York: W. W. Norton, 1972), p. 255.

的成员。在我看来，米歇尔·拉蒙特的批判是不合理的。事实上，她的研究成果与理查德·塞内特和乔纳森·科布的论点根本不矛盾。在传统的身份定义中，经济和职业上的成功或者教育起关键作用。提出另外一种"可供选择的成功定义"[①] 来反对传统的成功定义是幼稚的，其中诸如"和谐的人际关系"、"热情"、"道德"或"更好的家庭生活"等价值观是不能与经济成功轻易共存的。很明显，这只是下层阶级成员使用的一种补偿策略。他们在物质资源或教育方面毫无优势，强调其他价值的重要性，才能使他们得以辩称自己比上层阶级更优越。

当然，一个人在道德上是否更加高尚的判断是无法被客观证明的。但该判断的心理补偿作用是很明显的：声称富人的家庭生活更差、道德水准更低，或者缺乏健康的人际关系，可以让人们减轻自己的自卑感，将自己置于社会地位更高的人之上。

托马斯·J. 戈尔曼、米歇尔·拉蒙特和帕特里克·萨奇威的受访者都声称自己在某些领域优于富人，而这些领域的共同特征是，它们在很大程度上基于主观的解释。客观的标准很容易证明谁更有钱、谁受的教育更好，没有多少争论或主观的空间。但在判断谁拥有最令人满意的人际关系或最称心的家庭生活时，我们就不能使用客观的标准了。例如，认为下层阶级普遍比上层阶级拥有更好的家庭生活或道德水准就是值得怀疑的。然而，在访谈中，这种陈述要么是抽象的假设，要么是受访者从生活中举出的似乎证实了这一点的例子。

在这种情况下，思考一下琼·C. 威廉姆斯的研究成果，你就会觉得它很有趣。她探讨了工人阶级和专业管理精英之间

---

① Michèle Lamont, "Above 'People Above'? Status and Worth among White and Black Workers," in *The Cultural Territories of Race: Black and White Boundaries*, ed. Michèle Lamont (Chicago: University of Chicago Press, 1999), p. 129.

的"阶级文化差异"。她使用的"工人阶级"一词有些令人困惑。这个词指的是那些既不富裕也不贫穷、通常将自己描述为中产阶级的人。而她称那些自称为中上层阶级的人为专业管理精英。①

像琼·C.威廉姆斯所说的那样，工人阶级同样讲述了自己的道德优势。一位后来成为教授的木匠的女儿说，工人"认为自己在做真正的工作"，从而将自己与"文员"区分开来，因为他们所做的事情"既不困难也不令人讨厌，既不枯燥也不令人沮丧"。②根据琼·C.威廉姆斯的看法，工人阶级特别强调道德和家庭的重要性。美国工人阶级中的许多人虔诚地信仰宗教，家庭对他们来说比抱负和职业发展重要得多。③

到目前为止，琼·C.威廉姆斯的发现与米歇尔·拉蒙特和帕特里克·萨奇威的发现是一致的。不同之处在于，她声称工人对受过教育的人比对富人更有敌意。"工人一般会羡慕富人，但讨厌受过教育的人，因为他们的目标不是放弃自己的生活方式，而是用更多的钱继续这种生活方式。"她发现，工人往往会贬低学者、医生、律师或者教师。琼·C.威廉姆斯指出："他们的怨恨部分源于专业人士令人不满甚至羞辱性的遭

---

①　Joan C. Williams, "The Class Culture Gap," in *Facing Social Class: How Societal Rank Influences Interaction*, ed. Susan T. Fiske and Hazel Rose Markus (New York: Russell Sage Foundation, 2012), p. 40.

②　Joan C. Williams, "The Class Culture Gap," in *Facing Social Class: How Societal Rank Influences Interaction*, ed. Susan T. Fiske and Hazel Rose Markus (New York: Russell Sage Foundation, 2012), p. 41.

③　Joan C. Williams, "The Class Culture Gap," in *Facing Social Class: How Societal Rank Influences Interaction*, ed. Susan T. Fiske and Hazel Rose Markus (New York: Russell Sage Foundation, 2012), p. 46.

遇。他们缺乏与专业人士进行有效沟通的社会资本，或者说那些专业人士完全不尊重他们……相比之下，大多数工人从来没遇到过真正的富人，所以并没有阶级歧视。"[①]

唐纳德·特朗普获得了众多工人的支持，这个事实使得琼·C. 威廉姆斯的论点看起来更加可信。顺便提一句，有趣的是，这位在唐纳德·特朗普当选总统之前很早就开始著书立说的学者说，民主党人没有理解，对于美国工人阶级的尊严而言，哪些因素（家庭和宗教）才是至关重要的。这就是工人阶级的态度越来越"右倾"的一个原因。[②]

总之，美国和德国的研究表明，不富裕的人会采取补偿策略来维护他们的自尊。这些策略一方面质疑了经济成功与生活满意度之间的关系，另一方面则强调了一些因素，如人际关系、道德和家庭生活。但这还不是全部。为了让不富裕的人能够置于富人之上，人们必须普遍接受这样一种观点，即就这些因素而言，下层社会的成员也可以和富人一样优秀（甚至更优秀）。工人阶级对富人的刻板印象是他们冷漠、以自我为中心、家庭生活不能令人满意、人际关系也不尽如人意，以及道德观念差。这种成见维护了工人阶级的优越性，减轻了他们的自卑感。

对富人的评价并没有被心理学家所说的"光环效应"所弱化。通常，对一个人性格某一方面的正面认知会转移到其性格的其他方面。但如我们从刻板印象内容模型理论（见第三

---

① Joan C. Williams, "The Class Culture Gap," in *Facing Social Class: How Societal Rank Influences Interaction*, ed. Susan T. Fiske and Hazel Rose Markus (New York: Russell Sage Foundation, 2012), p. 48.

② Joan C. Williams, "The Class Culture Gap," in *Facing Social Class: How Societal Rank Influences Interaction*, ed. Susan T. Fiske and Hazel Rose Markus (New York: Russell Sage Foundation, 2012), p. 53.

章）所了解的那样，这一过程并不适用于社会群体的比较。[①]
人们对富人的看法是矛盾的，往往也是极端的，与现实不符。
苏珊·T. 菲斯克写道："富人好像在某些方面（如，智力）
强于普通人，而在某些方面又不如普通人。富人在热情待人方
面做得不好，他们好像无法体验复杂的情绪，因而不能成为典
型的人。由此形成了针对缺乏同情心的赢家（富人）的嫉
妒。"[②] 按照苏珊·T. 菲斯克的说法，富人只有在捐出财富时
才会讨人喜欢。[③] 事实是否如此有待商榷，因为即使是那些慷
慨捐赠的富人也常常被指责是出于自私的目的（如后面的章
节所述）。

补偿策略是用来针对那些在某些领域更成功或更优秀的
人。例如，美丽的女人有时会被认为是愚蠢的；职业足球运动
员常被指责智商不高；而高智商的科学家据说不接地气，无法
适应日常生活。显然，有些人就是不愿意接受别人在某些方面
很优秀这个简单的事实。将自己与高成就者做比较时，为了维
护自尊，人们往往将自己在其他方面的缺点和失败归于那些高
成就者，而且声称那些方面更重要。

肯定外部群体的能力特征，同时否定他们正面的道德品
质，这一做法具有深远的影响。从认知研究中我们得知，人们
对他人和外部群体的印象通常更依赖于道德品质而不是能力特
征。博格丹·沃伊奇斯克、罗斯阿·巴津斯卡和马辛·贾沃斯
基的研究表明，在认知过程中"道德信息"比"能力信息"

[①] Susan T. Fiske, *Envy Up, Scorn Down: How Status Divides Us* (New York: Russell Sage Foundation, 2011), p. 130.

[②] Susan T. Fiske, *Envy Up, Scorn Down: How Status Divides Us* (New York: Russell Sage Foundation, 2011), p. 133.

[③] Susan T. Fiske, *Envy Up, Scorn Down: How Status Divides Us* (New York: Russell Sage Foundation, 2011), p. 162.

起更重要的作用。研究人员证实，道德和能力是决定我们对外部群体认知的两个关键性因素，我们对外部群体的看法有 3/4 都是由这两个因素决定的。[①]

博格丹·沃伊奇斯克、罗斯阿·巴津斯卡和马辛·贾沃斯基进行了一些试验，来衡量对外部群体的认知是更多地基于"道德"（公正、慷慨、温和、乐于助人、坦率、正直、真诚、宽容、诚实和善解人意），还是"能力"（机灵、能干、有创造力、高效、精力充沛、有远见、有天赋、有独创性、聪明、知识渊博和足智多谋）。他们发现，在排名前七的特征中，有六种是道德特征（乐于助人、真诚、公正、善解人意、诚实和坦率），只有一种是能力特征（足智多谋）。"相对于对能力特征的判断，对道德特质的判断可以更好地预测整体印象。"[②]

研究人员从进化生物学的角度解释了这一发现。所有生物都至少拥有一种机制来区分有利的环境和不利的环境。博格丹·沃伊奇斯克、罗斯阿·巴津斯卡和马辛·贾沃斯基指出："如果整体印象的主要功能是区分应该接近的人和应该回避的人，那么很显然这就是道德特征在印象形成过程中占特殊地位的原因。比起其他特征（包括能力特征），这类特征更有助于在接近-回避维度上判断他人——关于一个人是否道德的

① Bogdan Wojciszke, Róża Bazinska and Marcin Jaworski, "On the Dominance of Moral Categories in Impression Formation," *Personality and Social Psychology Bulletin* 24, no. 12 (1998), p. 1251.

② Bogdan Wojciszke, Róża Bazinska and Marcin Jaworski, "On the Dominance of Moral Categories in Impression Formation," *Personality and Social Psychology Bulletin* 24, no. 12 (1998), p. 1256.

判断，直接决定了这个人是否有益而不危险。"① 只有人们做出这一基本判断之后，能力特征才开始发挥作用，因为它们有助于判断他人或群体有多有益或多危险。

从本章开头的研究来看，工人阶级往往认为富人有能力，但在道德上值得怀疑。工人阶级更重视自己的道德判断，因此对优于他们的个人或社会群体，工人阶级不会做出平衡适度的判断，而会做出普遍负面的判断。

"阶级的隐性伤害"这一社会心理学概念最早是由理查德·塞内特和乔纳森·科布在 20 世纪 70 年代初提出的，已经被多次证实（最近为托马斯·J. 戈尔曼的著作所引用），可能还会进一步发展。理查德·塞内特和乔纳森·科布的注意力集中在经济上不那么成功的蓝领工人自尊的缺失上，而社会就是以个人成就和财务成功来衡量价值的。但是那些受过良好教育的中产阶级又如何呢？如上所述，工人阶级的偏见部分是针对他们的。尽管受过高等教育，但在资本主义制度下中产阶级往往也是经济上的失败者，一个受教育程度较低的企业家可能比一个受教育程度较高的人富有得多，那么这对受教育程度较高的人的自尊有什么影响呢？设身处地为那些一再被告知高等教育是成功关键的人想一想，那么你就会因为别人尽管缺少受教育经历但在经济阶梯上爬得越来越高而感到沮丧。这种挫败感会不会让受教育程度较高的人面对经济上更成功的人时产生自卑和怨恨，就像工人阶级与中上层阶级做比较时所感受到的"隐性伤害"一样？我们现在要讨论的就是这个问题。

---

① Bogdan Wojciszke, Róża Bazinska and Marcin Jaworski, "On the Dominance of Moral Categories in Impression Formation," *Personality and Social Psychology Bulletin* 24, no. 12 (1998), p. 1252.

第八章

用个人才能还是外部环境来解释成功？

人们如何解释富人的财富？大体上有三个因素在起作用，但它们的权重不同。

1. 外部环境。这类因素包括一些有利的要素，如继承或家庭关系。调查还提到了结构或社会要素，如经济或税收制度。

2. 个人特质与才能。这类因素包括一些受到正面评价的品质，如抱负、智力和社交能力，也包括一些负面的品质，如冷酷和不诚实。

3. 运气。这类因素包括一些有利但偶然的事件。

很明显，对于为什么有些人会变得富有，经济上的成功者和不成功者往往有不同的解释。从逻辑上讲人们会猜想，经济上不太成功的人更有可能用外部环境、负面的个人特质或运气来解释财富，经济上更成功的人则会用正面的个人特质来解释财富。

第一节　美国的研究

迈克尔·W. 克劳斯、保罗·K. 皮夫和达彻尔·凯尔特纳研究了社会阶级与社会结果解释之间的关系。他们声称，在这方面，主观社会经济地位（一个人在社会或等级制度中主观的社会阶级等级）比客观地位指标（如收入）更为准确。为了衡量主观社会经济地位，研究人员使用了一个 10 分制的量表，允许测试参与者表明他们的阶级等级。研究人员认为，主观社会经济地位与客观的阶级归属指标只是适度相关。[1] 研究人员进行了几项研究，包括一项针对学生的研究和一项全国性的调查。

在其中一项研究中，测试参与者被要求解释一系列正面和负面的社会结果，并就这些事件是否由环境因素造成，以及受这些事件影响的人是否应对其结果负责这两个问题，分 7 个等级表达他们的看法。[2] 其中的提示项包括"收入低"、"上学挂科"和"被解雇"。根据测试参与者的回答，研究人员制定了一项综合的衡量标准，以衡量他们对环境借口的支持程度。研究表明，较低的主观社会经济地位对于正负社会结果的解释，与环境借口而不是性格借口显著相关。

研究人员还利用测试参与者对 12 个问题的回答，评估了他们对自己生活环境的控制感，包括"我可以做任何下定决心要做的事"、"未来会发生什么主要取决于我"、"我无法改变自己生命中很多重要的事情"以及"有时我会觉得自己在生活中受到摆布"。[3] 研究人员发现，主观社会经济地位较低

[1] Michael W. Kraus, Paul K. Piff and Dacher Keltner, "Social Class, Sense of Control, and Social Explanation," *Journal of Personality and Social Psychology* 97, no. 6 (2009), p. 993.

[2] Michael W. Kraus, Paul K. Piff and Dacher Keltner, "Social Class, Sense of Control, and Social Explanation," *Journal of Personality and Social Psychology* 97, no. 6 (2009), p. 998.

[3] Michael W. Kraus, Paul K. Piff and Dacher Keltner, "Social Class, Sense of Control, and Social Explanation," *Journal of Personality and Social Psychology* 97, no. 6 (2009), p. 996.

的测试参与者倾向于用环境因素来解释社会结果，因为他们对
自己生活的控制感较低。

换句话说，那些自认为贫穷的人倾向于将自己的处境归咎
于外部环境，而那些自认为富有的人往往将社会结果归因于他
们自己的想法和行为。这个结果显而易见，因为人们喜欢把自
己的成就归功于自己，而把自己的失败归咎于他人或环境。

迈克尔·W. 克劳斯及其同事提供了另一种解释，可以用
卡尔·马克思的话来总结，"存在决定意识"。研究人员认为，
下层社会成员经常经历不确定性、约束和威胁，上层社会成员
则经历相反的情况，即控制、自由和选择。这种经历上的差异
导致了他们对世界两种截然相反的解释，学者们称之为"唯
我论"和"语境论"。"唯我论"被定义为一种个人主义的认
知和关系取向，其中"内部状态、目标和情感"扮演着核心
角色。"语境论"则被理解为"对外部约束、外部威胁和其他
个体的管理所驱动的环境的外部取向"①。

不幸的是，学者们并没有探究因果关系是否（也）可能
颠倒过来。或许如果人们看到自己能主宰命运，他们在生活中
会更成功；而如果他们认为自己是外部环境和社会地位的受害
者，他们就不会那么成功。从大卫·休谟到 F. A. 哈耶克，社
会理论家们沿着这些思路进行了探索，尽管在社会经济地位和
态度之间建立因果关系的研究是很难开展的。或许这两种假设
都适用：在作者所描述的意义上，存在决定意识，但意识也决
定着存在。

1980 年，社会学家詹姆斯·R. 克鲁格尔和心理学家艾略

---

① Michael W. Kraus, Paul K. Piff and Dacher Keltner, "Social Class, Sense of Control, and Social Explanation," *Journal of Personality and Social Psychology* 97, no. 6 (2009), pp. 546 et seq.

特·R. 史密斯根据美国的一项代表性调查发表了一篇经常被引用的研究成果。研究人员问到的问题之一就是，为什么美国有富人。

学者们区分了财富的个人主义解释和结构性解释，并强调个人主义解释在美国占据主导地位。图 8-1 描述了被调查者提到的个人特征非常重要、比较重要、不重要。同样，图 8-2 描述了受访者提到的外部结构因素非常重要、比较重要、不重要。

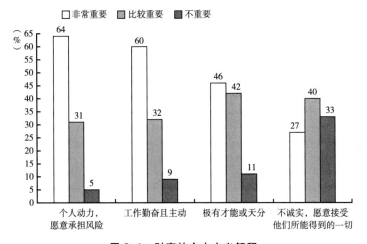

图 8-1　财富的个人主义解释

资料来源：James R. Kluegel and Eliot R. Smith, *Beliefs about Inequality: Americans' Views of What Is and What Ought to Be* (New York：Aldine de Gruyter, 1986), p. 77。

在财富的个人主义解释中，值得注意的是，正面的人格特征和属性，如工作勤奋且主动、愿意承担风险和极有才能或天分，被认为远比主要的负面人格特征（不诚实）更重要，尽

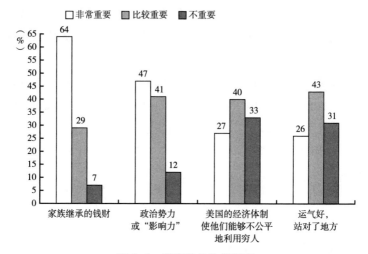

图8-2　财富的结构性解释

资料来源：James R. Kluegel and Eliot R. Smith, *Beliefs about Inequality: Americans' Views of What Is and What Ought to Be*（New York：Aldine de Gruyter, 1986），p. 77。

管只有1/3的被调查者认为不诚实对财务成功没有影响。

关于哪些人群更喜欢哪种解释方法，该研究显示出重大的差异。

● 总的来说，个人主义解释（即那些关注个人能力和人格特征的解释）受到了地位较高者的青睐，包括收入较高的人和老年人。[①] "财富的个人主义解释对富人的描述更为正面。男性、老年人、高收入者和西方人更倾向于把财富归结为个人原因……有优势的人认为财富可以通过个人的天赋和

———————————————

[①]　James R. Kluegel and Eliot R. Smith, *Beliefs about Inequality: Americans' Views of What Is and What Ought to Be*（New York：Aldine de Gruyter, 1986），p. 89。

努力获得，因此他们自己很有可能获得财富。"①

●女性、年轻人和收入较低的人更常提到财富的结构性解释。②"因此，结构性解释被那些本身可能远离富人和获得财富机会的人所关注。那些不太可能拥有财富的人似乎对富人持负面看法，认为财富本身是结构性因素造成的，而不是个人努力和能力的结果——在这种情况下，人们可以称之为偏见。"③

"结构主义者"也倾向于对贫困做出类似的解释。他们更愿意用"一些企业和行业的低工资""私营企业未能提供足够的就业机会"之类的借口来解释贫困。不过总的来说，在美国1969年和1980年的两次调查中，对贫困的"个人主义解释"占了主导地位，包括"不节俭和缺乏适当的金钱管理技能"（1969年，这项的比例为90%；1980年，这项的比例为94%），"穷人自身不努力"（1969年，这项的比例为91%；1980年，这项的比例为92%），以及"缺乏能力和天赋"（1969年，这项的比例为88%；1980年，这项的比例为88%）。④在1980年的调查中，对贫穷的个人主义解释比对财富的个人主义解释要普遍，这意味着人们更愿意将经济上的成

① James R. Kluegel and Eliot R. Smith, *Beliefs about Inequality: Americans' Views of What Is and What Ought to Be* (New York: Aldine de Gruyter, 1986), p. 91.

② James R. Kluegel and Eliot R. Smith, *Beliefs about Inequality: Americans' Views of What Is and What Ought to Be* (New York: Aldine de Gruyter, 1986), pp. 89-90.

③ James R. Kluegel and Eliot R. Smith, *Beliefs about Inequality: Americans' Views of What Is and What Ought to Be* (New York: Aldine de Gruyter, 1986), pp. 90-91.

④ James R. Kluegel and Eliot R. Smith, *Beliefs about Inequality: Americans' Views of What Is and What Ought to Be* (New York: Aldine de Gruyter, 1986), p. 79.

功而不是贫穷归因于结构性因素。

1998 年，盖洛普公司在美国对 5000 人进行了一项调查，问了类似但不尽相同的问题。[①] 它问了为什么有些人富有而有些人贫穷这个问题（见图 8-3）。

盖洛普公司的调查显示，人们对为什么有些人贫穷的看法随着时间的推移发生了变化。20 世纪 60 年代中期，大多数人仍然认为人贫穷是因为不够努力，而在 1989 年和 1990 年，大多数受访者将其归咎于无法控制的环境。[②] 女性比男性更倾向将贫穷归咎于外部环境（持这种观点的女性和男性的比例分别为 46% 和 35%）。那些将自己描述为"穷人"的人比"富人"更有可能将富有或贫穷归因于外部环境，而不太可能

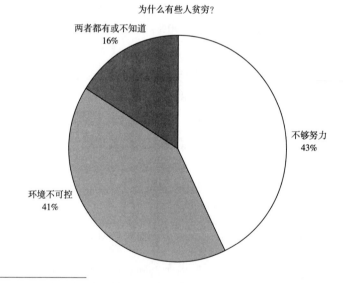

为什么有些人贫穷？

两者都有或不知道
16%

不够努力
43%

环境不可控
41%

---

① Gallup News Service, "Have and Have - Nots: Perceptions of Fairness and Opportunity," July 6, 1998.

② Gallup News Service, "Have and Have - Nots: Perceptions of Fairness and Opportunity," July 6, 1998.

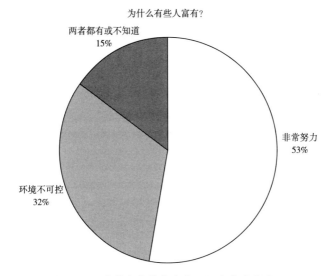

图 8-3　为什么有些人富有，而有些人贫穷？

资料来源：Gallup News Service, "Have and Have - Nots: Perceptions of Fairness and Opportunity," July 6, 1998。

将其归因于非常努力或缺乏努力。

显然，受访者不想给人留下冷酷无情的印象，这就是为什么他们不太可能将穷人的窘迫处境归咎于穷人本身——而 1/3 的人不愿意承认财富是个人努力的结果。

当被问及"为什么有些人会更成功"这样的普遍性问题时，也就是说，当这些问题不是明确的关于为什么一些人贫穷而另一些人富有时，情况就发生了相当大的变化。盖洛普公司的调查还包括了下面的表述："我会寻找原因，看看为什么有些人在生活中取得了成功，而另一些人没有。"[1] 受访者被要

_____

[1]　Gallup News Service, "Have and Have - Nots: Perceptions of Fairness and Opportunity," July 6, 1998.

求评估决定一个人成功的各种因素的重要性。图8-4展示了评选出的最重要的因素，即在五分制调查量表中得到4分或5分的因素。

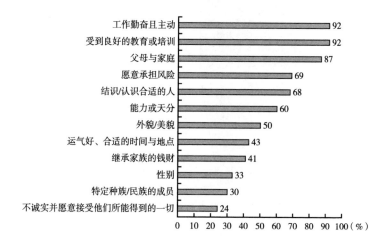

图8-4 人取得成功的因素

资料来源：Gallup News Service，"Have and Have-Nots：Perceptions of Fairness and Opportunity，" July 6，1998。

值得注意的是最常被提到的人取得成功的因素是工作勤奋且主动，但只有43%的受访者认为"不够努力"是贫困的主要原因。41%的受访者将贫困归咎于个人无法控制的环境因素。盖洛普公司的研究人员认为，"对受压迫者的同情"或许可以解释为什么受访者更愿意将贫困归咎于外部环境。我认为，将穷人的贫穷归咎于他们自身，在很大程度上被认为是政治上不正确且冷酷无情的，然而，至少在1998年的美国，多数人还是将经济上的成就归功于"非常努力"。

皮尤研究中心2011年的一项调查显示，对于财富主要是勤奋工作、抱负和教育的结果，还是更多地与家庭背景和认识合适的人有关，各方的看法不同（见图 8-5）。

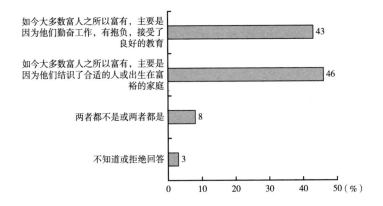

如今大多数富人之所以富有，主要是
因为他们勤奋工作，有抱负，接受了
良好的教育　43

如今大多数富人之所以富有，主要是
因为他们结识了合适的人或出生在富
裕的家庭　46

两者都不是或两者都是　8

不知道或拒绝回答　3

0　10　20　30　40　50（%）

图 8-5　皮尤研究中心的社会趋势调查（2011 年 12 月）

注：所有数据均以受访者百分比计算。

资料来源：Pew Research Center, Social & Demographic Trends, *Rising Share of Americans See Conflict Between Rich and Poor*, January 11, 2012。

1987~2012 年，皮尤研究中心定期询问受访者是否同意以下表述："人的成功很大程度上是由我们所无法控制的力量决定的。"[①] 大多数美国人表示不同意这种表述。1987 年，38% 的受访者同意这一表述，2012 年这一比例为 35%。同意这种表述的人数最多的年份是 1988 年和 1993 年（同意者的比例为 41%）。对这种表述持反对意见的人的比例在 1987 年为 57%，而在 2012 年为 63%。反对这种表述人数最多的年份是 1999 年

---

① Pew Research Center, American Values Survey, Question Database, http：// www. people-press. org/values-questions/q30e/success-in-life-determined- by-forces-outside-our-control/#total.

和 2003 年（反对者的比例为 67%）。

然而，根据个人收入水平的不同，这一表述得到的反馈大不相同。正如所预期的那样，对于成功主要取决于外部因素（个人无法控制的因素）这一观点，高收入群体的同意度最低，低收入群体的同意度则高得多。[①]

第二节　德国的研究

德国在这方面主要开展了一项实证研究，探究人们对富人的普遍看法。这项研究基于几组原始数据，这些数据是由约翰·沃尔夫冈·歌德大学社会科学系社会和政治分析研究所的一个研究小组收集的，属于"对福利国家的态度"项目的一部分。该研究主要立足于 2007 年进行的一项涵盖 5000 人的代表性调查。

为了弄清楚为什么受访者会认为某些人富有，研究人员设计了一个问题（见表 8-1）。

同本章前面提到的美国研究人员一样，沃尔夫冈·格拉策和他的同事们也对财富的个人主义解释和结构性解释进行了区分。个人主义解释包括"天生的能力或才华"等因素，而结构性解释包括"经济体系中的不公正现象"等因素。对不同社会群体偏爱的解释所做的分析证实了人们的逻辑预期以及众多美国的研究成果。

[①] Pew Research Center, American Values Survey, Question Database, http://www.people-press.org/values-questions/q30e/success-in-life-determined-by-forces-outside-our-control/#total.

表8-1　某些人富有的原因（德国）

单位：%

"现在，我要提几个如今德国有富人的原因。我所说的富人是指那些可以买得起任何东西的人。请告诉我你有多少次认为这是有些德国人富有的原因：极其频繁、经常、有时、很少或从不。"

	极其频繁	经常	有时	很少或从不
富人结识或者和合适的人有联系	35	47	13	5
富人有更好的机会	28	52	14	6
天生的能力或才华	18	50	22	11
经济体系中的不公正现象	18	36	26	21
不诚实	16	36	27	21
努力工作	15	38	24	24
运气	7	22	33	39

资料来源：Wolfgang Glatzer et al., *Reichtum im Urteil der Bevölkerung：Legitimationsprobleme und Spannungspotentiale in Deutschland*（Opladen：Verlag Barbara Budrich，2009），p.65。

1. 受访者对自己的经济状况以及在社会阶层中的地位评价越高，就越倾向于对财富做个人主义解释。主观评价甚至比实际收入更重要，尽管两者存在明显的相关性：高收入者更倾向于对财富的个人主义解释。[①]

2. 对于财富的结构性解释，这种相关性甚至更强。那些主观上认为自己社会地位较低、对自己的经济状况不太满意、收入较低，或者正失业的受访者，倾向于对财富

[①] Wolfgang Glatzer et al., *Reichtum im Uerteil der Bevölkerung: Legitimations-probleme und Spannungspotentiale in Deutschland*（Opladen：Verlag Barbara Budrich，2009），pp.68-69.

的结构性解释。① 正如人们所料，即便是在德意志民主共和国垮台 18 年后，接受调查的东德人也倾向于对财富的结构性解释。

此外，倾向于财富的个人主义解释的受访者往往排斥结构性解释，反之亦然。②

第三节　英国、澳大利亚和法国的研究

1979~1980 年，阿德里安·弗纳姆采访了 200 名英国人，调查了他们对于财富的解释。③ 阿德里安·弗纳姆批评了早期的研究，因为这些研究要求受访者陈述他们对富人的看法，却没有首先明确研究人员所说的"富人"的确切含义。阿德里安·弗纳姆指出："因此，出现的任何差异都有可能是出于受访者对财富定义的不同理解，而不是他们对财富原因的不同看法。"④ 由于人们对"有钱"、"富有"及"富裕"的定义差异很大，本人的研究明确将"富有的人"定义为百万富翁（更多相关信息，见第十章）。

阿德里安·弗纳姆对早期研究的第二个主要方法论的批评是，在分析对财富的解释时，绝大多数研究只在个人主义解释

① Wolfgang Glatzer et al. , *Reichtum im Uerteil der Bevölkerung: Legitimations - probleme und Spannungspotentiale in Deutschland* (Opladen: Verlag Barbara Budrich, 2009), p. 69.

② Wolfgang Glatzer et al. , *Reichtum im Uerteil der Bevölkerung: Legitimations - probleme und Spannungspotentiale in Deutschland* (Opladen: Verlag Barbara Budrich, 2009), p. 67.

③ Adrian Furnham, "Attributions for Affluence," *Personality and Individual Differences* 4, no. 1 (1983), p. 33.

④ Adrian Furnham, "Attributions for Affluence," *Personality and Individual Differences* 4, no. 1 (1983), p. 32.

和结构性或社会性解释之间进行了区分。阿德里安·弗纳姆批评这些研究没有区分正面和负面的个人主义解释。他指出："就财富而言，支持节俭和勤奋等正面个人主义解释的人，与支持冷酷和野心等负面个人主义解释的人是截然不同的人群。"①

阿德里安·弗纳姆研究中提到的对财富的解释包括以下几点。

- 个人主义解释：
1. 一生都小心理财；
2. 勤奋工作并付出巨大努力；
3. 高智商；
4. 无情和果决。

- 结构性或社会性解释：
1. 某些企业和行业给员工高薪；
2. 被送到特定学校和大学接受教育；
3. 为来自特定家庭的人提供更好的机会；
4. 有利于富人的税收制度；
5. 强大的工会使人获得更高的工资；
6. 经济体系自动产生的不平等；
7. 社会对努力工作和敢于承担风险者的回报。

- 宿命论的解释：
1. 继承父母或亲戚的财富；
2. 赌博中赢钱的好运；
3. 碰到了好机遇；

---

① Adrian Furnham, "Attributions for Affluence," *Personality and Individual Differences* 4, no. 1 (1983), p. 39.

4. 生来就有出色的商业头脑。①

然而，阿德里安·弗纳姆的问题和分类只有部分令人信服。例如，许多受访者可能会发现，很难明确区分社会对努力工作和敢于承担风险者的回报这种结构性或社会性解释与勤奋工作并付出巨大努力这种个人主义解释。

与美国学者的研究一样，在阿德里安·弗纳姆的研究中，政治态度被认为是选择不同财富解释模式的主要因素。保守党和自由党的选民——与工党的选民形成了鲜明对比——倾向于"富人勤奋工作并付出巨大努力"之类的解释，工党的选民则倾向认可"富人无情和果决"之类的解释。工党的选民也更有可能认为税收制度偏向富人。总的来说，保守党选民认为对财富正面的个人主义解释更为重要，工党选民则偏好财富的结构性或社会性解释。② 在这一点上，阿德里安·弗纳姆的研究结果与其他国家的研究结果是一致的。

2013 年，伯明翰大学委托益普索·莫里民调公司（Ipsos MORI）向英国民众调查有些人比其他人更富有的原因。答案再一次由外部因素占了主导。根据受访者的回答，有些人比其他人更富有的主要原因是他们继承了财富（24%的受访者持这一观点）。另有 19%的受访者认为，不公正是造成有些人比其他人更富有的原因。同样数量的受访者表示，并没有特别的原因能够解释为什么有些人更富有。大约 14%的受访者认为财富不平等是无法避免的，6%的受访者认为富人只是运

① Adrian Furnham, "Attributions for Affluence," *Personality and Individual Differences* 4, no. 1 (1983), p. 34.

② Adrian Furnham, "Attributions for Affluence," *Personality and Individual Differences* 4, no. 1 (1983), p. 34.

气更好而已。只有一个答案与个人成就或能力有关：14%的受访者认为巨大的财富差异是因为富人工作很努力。①

在法国，研究机构伊弗普民意调查所（IFOP）2017年为新闻和评论网站大西洋进行了一项关于法国人财富态度的广泛调查。②伊弗普民意调查所曾在1994年7月和2013年1月调查过同样的问题，这样就有可能对三次调查结果进行有意义的比较。2017年10月底，伊弗普民意调查所对1002名18岁及以上的法国人进行了抽样调查，要求他们选择自己认为在致富中特别重要的性格特征。参与者可以从预先设定好的列表中进行多项选择，并根据重要性对其选择做出排序。以下包括2017年调查参与者排序第一或第二的选项：约有一半（48%）的参与者认为人们主要是通过"努力工作"致富的；约有1/3（32%）的人认为"人脉"很重要；"富有的父母"（29%的人选择这项）排在第三位；接下来是"勇敢无畏"，略多于1/5的人认为这一点很重要；"智力"这项的排序与"勇敢无畏"相同；14%的人选择了"缺少顾忌"这一负面品质，几乎与"诚实"这一正面品质的排序相同；1/10的调查参与者选择了"良好的教育背景"，而8%的参与者认为富人"以自我为中心"。

将这些结果与之前两次调查结果进行比较后我们发现，自1994年以来，认为"努力工作"是致富最重要因素的法国人的比例有所上升（从40%上升到48%）。与此相反，在第一次调查中，只有1/5的法国受访者认为"人脉"是致富的决定

① Karen Rowlingson and Stephen McKay, "What Do the Public Think about the Wealth Gap?" University of Birmingham, 2013.
② IFOP, "Les Français et la richesse en France en 2017," October 2017, https://www.ifop.com/wp-content/uploads/2018/03/3904-1-study_file.pdf.

性因素，如今有 1/3 的法国受访者这样认为。认为"富有的父母"是致富的最重要因素的受访者比例已经从 40% 下降到了 29%。

受访者的回答因政治取向的不同而差异巨大。70% 的保守派选民（共和党选民）认为"努力工作"是致富的最重要因素，但只有 37% 的左翼选民持相同观点。然而，左翼选民强调"人脉"的比例（38%）是保守派选民的比例（19%）的两倍。尽管只有 6% 的保守派选民提到了"缺少顾忌"，但选择该项的左翼选民（16%）几乎是前者的 3 倍。

弗朗索瓦·菲永是一个市场取向的总统候选人，由于丑闻被迫放弃了竞选。他的支持者对富人表现出了极正面的态度，埃马纽埃尔·马克龙的支持者也是如此。这一事实得到了 47% 的埃马纽埃尔·马克龙支持者和 69% 的弗朗索瓦·菲永支持者的证实，他们认为"努力工作"对致富特别重要。[①]

伊弗普民意调查所 2011 年的另一项调查显示，法国人的反资本主义态度尤为强烈。[②] 调查结果表明，33% 的法国人认为是时候放弃资本主义制度了，这一比例在接受调查的 10 个国家中是最高的。[③]

然而，在 2017 年的伊弗普民意调查所的调查中，3/4 的法国人（76%）认为富人的存在对整个社会是有益的（见图 8-6）。在 35 岁以下的法国人中，这一比例（69%）低于 65 岁以上的

---

① IFOP, "Les Français et la richesse en France en 2017," October 2017, https：//www.ifop.com/wp - content/uploads/2018/03/3904 - 1 - study _ file.pdf.

② Reuters, "French More Anti-Capitalist than Chinese—Poll," January 26, 2011, https：//in.reuters.com/article/idINIndia-54417420110126.

③ Reuters, "French More Anti-Capitalist than Chinese—Poll," January 26, 2011, https：//in.reuters.com/article/idINIndia-54417420110126.

法国人（82%）。毫无意外，95%的弗朗索瓦·菲永的支持者
和85%的埃马纽埃尔·马克龙的支持者认为富人有利于社会。
然而，令人惊讶的是，在左翼民粹主义者让-吕克·梅朗雄的
支持者中，有多达66%的人也对富人持正面看法。①

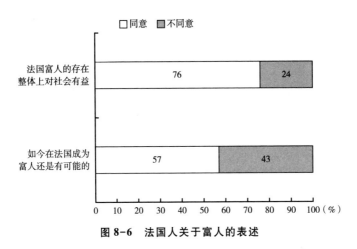

图 8-6　法国人关于富人的表述

资料来源：IFOP，"Les Français et la richesse en France en 2017," October
2017，https：//www. ifop. com/wp－content/uploads/2018/03/3904－1－study_
file. pdf。

57%的法国受访者认为，在如今的法国成为富人仍然是有
可能的。在男性中，该表述的支持率高达64%，而在女性中
这一比例较低，为52%。不同年龄组间无显著差异。

然而，当我们在本书第二部分分析2018年的调查结果时
就会发现，法国人对富人普遍的正面态度在涉及税收和管理者

---

① IFOP，"Les Français et la richesse en France en 2017," October 2017,
https：//www. ifop. com/wp－content/uploads/2018/03/3904－1－study_
file. pdf.

薪酬时十分关键。

综合来看，这些国际研究的结果表明，对财富和成功的解释在不同国家和不同社会群体之间差异很大。美国人更倾向于用个人主义的原因和个性特征来解释财富。但即使在美国，也像在其他国家一样，不同的社会地位和政治派别也存在着明显的差异。高收入者、把自己定位于社会顶层的人，以及保守派选民往往强调个人能力和性格特征对财富和成功的重要性。相比之下，经济上不太成功的人、把自己排在社会较低等级的人，以及左翼选民倾向于强调外部的社会条件。

第九章

富人：被羡慕却
不被信任的少数人

在进一步研究我所委托的对富人态度的国际调查结果之前，回顾一下以前的一些调查结果是很有意义的。我们首先要考虑的问题是：对于普通大众而言，谁才是真正的富人？

第一节　到底谁才是真正的富人？

2007 年，德国进行了一项调查，以确定成为"富人"需要的月净收入和资产水平。受访者认为富人月收入的中位数为 5000 欧元以上。平均值则要高得多，为 26694 欧元，因为一些受访者提出的月净收入高得荒谬（高达每个月 1000 万欧元），从而扭曲了平均值。排除月净收入最高和最低各 10% 的回答，受访者关于月净收入的回答集中在 2000~20000 欧元。[①]

研究报告称，受访者对成为富人所需资产水平的评估存在的差异更大。中位数为 50 万欧元，而平均值为 3400 万欧元。

---

① Wolfgang Glatzer, et al., *Reichtum im Urteil der Bevölkerung: Legitimationsprobleme und Spannungspotentiale in Deutschland* (Opladen: Verlag Barbara Budrich, 2009), pp. 56-57.

一位受访者表示，身家至少达到 1000 亿欧元的人才能被说成富人，这表明许多人对极其庞大的数字没有现实的概念。2007年，全世界没有一个人拥有 1000 亿欧元的财富，如今也只有一个人拥有这么多财富。同样，排除月净收入最高和最低各10% 的回答，受访者对谁有资格成为富人的评估标准从 5 万欧元到 200 万欧元不等。[①]

一个经典的社会学观点是，受访者越富有，在定义财富时设定的门槛就越高，[②] 这似乎是相当合理的。相关性分析表明，受访者的收入的确会影响他们对人的富裕程度的判断。然而，地区、年龄和性别变量也显示出了相关性。一个用于控制其他变量的回归分析揭示了两个最为明显的相关性[③]："因此，在评估成为富人所要达到的收入水平时，最关键的因素似乎是以可支配收入形式出现的社会经济地位，以及社会平等倾向。"[④]

2011 年，盖洛普公司调查美国公众，询问他们需要多少资产，包括房地产和投资，才认为自己富有。结果显示，29%的人拥有不足 50 万美元就会感到富有，而 38% 的人说他们需

① Wolfgang Glatzer, et al., *Reichtum im Urteil der Bevölkerung: Legitimationsprobleme und Spannungspotentiale in Deutschland* (Opladen: Verlag Barbara Budrich, 2009), p. 57.

② Wolfgang Glatzer, et al., *Reichtum im Urteil der Bevölkerung: Legitimationsprobleme und Spannungspotentiale in Deutschland* (Opladen: Verlag Barbara Budrich, 2009), p. 58, with reference to Merton.

③ Wolfgang Glatzer, et al., *Reichtum im Urteil der Bevölkerung: Legitimationsprobleme und Spannungspotentiale in Deutschland* (Opladen: Verlag Barbara Budrich, 2009), pp. 60-61.

④ Wolfgang Glatzer, et al., *Reichtum im Urteil der Bevölkerung: Legitimationsprobleme und Spannungspotentiale in Deutschland* (Opladen: Verlag Barbara Budrich, 2009), p. 61.

要 50 万美元到 100 万美元，另有 24% 的人说其财富在 100 万美元以上他们才认为自己富有。①

1948 年、1996 年和 2011 年，盖洛普公司分别调查了有多少收入的人才能被称为富人。2011 年，25% 的美国人认为年收入不到 10 万美元的人就算富人，而另外 22% 的人认为年收入超过 75 万美元才可以成为富人。盖洛普公司每年都会就这个问题展开调查，包括 1948 年和 1996 年的调查，美国人给出了一系列广泛的答案来定义一个人在什么情况下可以被称为富人。②

2012 年，皮尤研究中心发布了一项名为《是的，富人有所不同》的调查。当被问到在其所在地区，一个家庭有多少收入才能被认为是富有家庭时，大多数美国人说一个四口之家至少需要 10 万美元。有大约 1/3 的受访者将被认定为富人的门槛定得更高，为 25 万美元或更多。③

这些在德国和美国进行的调查证实，衡量一个人是否富有时，人们对其收入和资产水平有着广泛而不同的看法。为了避免个人对财富定义的巨大差异所造成的问题，我们在 2018 年的调查中更加详细地界定了标准，即当我们提到富人时，指的是至少拥有 100 万美元（或欧元及英镑）资产的个人，且其资产不包括主要居所的市值。

---

① Kathleen Weldon, "If I Were a Rich Man: Public Attitudes about Wealth and Taxes," *Roper Public Opinion Archives*, February 2015.

② Kathleen Weldon, "If I Were a Rich Man: Public Attitudes about Wealth and Taxes," *Roper Public Opinion Archives*, February 2015.

③ Kim Parker, "Yes, the Rich Are Different," Pew Research Center, August 2, 2012.

第二节　有多少美国人梦想致富，又有多少人期望实现这个梦想？

2001~2003 年，美国社会学家朱丽叶·B. 肖尔对 300 名 10~13 岁儿童的消费习惯和欲望进行了调查。图 9-1 展示了提交给这些孩子的 157 个问题中的一个问题（你如何看待"长大后想赚很多钱"?），以及他们回答的百分比。

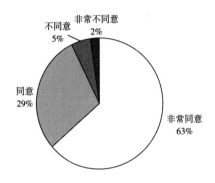

图 9-1　10~13 岁孩子对金钱的看法

注：由于数据被四舍五入，百分比加起来不等于 100%。

资料来源：Juliet B. Schor, *Born to Buy*（New York：Scribner, 2004），p.149。

第一组访谈是在距波士顿（Boston）30 分钟车程的郊区小镇多克斯利（Doxley）进行的，那里的家庭收入中位数很高，房价也很高。第二组访谈是大约一年后在波士顿的两所社区学校进行的。两所学校所在的社区与多克斯利形成了鲜明对比，低收入居民较多，住房拥有率较低。在两个收入截然不同的社区中，孩子们对未来致富的渴望都很强烈，但在低收入人群较多的社区里，这种渴望显然更加强烈（见图9-2）。①

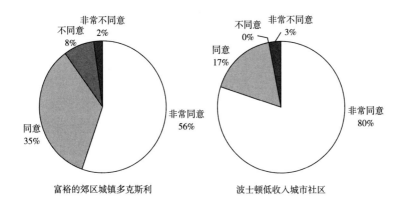

非常不同意 2%
不同意 8%
非常同意 56%
同意 35%
富裕的郊区城镇多克斯利

不同意 0%
非常不同意 3%
同意 17%
非常同意 80%
波士顿低收入城市社区

图 9-2 10~13 岁孩子对金钱的看法：地区间比较

注：由于数据被四舍五入，百分比加起来不等于100%。该图展现了富裕的郊区城镇多克斯利的孩子与波士顿低收入城市社区的孩子对这个问题（你如何看待"长大后想赚很多钱"？）的看法。

资料来源：Juliet B. Schor, *Born to Buy* (New York：Scribner, 2004), pp. 150–151。

参与调查的孩子更想长大后赚很多钱，而不是希望他们的父母赚更多钱——尽管后者在满足他们的消费欲望方面要重要得多（见图9-3）。

因此，几乎92%的孩子都希望自己长大后能赚很多钱（见图9-1），但只有35%的孩子希望他们的父母能挣更多的钱（见图9-3）。在富裕的多克斯利，只有32%的孩子希望自己的父母能挣得更多。而在波士顿不太富裕的社区，这个比例要高一些，为43%，这是可以理解的。然而即使是在不富裕的社区，当被

---

① Juliet B. Schor, *Born to Buy* (New York：Scribner, 2004), pp. 150–151.

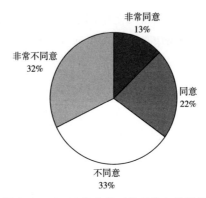

图 9-3　10~13 岁儿童对父母收入的看法

注：该图展现了 10~13 岁受访儿童对"我希望父母能赚更多钱"的看法。

资料来源：Juliet B. Schor, *Born to Buy* (New York：Scribner, 2004), p. 149。

问及是否希望父母赚更多的钱时，绝大多数，即 57% 的孩子表示不同意。[①]

事实上，梦想在以后的生活中变得富有并不是孩子们当前的消费愿望所产生的反射性欲望，这一点被朱丽叶·B. 肖尔的另一个发现所证实，即 79% 的参与调查的孩子对他们拥有的财产数量感到满意（见图 9-4）。[②]

那么美国老年人的情况又如何呢？2006 年，盖洛普公司调查了一组具有代表性的美国人，询问他们是否梦想成为富人（见图 9-5）。[③] 总的来说，只有 37% 的人说他们有过这样的梦想。有趣的是，在 18 岁至 49 岁的受访者中，这个比例要高得

[①]　Juliet B. Schor, *Born to Buy* (New York：Scribner, 2004), pp. 150-151.

[②]　Juliet B. Schor, *Born to Buy* (New York：Scribner, 2004), p. 149.

[③]　Jeffrey M. Jones, "Most Americans Do Not Have a Strong Desire to Be Rich," Gallup News Service, December 11, 2006.

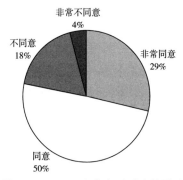

图 9-4　10~13 岁儿童对财产的看法

注：所有数据均以受访者百分比计算。由于数据被四舍五入，百分比加起来不等于 100%。该图展现了 10~13 岁儿童对"就财产而言，我几乎拥有了我需要的一切"的看法。

资料来源：Juliet B. Schor, *Born to Buy* (New York：Scribner, 2004)，p. 149。

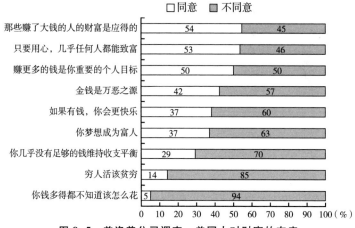

图 9-5　盖洛普公司调查：美国人对财富的态度

注：对"如果有钱，你会更快乐"的持赞同态度的受访者比例与持不赞同态度的受访者比例合计为 97%。因英文原书相关数据如此，故保留原数据。——编者注

资料来源：Jeffrey M. Jones, "Most Americans Do Not Have a Strong Desire to Be Rich," Gallup News Service, December 11, 2006。

多，59%的年轻人说他们梦想发财。相比之下，在 50 岁及以上的受访者中，只有 27% 的人仍然怀有致富的梦想，这或许并不奇怪。毕竟，很多处于那个年龄段还没有致富的人大概已经放弃了致富的希望。

性别间的差异是很明显的：45% 的男性梦想致富，但只有 30% 的女性有此梦想。根据这项调查，美国女性对富人的怀疑态度也远远超过男性。61% 的美国男性认为那些赚了大钱的人的财富是应得的，而只有 47% 的美国女性同意这种说法（见表 9-1）。

表 9-1　人们对金钱的态度（按照性别划分）

单位：%

	男性	女性
那些赚了大钱的人的财富是应得的	61	47
只要用心，几乎任何人都能致富	59	48
赚更多的钱是你重要的个人目标	57	44
如果有钱，你会更快乐	45	30
你梦想成为富人	45	30
穷人活该贫穷	19	9

注：数字表示同意表中观点的人数百分比。

资料来源：Jeffrey M. Jones，"Most Americans Do Not Have a Strong Desire to Be Rich," Gallup News Service，December 2006。

然而，我们可以认为，想要致富的美国人的比例显然要高于 37%。但随着年龄的增长，很多人极有可能放弃致富的愿望。这一现象已经得到其他研究人员的证实，他们提出了同样或类似有关致富愿望的问题。[①] 2003 年进行的另一项盖洛普公司的

---

① David W. Moore，"Half of Young People Expect to Strike It Rich, But Expectations Fall Rapidly with Age," Gallup News Service, March 11, 2003.

民意调查显示，18 岁至 29 岁的美国人中有 51% 的人表示有朝一日他们会成为富人，在 30 岁至 49 岁的人群中该比例为 36%，在 50 岁到 64 岁的人群中这一比例为 22%，在 65 岁及以上人群中该比例只有 8%（见表 9-2）。

这种差异当然是可信的。从逻辑上讲，20 岁的人理论上致富的可能性当然要比尚未致富的 65 岁老年人高得多。很有可能，更大比例的美国老年人有过致富的梦想，但他们或许不再期待这一天的到来，因为在有生之年他们的梦想已经破灭。

表 9-2 期望致富的美国人各年龄组所占比例（2003 年）

单位：%

	非常/有可能致富	已经致富
整体年龄	31	2
18~29 岁	51	0
30~49 岁	36	1
50~64 岁	22	4
65 岁及以上	8	2

资料来源：David W. Moore，"Half of Young People Expect to Strike It Rich, But Expectations Fall Rapidly with Age," Gallup News Service, March 11, 2003。

2018 年盖洛普公司同样也调查了关于人们致富预期的问题，结果仍然是相似的。很明显，随着年龄的增长，人们对成为富人的乐观度会大大降低。在 18 岁至 29 岁的人群中，有 52% 的人期望有朝一日变得富有，但在 30 岁至 49 岁的人群中，只有 39% 的人持这种期望。在 50 岁至 64 岁的人群中这个比例为 23%，而在 65 岁及以上的人群中，该比例只有 10%。有趣的是，只有 27% 的美国白人相信自己会成为富人，相比之下，在非白人中的这一比例为 40%。在 2018 年的调查中，期望成为富人的共和党选民比例为 36%，略高于民主党选民的相关比例。总体而言，32%的美国成年人认为在将来的某一天他们可能变得富有。①

随着时间的推移，期望致富的受访者比例变化不大。盖洛普公司曾在 1990 年和 1996 年调查过同样的问题，2012 年和 2018 年又做了一次同样的调查。在所有这些调查中，大约有 1/3 的受访者认为他们今后很可能会变富（见表 9-3）。②

表 9-3 期望致富的美国人所占比例（1990~2018 年）

单位：%

展望未来，你致富的可能性有多大？			
	非常有可能	不太可能	完全不可能
2018 年 5 月 28 日~6 月 3 日	32	34	32
2012 年 5 月 3 日~6 日	28	40	32
2003 年 1 月 20 日~22 日	31	37	31
1996 年 4 月 25 日~28 日	34	37	27
1990 年 5 月 17 日~20 日	32	32	35

注：百分比是基于那些认为自己还不富有的人得到的。由于数据被四舍五入，部分时间段的百分比加起来不等于 100%。

资料来源：Frank Newport，"Partisan Divide on Benefit of Having Rich People Expands," Gallup News Service, June 8, 2018。

盖洛普公司的调查结果与哥伦比亚广播新闻和《纽约时报》的调查结果是一致的。1983~2015 年，大多数美国人认为白手起家、努力工作并且最终致富是有可能的，即使相信者

---

① Frank Newport, "Partisan Divide on Benefit of Having Rich People Expands," Gallup News Service, June 8, 2018.

② David W. Moore, "Half of Young People Expect to Strike It Rich, But Expectations Fall Rapidly with Age," Gallup News Service, March 11, 2003; Frank Newport, "Partisan Divide on Benefit of Having Rich People Expands," Gallup News Service, June 8, 2018.

的比例随着时间的推移发生了变化。同意该说法的最低比例（57%）出现在 1983 年，最高比例（84%）出现在 2000 年。2015 年，64%的人认为，努力工作是摆脱贫困、获得财富的途径。不同意这种说法的美国人比例在 2000 年的 13%到 1983 年的 38%之间波动。在 2015 年的调查中，33%的美国人不相信这个说法，即使这句话通常被认为是美国梦的精髓。[①]

大多数美国人不接受以下说法："努力工作不能保证人获得成功。"[②] 皮尤研究中心经常询问美国人，他们是否赞同"努力工作不能保证人获得成功"的观点。在 1987~2012 年进行的调查中，约有 2/3 的美国人反对这种持怀疑态度的观点。1987 年，68%的人拒绝接受该观点，而在 2012 年这一比例为 63%。

正如预期的那样，低收入人群和高收入人群对这一表述的看法存在很大差异。1987 年，78%的高收入者拒绝接受这一观点，即努力工作不能保证人获得成功。而在低收入者中，这一比例仅为 54%。2012 年，在高收入人群中，有 76%的受访者反对这种表述，而在低收入人群中，这一比例低至 46%。高收入者更有可能拒绝接受努力工作对成功作用不大的观点，同样可以预见的事实是低收入者不太可能反对该观点。然而，令人吃惊的是，近一半的低收入者也拒绝接受"努力工作不能保证人获得成功"这一观点。

对于两个群体拒绝程度的差异有两种可能的解释。第一，第一手经验令那些高收入者意识到，努力工作确实会带来成

---

① Kathleen Weldon, "If I Were a Rich Man: Public Attitudes about Wealth and Taxes," *Roper Public Opinion Archives*, February 2015.

② The Following Figures Are Taken from Pew Research Center, American Values Survey, Question Database, http://www.people-press.org/values-questions/q30f/hard-work-offers-little-guarantee-of-success/#income.

功，他们也乐于把自己的成功归功于自我努力。低收入者要么经历了不同的生活，要么不愿意将自己的经济失败归咎于不勤奋工作。第二，在我看来，还有一个同样有效但不常被提及的解释：那些相信成功或失败是由外部环境或不可控力决定的人，比相信成功或失败主要取决于个人努力的人，做出真正努力的可能性要小。

第三节　聪明勤奋，但狡诈贪婪

1992~2012 年，皮尤研究中心反复询问美国人，他们是否钦佩通过努力工作致富的人。纵观 8 次个人调查（1992 年、1994 年、1997 年、1999 年、2002 年、2003 年、2009 年和2012 年），认为自己敬佩勤劳致富者的受访者比例在 87%至90%之间波动。[①]

在皮尤研究中心的调查中，所有社会群体都对勤劳致富者赞誉有加。即使在对最低收入人群的调查中，也有82%到88%的受访者承认他们钦佩通过努力工作致富的人。1999年是唯一的例外，那一年，只有 75%的人钦佩勤劳致富者。[②] 在高收入阶层，这一比例在 88%至 93%之间波动。在男性和女性、受教育程度不同的人群、共和党人和民主党人，以及不同年龄段的人群中，钦佩勤劳致富者的人数比例变化不大。

[①] Pew Research Center, American Values Survey, Question Database, http：//www. people-press. org/values-questions/q30g/i-admire-people-who-get-rich-by-working-hard/#total.

[②] Pew Research Center, American Values Survey, Question Database, http：//www. people-press. org/values-questions/q30g/i-admire-people-who-get-rich-by-working-hard/#income.

　　然而其他一些调查显示，钦佩只是硬币的一面。2012 年，皮尤研究中心提出了这样一个问题："美国富人与普通人有什么不同?"（见图 9-6）

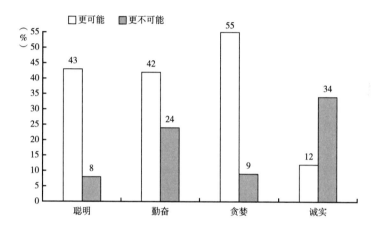

图 9-6　与美国普通人相比，美国富人具有的特质

　　资料来源：Kim Parker, "Yes, the Rich Are Different," Pew Research Center, August 2, 2012。

　　以上这些调查研究证实了一种假设，即人们对富人的态度是矛盾的：许多人承认富人更聪明、工作更勤奋，但同时他们认为富人贪婪。

　　调查发现，共和党人和民主党人对富人的看法截然不同。认为富人比普通人更勤奋的共和党人的比例（55%）远高于民主党人的相关比例（33%）。在受访者被问及富人比普通人更贪婪（65%的民主党人和42%的共和党人表示赞同）、更聪明（49%的共和党人和38%的民主党人认为如此）时，党派之间也出现了类似的分歧。认为富人诚实的共和党人不多，仅有18%的共和党人这么认为，但这个比例仍然是民主党人（8%）的两倍多。①

在被问及富人有可能更聪明时，不同社会阶层的人的回答几乎没有差异。然而，他们对其他问题的回答却有所不同：51%的上层美国人认为富人是勤奋的人，相比之下，只有44%的中产阶级和35%的下层美国人认为富人勤奋。与中上社会阶层的人相比，下层美国人更倾向于认为富人不诚实或贪婪。②

在德国阿伦斯巴赫研究所（Allensbach Institute）的各种调查中，没有一项是直接询问人们对富人的普遍看法的，但这些调查询问了人们对企业家和高级管理人员的看法，以及人们对商业阶层的总体看法。在1999年、2001年、2004年、2005年、2008年和2009年进行的调查中，对企业家的正面评价得到了人们广泛的认可（见图9-7）。③ 图9-8则对比显示了人们对企业家的负面评价。

2008年，阿伦斯巴赫研究所做了有关德国反商业情绪的调查。④ 14%的受访者表示德国存在"严重的反商业情绪"，而55%的受访者感觉这种情绪不强烈。只有18%的人表示德国没有反商业情绪。

阿伦斯巴赫研究所2008年的一项调查显示（见图9-9），企业家比高级管理人员更受欢迎一些。⑤ 在另一项调查中，只有27%的人认为管理者"有能力、胜任工作"，9%的人认为他们"值得信赖、做事认真"。这些结果与37%的受访者认为

① Kim Parker, "Yes, the Rich Are Different," Pew Research Center, August 2, 2012.
② Kim Parker, "Yes, the Rich Are Different," Pew Research Center, August 2, 2012.
③ Allensbach Institute Surveys 4218, 7013, 7059, 7082, 10018, and 10033.
④ Allensbach Institute Survey 10018.
⑤ Allensbach Institute Survey 10018.

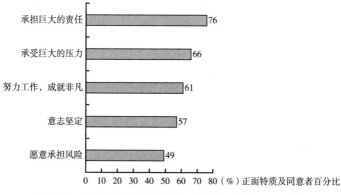

图 9-7　对企业家的正面评价（德国，1999~2009 年）

资料来源：Allensbach Institute Surveys 4218, 7013, 7059, 7082, 10018, and 10033。

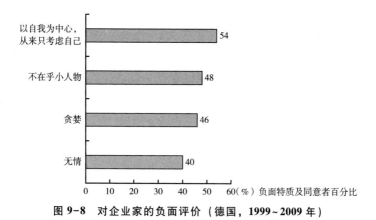

图 9-8　对企业家的负面评价（德国，1999~2009 年）

资料来源：Allensbach Institute Surveys 4218, 7013, 7059, 7082, 10018, and 10033。

德国存在"对管理者强烈的敌视情绪"，以及 48% 的受访者认为人们对管理者"有点敌意"是一致的。只有 7% 的受访者说德国不存在敌视管理者的情绪。[①]

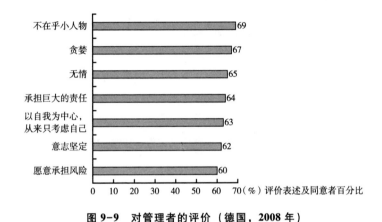

图 9-9　对管理者的评价（德国，2008 年）

资料来源：Allensbach Institute Survey 10018。

在 2009 年、2013 年和 2017 年的调查中，绝大多数受访者认为国家应该规定管理者的最高薪资。在这 3 次调查中，该说法分别得到了 58%、56% 和 54% 的受访者的支持，只有约 1/3 的受访者认为设定薪资上限不是国家的职责。[②]

在所有这些调查中，受访者对"管理者薪酬过高"表达的不满与他们对绩效概念的具体理解（或缺乏理解）有关。帕特里克·萨奇威引用不同年份的研究结果，说明有 3/4 的德国

---

①　Allensbach Institute Survey 10018.

②　Allensbach Institute Surveys 10046, 11006, and 11068.

人认为管理者的薪酬过高。[1] 他还引用其他研究来支持自己的观点，并且指出，尽管大众有一个相对广泛的共识，即薪酬应当与绩效表现相关联，但说到什么是公正的报酬时，人们的想法却大相径庭。"特别是，社会经济地位较低的人通常将'绩效表现'理解为在特定时间内认真完成一定数量的任务，且很难脱离这种思维模式，形成了一个更加深远、更加抽象的绩效表现概念。"[2]

从帕特里克·萨奇威的受访者所做的许多陈述中，我们可以明显看到一些想法，例如"公平是指人们得到了他们应得的报酬以及他们通过努力工作有权得到的东西，你明白吗？还有……一个人在某件事上付出了很多努力，最终得到了恰当的回报，这就是公平，不是吗？"[3] 帕特里克·萨奇威认为，这些想法支持这么一个观点：出色的表现，在这里指的就是工作量大，有出色表现的人理应获得不一样的报酬。[4] 这个观点受到了所有社会阶层的普遍接受。相反，当"某人付出较少努力却得到了更大的回报"时，不公正的感

---

[1] Patrick Sachweh, *Deutungsmuster Sozialer Ungleichheit: Wahrnehmung und Legitimation Gesellschaftlicher Privilegierung und Benachteiligung* (Frankfurt: Campus Verlag, 2009), p. 46.

[2] Patrick Sachweh, *Deutungsmuster Sozialer Ungleichheit: Wahrnehmung und Legitimation Gesellschaftlicher Privilegierung und Benachteiligung* (Frankfurt: Campus Verlag, 2009), p. 68.

[3] Patrick Sachweh, *Deutungsmuster Sozialer Ungleichheit: Wahrnehmung und Legitimation Gesellschaftlicher Privilegierung und Benachteiligung* (Frankfurt: Campus Verlag, 2009), p. 236.

[4] Patrick Sachweh, *Deutungsmuster Sozialer Ungleichheit: Wahrnehmung und Legitimation Gesellschaftlicher Privilegierung und Benachteiligung* (Frankfurt: Campus Verlag, 2009), p. 236.

觉就产生了。①

　　此外，帕特里克·萨奇威发现，人们普遍认为，长时间的职业培训或学习应该体现在更高的收入中。② 工人和拿工资的雇员似乎主要把收入与工作时间等同了（以时薪的方式获得报酬）。他们也认为高等教育应该带来更高的工资，它应作为对学生多年没有收入的一种补偿。然而，高级管理人员的收入并不取决于他们花在一项任务上的时间、他们的学历或者已经完成的任何职业培训。管理者的薪酬是稀缺商品的市场价格，如领导技能、战略思维、人脉、创造力和经验。拥有这些品质的人相对较少，因此供需原则决定了其顶尖的薪酬水平。一个人在一份工作上花了多少时间，或者他学了多少知识，可能都是无关紧要的。因此，并不是这些因素决定了高管的薪酬。高管的薪酬依据不是他们投入的时间，而是他们具体实现的财务收益，可以用他们完成的交易总价值（对投资银行家而言）或者公司股价的发展（对高管而言）等来衡量。

　　除了对公平和价值的综合考虑之外，分配公平理念还包括对需求的考虑。帕特里克·萨奇威援引美国相关研究称，"地位低"的受访者更重视对需求的考虑，而"地位高"的受访者更重视对价值的考虑。③ 我们可以假设，在更广泛的

① Patrick Sachweh, *Deutungsmuster Sozialer Ungleichheit: Wahrnehmung und Legitimation Gesellschaftlicher Privilegierung und Benachteiligung* (Frankfurt: Campus Verlag, 2009), p. 45.

② Patrick Sachweh, *Deutungsmuster Sozialer Ungleichheit: Wahrnehmung und Legitimation Gesellschaftlicher Privilegierung und Benachteiligung* (Frankfurt: Campus Verlag, 2009), pp. 239–240.

③ Patrick Sachweh, *Deutungsmuster Sozialer Ungleichheit: Wahrnehmung und Legitimation Gesellschaftlicher Privilegierung und Benachteiligung* (Frankfurt: Campus Verlag, 2009), p. 50.

人群中，不同的分配公平理念和看法是并存的。毕竟，在围绕高管薪酬过高的辩论中，有些人辩称，没有人会需要这么大笔的钱，因为他或她永远不可能理性地花掉它。然而，我们从帕特里克·萨奇威的采访中可以明显看出，人们容忍他人一定程度的奢侈品消费，也接受远远超过满足生活必需的薪酬。但帕特里克·萨奇威对这种让步做了说明："另外，超出一定范围的财富被认为是有问题的，特别是如果它似乎是为了追求社会差别，且明显超出了合理需求。因此，炫耀性消费及其行为模式也被解读为'富人'缺乏道德标准的迹象。"[1]

帕特里克·萨奇威观察到，几乎没有人赞成绝对的平等，尽管普遍存在的公平感要求不平等不应该太严重。他指出："人们对所谓过多财富的看法和批评是出于道德的判断，认为浪费及在不直接满足需求的商品上挥霍钱财是不合理的。对这种行为的负面看法也因人们对物质匮乏和贫困的认识而加剧。"[2]

第四节　公众意见与隐性联系

以前关于群体间偏见的研究表明，人们对社会群体有两种态度：显性（有意识的）态度和隐性（无意识的）态度。然

[1] Patrick Sachweh, *Deutungsmuster Sozialer Ungleichheit: Wahrnehmung und Legitimation Gesellschaftlicher Privilegierung und Benachteiligung* (Frankfurt: Campus Verlag, 2009), p. 141.

[2] Patrick Sachweh, *Deutungsmuster Sozialer Ungleichheit: Wahrnehmung und Legitimation Gesellschaftlicher Privilegierung und Benachteiligung* (Frankfurt: Campus Verlag, 2009), p. 142.

而，这种研究还没有具体应用到对富人态度的调查中。① 显性态度是通过传统的调查来衡量的，隐性态度则需要人们对潜在反应进行调查，如隐性联想测试。隐性态度往往源于儿童时期，在不同的显性态度出现后仍会长期存在。苏珊娜·R. 霍维兹和约翰·F. 多维迪奥报告称，显性态度和隐性态度往往只有微弱的相关性，这些态度甚至有可能是相互矛盾的——例如，对于不同种族的态度。②

研究人员指出，根据现有的调查，人们对富人的态度往往不是很正面的。"尽管人们在调查中并没有公开地偏袒富人，但我们在目前的研究中，还是探讨了人们是否对上层阶级持有未知的、未被承认的、正面的隐性态度。"③ 研究人员援引研究结果提出了这样一种可能性，即孩子有亲上流社会的倾向，他们更喜欢那些拥有貌似昂贵物品的人。该研究推测，这些对财富的积极态度早在儿童和青少年时期就已经形成，并以隐性态度的形式持续到成年时期，即使在平等主义价值观的影响下，人们对富人的显性态度也变得不那么积极正面了。④

研究人员使用隐性联想测试来衡量某些词语所引发的联

---

① Suzanne R. Horwitz and John F. Dovidio, "The Rich—Love Them or Hate Them? Divergent Implicit and Explicit Attitudes toward the Wealthy," *Group Processes & Intergroup Relations* 20, no. 1 (2017), p. 5.

② Suzanne R. Horwitz and John F. Dovidio, "The Rich—Love Them or Hate Them? Divergent Implicit and Explicit Attitudes toward the Wealthy," *Group Processes & Intergroup Relations* 20, no. 1 (2017), p. 6.

③ Suzanne R. Horwitz and John F. Dovidio, "The Rich—Love Them or Hate Them? Divergent Implicit and Explicit Attitudes toward the Wealthy," *Group Processes & Intergroup Relations* 20, no. 1 (2017), p. 6.

④ Suzanne R. Horwitz and John F. Dovidio, "The Rich—Love Them or Hate Them? Divergent Implicit and Explicit Attitudes toward the Wealthy," *Group Processes & Intergroup Relations* 20, no. 1 (2017), p. 7.

想，如"上层阶级"、"百万富翁"、"富人"、"中产阶级"、"普通人"和"蓝领"。他们的研究结果证实，人们对富人的隐性态度比对中产阶级的隐性态度更为积极正面。这种对富人的隐性偏好在社会经济地位较高的参与者中表现得更为明显，但这种偏好也出现在那些自认为是中产阶级的参与者身上，尽管成年人对中产阶级的态度显然比对富人的更加正面。[①]

在进一步的研究中，研究人员探究了参与者对不同社会经济地位群体的隐性（无意识的）态度。苏珊娜·R. 霍维兹和约翰·F. 多维迪奥总结道："对于财富的态度或许反映了拥有不同财富的人所共有的文化价值观。"[②] 隐性态度和显性态度在日常生活中的作用得到了第三项研究的证实。在该研究中，参与者被要求就一辆捷豹和一辆中档车（丰田花冠）造成的道路交通事故划分责任。[③] 所有研究都证实，"相比其他类型的群际态度，我们对富人的态度有着不同寻常的结构。我们对待富人的隐性态度相对积极正面，尽管我们一般不会自认为是这个社会群体的成员，或对该群体明确表达正面的态度"[④]。

---

① Suzanne R. Horwitz and John F. Dovidio, "The Rich—Love Them or Hate Them? Divergent Implicit and Explicit Attitudes toward the Wealthy," *Group Processes & Intergroup Relations* 20, no. 1（2017）, p. 12.

② Suzanne R. Horwitz and John F. Dovidio, "The Rich—Love Them or Hate Them? Divergent Implicit and Explicit Attitudes toward the Wealthy," *Group Processes & Intergroup Relations* 20, no. 1（2017）, p. 16.

③ Suzanne R. Horwitz and John F. Dovidio, "The Rich—Love Them or Hate Them? Divergent Implicit and Explicit Attitudes toward the Wealthy," *Group Processes & Intergroup Relations* 20, no. 1（2017）, pp. 17 et seq.

④ Suzanne R. Horwitz and John F. Dovidio, "The Rich—Love Them or Hate Them? Divergent Implicit and Explicit Attitudes toward the Wealthy," *Group Processes & Intergroup Relations* 20, no. 1（2017）, p. 24.

在大多数研究中，富人被视作同一类人。但 2005 年，安德鲁·N. 克里斯托弗及其同事调查了一个人致富的方式是否会影响人们对他的看法。研究人员向 312 名美国学生展示了"丽莎"四个不同版本的故事，她最初是一家大型科技公司的普通员工。[①]

1. 随着时间的推移，丽莎获得了几次晋升和加薪，如今成为一名高级管理人员。

2. 丽莎创立了一家科技公司。该公司从有 2 名员工发展到拥有 15 名员工，如今赢利相当可观。丽莎的薪水很高。

3. 在拉斯维加斯，丽莎参与了赌场赌博，赢了很多次，得到很多钱。这样，丽莎享受着如今的生活。

4. 丽莎继承了一大笔钱，从此变得富有。

研究人员给了参与者一份包含五大人格特征的清单，要求他们将这些特征分配给四个不同的丽莎，即高收入的管理者、企业家、赌徒和女继承人。研究结果如下。

● 责任心。通过外在手段（如运气或继承）获得财富的人被认为不如用内在手段（如晋升或创业成功）获得财富的人有责任心。[②]

● 亲和力。我原本预计参与者会认为，通过外在手

---

① Andrew N. Christopher et al. , "Affluence Cues and First Impressions: Does It Matter How the Affluence Was Acquired?" *Journal of Economic Psychology* 26, no. 2 (2005), pp. 198-199.

② Andrew N. Christopher et al. , "Affluence Cues and First Impressions: Does It Matter How the Affluence Was Acquired?" *Journal of Economic Psychology* 26, no. 2 (2005), p. 194.

段获得财富的人不如采用内在手段的人随和亲切。① 但这个假设"只得到了有限的支持"——显著性只有 p＝0.091，说明该假设没有得到证实。

●对待经验的开放性。参与者认为，与继承财富的人相比，通过创业手段获得财富的人对经验持更加开放的态度。不过，他们认为赌徒和企业家一样对经验十分开放。②

研究人员报告说，这四个版本和五大性格特征中剩余的两个——外向性和神经质——之间没有显著的相关性。

不要夸大这些发现的重要性，这一点本身就很重要，特别是每项调查只是在参与者略多于 50 人的学生群体中进行的，但总体研究方法是对的。与其他研究不同的是，这些研究人员没有询问调查参与者有关富人总体的问题，他们关注的是一个人是如何致富的。我们自己的国际比较研究也纳入了同一个问题，使我们同样能够对财富来源进行区分。

第五节　偏袒富人

美国人被问及是否认为拥有一个富人阶层对整个社会都是有好处的，大多数人（58％的受访者）表示同意，至少 2018 年盖洛普公司的一项民意调查显示是这样。而 39％的受访者对此表示不同意。自盖洛普公司 1990 年首次调查这个问题以

① Andrew N. Christopher et al. , "Affluence Cues and First Impressions: Does It Matter How the Affluence Was Acquired?" *Journal of Economic Psychology* 26, no. 2（2005）, pp. 195, 198.

② Andrew N. Christopher et al. , "Affluence Cues and First Impressions: Does It Matter How the Affluence Was Acquired?" *Journal of Economic Psychology* 26, no. 2（2005）, pp. 196-197.

来，对社会是否整体从富人的存在中受益持怀疑态度的受访者比例有所上升。当时，62%的受访者认为社会受益于富人，32%的受访者不这么认为。最新的调查结果与2012年的调查结果相比几乎没有变化。①

然而，美国人对富人的总体态度显然是矛盾的。一方面，美国人承认富人很重要。另一方面，许多美国人认为富人是牟取暴利的奸商。自20世纪80年代以来，大多数美国人认为税收制度对富人有利，而对普通工薪阶层不公。尽管美国政府修改了税法，但是无论是在小布什还是克林顿任期内，大多数人始终认为减税对富人最有利，富人会避免缴纳更多的税款。②

在1992年至2017年盖洛普公司的每次民调中，大多数美国人认为富人缴纳的税太少。③ 在1992年3月首次就这个问题进行调查时，77%的美国人认为高收入人群的纳税额太少，只有4%的受访者认为高收入人群支付的税额过高，16%的受访者认为高收入人群支付的税额合理。与之形成鲜明对比的是，57%的受访者认为中等收入的人纳税太多，只有5%的人认为中等收入人群纳税额太低。

1992~2017年，盖洛普公司询问了20次同样的问题。这些年来，人们的看法几乎没有什么改变。在大多数年份里，60%至69%的美国人认为高收入人群纳税太少（2010年和2011年这一比例略低，分别为55%和59%）。2017年，该比例为63%。

相比之下，1992年的调查报告显示，57%的美国人认为

---

① Frank Newport, "Partisan Divide on Benefit of Having Rich People Expands," Gallup News Service, June 8, 2018.

② Kathleen Weldon, "If I Were a Rich Man: Public Attitudes about Wealth and Taxes," *Roper Public Opinion Archives*, February 2015.

③ Gallup News Service, "Taxes" Webpage, http://news.gallup.com/poll/1714/taxes.aspx.

中等收入人群缴纳的税太多。2017 年，这一比例为 51%。在所有的 20 次调查中，认为中等收入人群纳税太少的受访者比例徘徊在 3% 至 7%。

盖洛普公司还询问了政府是否应该通过对富人征收重税来实现财富再分配。① 在 1998 年至 2016 年的 9 次调查中，美国人的意见一直存在分歧。只有在很早以前的 1939 年，绝大多数美国人反对向富人征收重税，尽管当时仍有 35% 的人支持将征收重税作为一种财富再分配机制（见表 9-4）。

表 9-4 政府应该进行财富再分配吗？（美国，1939~2016 年）

单位：%

对于财富再分配以及政府改革力度，人们有着不同的看法。你认为政府应该还是不应该通过对富人征收重税来进行财富再分配？

	应该	不应该	没想法
2016 年 4 月 6~10 日	52	46	2
2015 年 4 月 9~12 日	52	45	2
2013 年 4 月 4~7 日	52	45	3
2011 年 4 月 7~11 日	47	49	4
2009 年 3 月 27~29 日	50	46	4
2008 年 10 月 23~26 日	46	50	4
2008 年 4 月 6~9 日	51	43	5
2007 年 4 月 2~5 日	49	47	4
1998 年 4 月 23 日至 5 月 31 日	45	51	4
1939 年 3 月 *	35	54	11

注：*《财富》杂志民意调查。由于数据被四舍五入，部分时间段的百分比之和不为 100%。

资料来源：Gallup News Services, Taxes（Historical Trends）。

---

① Gallup News Service, "Taxes" Webpage, http://news.gallup.com/poll/1714/taxes.aspx.

在 1984 年至 2016 年的 15 次调查中，盖洛普公司提出了这样一个问题：财富是否应该在更大比例的美国人中更加平均地分配？1984 年，60% 的受访者认为财富应该在更大比例的美国人中更加平均地分配，2016 年 59% 的受访者支持这个观点。在其他 13 次调查中，更加平均地分配财富的支持率通常在 60% 左右，意味着大约 1/3 的美国人拒绝财富再分配。通常情况下，答案往往取决于提问的方式。

美国人在许多调查中所表达的对财富再分配的怀疑态度在国际比较中是一个相当例外的情况，贾科莫·科尼奥和汉斯·彼得·格鲁纳 2002 年使用 1992 年数据进行的分析就揭示了这一点。在 11 个国家（澳大利亚、保加利亚、加拿大、捷克、德国、匈牙利、新西兰、挪威、波兰、俄罗斯和美国），研究人员分别询问了受访者是否同意以下表述："缩小高收入人群和低收入人群之间的收入差距是政府的责任。"[1]

在 11 个国家中的几乎每一个国家，绝大多数人赞同由国家负责进行财富再分配。[2] 在俄罗斯，有 65% 的受访者支持该表述；在保加利亚，有 81% 的受访者支持该表述。只有在两个国家少数人支持财富再分配：在美国，只有 39% 的受访者支持该表述；在加拿大，有 48% 的受访者支持该表述。不过，即使是在这两个国家，也只有 42% 的美国人和 30% 的加拿大人反对财富再分配（其余的人还没拿定主意）。这显然同德国等国形成了鲜明的对比，在德国东部有 89% 的人赞成财富再

---

[1] Giacomo Corneo and Hans Peter Grüner, "Individual Preferences for Political Redistribution," *Journal of Public Economics* 83, no. 1 (2002), p. 89.

[2] Giacomo Corneo and Hans Peter Grüner, "Individual Preferences for Political Redistribution," *Journal of Public Economics* 83, no. 1 (2002), p. 89.

分配，只有6%的人反对财富再分配。[1]

表9-5展现了德国西部、德国东部和美国的受访者对是否进行财富再分配这个问题的看法。[2]

表 9-5　政府应该减少收入不平等吗？（2002 年）

单位：%

国家/地区	非常同意	同意	不同意也不反对	反对	强烈反对
德国西部	20	46	15	15	5
德国东部	42	47	5	6	0
美国	10	29	20	29	13

资料来源：Giacomo Corneo and Hans Peter Grüner, "Individual Preferences for Political Redistribution," *Journal of Public Economics* 83, no. 1 (2002), p. 89。

与此同时，受访者被问道，如果本国的收入差距越来越小，他们认为自己的收入会上升还是会下降。在大多数国家，受访者认为自己的收入会因为财富再分配而增加。然而，令人惊讶的是，有3个国家支持财富再分配的人数低于相信个人会从收入再分配受益的人数。

这种差异在美国尤为明显：60%的美国人认为收入更平等会让他们受益，但只有39%的人支持财富再分配。在澳大利亚和加拿大，支持财富再分配的人数也低于相信自己会从中受益的人数，然而支持者和反对者数量的差距比美国的小得多。[3]

---

[1] Giacomo Corneo and Hans Peter Grüner, "Individual Preferences for Political Redistribution," *Journal of Public Economics* 83, no. 1 (2002), p. 89.

[2] Giacomo Corneo and Hans Peter Grüner, "Individual Preferences for Political Redistribution," *Journal of Public Economics* 83, no. 1 (2002), p. 89.

[3] Giacomo Corneo and Hans Peter Grüner, "Individual Preferences for Political Redistribution," *Journal of Public Economics* 83, no. 1 (2002), p. 89.

贾科莫·科尼奥和汉斯·彼得·格鲁纳认为，这些结果证明我们需要的不仅仅是一个与个人切身利益相关的经济学解释，以便理解为什么人们会赞成或反对财富再分配（尽管他们承认经济因素是关键的理由）。因此，这两位研究者尝试用"公共价值效应"与"社会竞争效应"来解释。根据他们的假设，人们担心尽管自己个人能从政府的财富再分配中受益，但其他人也会受益。人们实际上反对政治上的再分配。研究人员指出，这些人之所以拒绝财富再分配，是因为这有可能会对他们相对的社会地位和生活水平产生负面影响。然而，这些解释的经验证据并不足以令人信服，特别是研究人员仅仅使用了间接指标。[1]

还有一个非常有趣的现象：在美国，支持财富再分配的受访者比例比认为他们的收入会因政府财富再分配而增加的受访者比例低 21 个百分点。尽管研究者没有直接解释这个现象，但我们可以假设这种明显的差异与美国人对"大政府"普遍的怀疑态度有关，再加上美国人极其重视私人资产，许多人把收税和政府财富再分配看作盗窃行为，这同其他国家民众的想法是不一样的。

许多调查人员询问了受访者当时的税收制度是否公平，但相对而言，没有调查人员要求受访者回答富人享有的其他权益是否公平。2007 年德国进行的一项调查是个例外。它基于法兰克福大学为联邦政府《贫困与财富报告》（*Poverty and Wealth Report*）而进行的福利国家研究项目，该调查涉及如下问题："我们感兴趣的是，你认为在德国什么被认为是公平的？请指出你是非常同意、同意、既不同意也不反对、反

---

[1] Giacomo Corneo and Hans Peter Grüner, "Individual Preferences for Political Redistribution," *Journal of Public Economics* 83, no. 1 (2002), pp. 86 et seq.

对还是强烈反对下列的每一个陈述。"① 表 9-6 列出了受访者的答复。②

表 9-6 富人享有的优势，哪些是公平的？（德国，2007 年）

单位：%

	非常同意	同意	既不同意也不反对	反对	强烈反对
工资高的人可以住得起比其他人更好的房子，这是公平的	40	37	7	9	7
工资高的人退休后领取的养老金比其他人高，这是公平的	35	35	8	12	10
花得起钱的父母应该给孩子提供更好的教育，这是公平的	20	19	8	25	28
工资高的人对政治决策的影响应该比其他人更大，这是公平的	6	6	5	29	54
工资高的人应该比其他人得到更好的医疗服务，这是公平的	6	7	4	24	59

资料来源：Wolfgang Glatzer et al. , *Reichtum im Urteil der Bevölkerung: Legitimationsprobleme und Spannungspotentiale in Deutschland* （Opladen：Verlag Barbara Budrich，2009），p. 73。

---

① Wolfgang Glatzer et al. , *Reichtum im Urteil der Bevölkerung: Legitimationsprobleme und Spannungspotentiale in Deutschland* （Opladen：Verlag Barbara Budrich，2009），p. 73.
② Wolfgang Glatzer et al. , *Reichtum im Urteil der Bevölkerung: Legitimationsprobleme und Spannungspotentiale in Deutschland* （Opladen：Verlag Barbara Budrich，2009），p. 73.

　　2013 年，益普索·莫里民调公司在英国进行了一项调查。在所提问题中，研究人员对于公众对贫富差距的看法很感兴趣。[①] 图 9-10 显示了公众对贫富差距的看法。

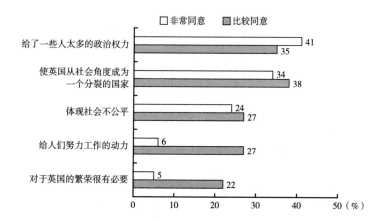

图 9-10　益普索·莫里民调公司关于公众对贫富差距看法的调查（英国，2013 年）

　　资料来源：Karen Rowlingson and Stephen McKay，"What Do the Public Think about the Wealth Gap?" University of Birmingham，2013。

　　与批判立场相一致的是，72%的受访者赞同政府限定最高工资和奖金；70%的受访者支持提高高收入者的所得税税率；62%的受访者支持对价值超过 200 万英镑的房产征税（豪宅税）；50%的受访者支持对价值 50 万英镑以上的地产提高遗产税。[②]

---

①　Karen Rowlingson and Stephen McKay，"What Do the Public Think about the Wealth Gap?" University of Birmingham，2013.

②　Karen Rowlingson and Stephen McKay，"What Do the Public Think about the Wealth Gap?" University of Birmingham，2013.

　　所有这些调查，尤其是在美国和德国进行的调查，都显示出了人们对富人的矛盾态度。许多美国人羡慕富人，在孩童时期或年轻的时候把致富当作自己的目标。然而，在后来的生活中，这些雄心勃勃的美国人大多幻想破灭了。在每次调查中，大多数受访者认为富人交的税太少了，但如果你问美国人税收收入是否应当重新分配，他们的意见又是有分歧的，而在其他大多数国家，多数人是明确支持再分配的。一方面，人们认为富人拥有聪明、勤奋等正面品质，而另一方面，人们认为富人具有负面品质，如贪婪。调查显示，德国存在着强烈的反商业情绪，以及更加明显的敌视管理者情绪。德国人认为管理者很贪婪，绝大多数德国人赞成政府限制管理者的薪酬。

　　遗憾的是，这些年，这些国家提出的问题并不一致。我们需要注意的是：德国几乎没有进行过任何调查来探讨人们对富人的态度——以前的调查主要集中在高级管理人员和企业家这两类人身上。有些问题被问了一遍又一遍，另一些对探究人们对富人的普遍看法很有意义的问题，却从未被问及。出于这些原因，我委托一家公司进行了可能是有史以来第一次这样的国际比较研究，所有受访者使用同一套调查问卷，来探究人们对富人的普遍看法和态度。

第二部分

亚洲人、美国人和欧洲人
对富人的看法

第十章

中国人如何看待富人

第一节 普通民众的看法

2021 年 5 月，阿伦斯巴赫研究所对中国 16 岁及以上人口进行了代表性调查。其中一个调查问题是"对有些人来说，致富很重要。对你个人来说，致富有多重要？"对此，12%的中国受访者表示，致富对他们个人来说"非常重要"，38%的中国受访者认为致富"相当重要"。只有 7%的中国受访者认为致富对他们来说"不太重要"，仅 3%的中国受访者认为致富"根本不重要"。41%的中国受访者持中立态度，认为对他们个人来说，致富"既不重要也不无关紧要"（见图10-1）。

无论是男性还是女性，年轻人还是老年人，在每个群体中，大多数中国受访者希望自己变得富有。低收入受访者（年收入低于 10 万元）声称致富对个人重要的比例（51%）要高于高收入受访者（年收入超过 30 万元）声称致富对个人重要的比例（40%）。这的确同我在中国所经历的情况相符，比起其他几个受访的西方国家，这一点显得颇不寻常。之前，

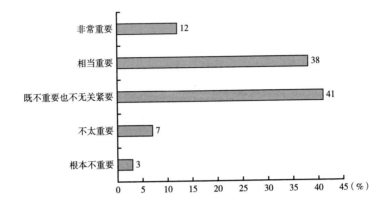

图 10-1　中国调查：致富有多重要？

注：由于数据被四舍五入，百分比加起来不等于 100%。

该图涉及的问题："对有些人来说，致富很重要。对你个人来说，致富有多重要？"

资料来源：Allensbach Institute Survey 8271。

我曾受邀访问过中国的几个城市，并以"致富"为题发表了演讲。我还有几本同样主题的著作被翻译成中文版出版，相关中文版著作的销量比较理想。在西方国家，评论记者经常问我，想致富是不是件好事儿。在西方的普通民众中，只有一小部分人愿意承认他们想变得富有。而在中国，几乎没人去质疑致富的欲望，人们想知道的是如何致富。

　　与其他国家相比，财富在中国的价值要高得多。例如，外国人听到中国人对彼此的新年祝福，他们一定会感到惊讶。

- 恭喜发财——祝你幸福富足；
- 财源广进——祝你拥有大量财富；
- 招财进宝——祝你的家满是金银财宝；
- 一本万利——祝你从小投资上获取大收益；

- 财源滚滚——祝你的财富不断积累；

- 吉星高照——祝你好运临头；

- 大吉大利——祝你运气好，赚更多钱。

　　但中国人是如何看待富人的呢？为了解中国人对富人的看法，我们在调查中询问他们是否同意一些有关富人的正面、负面和中性的说法。从其他调查中我们得知，人们对"富有"这个词有不同的理解。有人可能会说年收入为 30 万元的人就算富人，而有人会说身价数十亿元的人才算是富人。为了克服以往调查的局限性，阿伦斯巴赫研究所明确告知受访者，该问题针对的是资产超过 200 万元的人，其中不包括他们的主要居所。

　　经过换算，200 万元明显低于我们在其他国家使用的 100 万美元或 100 万欧元的标准，但我们决定用这个标准来定义"富人"，因为该标准适用于中国的人口比例，与其他受访国家的标准是类似的。

　　如上所述，受访者面对的是一张有关富人的正面、负面和中性陈述的清单。总体而言，中国受访者对富人的负面评价多于正面和中性的评价（见图 10-2）。

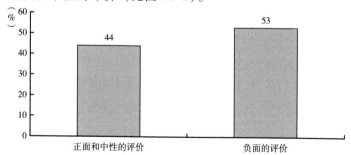

图 10-2　中国调查：对待富人的态度

注：所有数据均以受访者百分比计算。

资料来源：Allensbach Institute Survey 8271。

　　调查人员汇总了对富人的负面评价。例如，"中国的富人之所以能致富，是因为社会可能存在不公平、不合理的现象"，"大多数富人是通过继承致富的"（82%的中国受访者认同这种评价），以及"致富主要取决于家人所拥有的人脉和关系"。受访者频繁选择"继承"这一表述令人有点惊讶，尤其是想到相比其他受访国家，中国有更多的富人是白手起家的第一代企业家（见图10-3）。

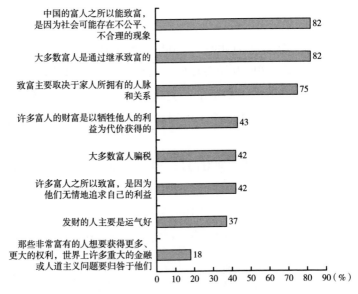

图10-3　中国调查：对富人的负面评价

　　注：该图涉及的问题："该图展示了人们对富人的评价。你会同意哪个（些）说法？"
　　资料来源：Allensbach Institute Survey 8271。

　　话虽如此，在中国也有很多关于富人的正面言论得到了高度认可。例如，75%的受访者表示，"通过自己努力成功的富人是激励我的榜样"。超过一半的中国受访者（54%）同意"致富主要归功于你的能力和想法"这一正面说法。只有14%的中国受访者认为"有钱人通过勤劳致富，奋斗终生"。这一比例明显低于其他受访国家的相关比例。相比之下，74%的中国受访者认为建立重要的关系和人脉比勤奋更重要（见图10-4）。

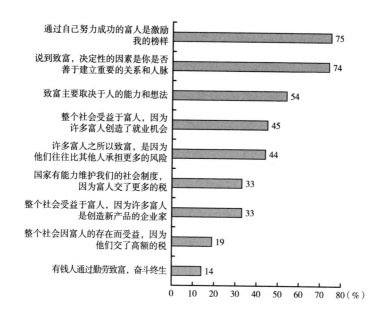

图10-4　中国调查：对富人的正面和中立的评价

注：该图涉及的问题："该图展示了人们对富人的评价。你会同意哪个说法？"

资料来源：Allensbach Institute Survey 8271。

我们还要求中国受访者选出他们认为富人所具有的性格特征。研究人员向每位受访者出示了一张包含7种正面和7种负

面性格特征的清单，询问他们："如果有的话，哪个（些）词适合形容富人的性格特征？"（见图 10-5）

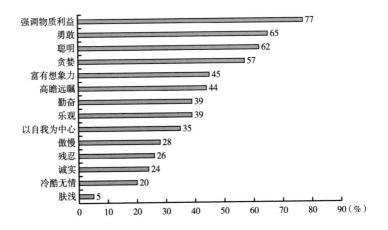

图 10-5 中国调查：富人最有可能具备哪些性格特征？

资料来源：Allensbach Institute Survey 8271。

平均起来，正面的性格特征有 45% 的支持率，而负面的性格特征只有 35% 的支持率。这个比例很重要，因为它是计算性格特征系数（Personality Trait Coefficient，PTC）的基础。中国的 PTC 约为 0.8，比所有受访的欧洲国家和美国的 PTC 都要低。换句话说，中国人对富人性格特征的看法要比其他国家积极得多（见表 10-1）。

表 10-1　中国人的性格特征系数

问题："如果有的话，哪个（些）词适合形容富人的性格特征？"	
负面性格特征的平均比例	35%
正面性格特征的平均比例	45%
PTC	0.8

注：PTC=7 个负面性格特征的平均比例除以 7 个正面性格特征的平均比例。
资料来源：Allensbach Institute Survey 8271。

只有 31% 的中国受访者同意"富人擅长赚钱，但通常不是正派人"这一直白的指责，47% 的中国受访者不同意这一说法。

中国受访者对富人的态度也因富人获得财富的方式不同而大相径庭。中国受访者被问到哪些人应该成为富人时，他们的回答差异很大。被认为应该致富的群体包括高级银行家（81%）和企业家（80%），被认为不应该致富的群体包括高级管理人员（35%）和彩票中奖者（5%）。中国人对这个问题的回答与西方人截然不同，在西方国家银行家几乎总是排在名单的末尾。与其他国家的受访者相比，中国人更倾向于认为继承人和房地产投资者应该成为富人（见图 10-6）——更多相关内容见下一章。

在第五章中，我们看到零和信念在塑造人们对富人的态度方面有多么重要。在中国，更多的人（42% 对 35%）不同意"富人拥有的越多，穷人得到的就越少"这一说法。

根据他们的亲身经历，中国受访者认为零和信念存在着固有缺陷。世界上没有任何一个国家像近几十年的中国那样，贫困人口迅速减少。1981 年，81% 的中国人生活在极端贫困中（按照世界银行的定义计算）。如今，这个数字接近于零。与此同时，中国增长的富人数量超过了世界上其他任何国家增长的富人数量。目前中国亿万富翁的数量仅次于美国亿万富翁的

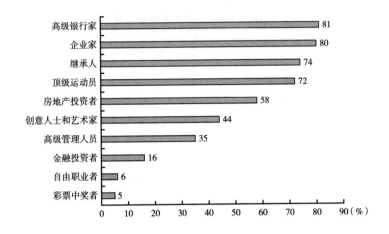

图 10-6 中国调查：谁应该成为富人？

注：该图涉及的问题："你认为哪些人应该成为富人？"
资料来源：Allensbach Institute Survey 8271。

数量，北京的亿万富翁比纽约的还多。这些事实证明，中国人反对零和信念的观点是正确的。毕竟，如果零和信念真的存在，我们就无法解释或理解中国近几十年来的积极发展，60岁以上的中国受访者对此再清楚不过了。在年长的受访者中，54%的人不同意、30%的人同意"富人拥有的越多，穷人得到的就越少"这一说法，这两个比例相差了24个百分点。在30岁以下的中国受访者中，不认同零和信念的人略多于认同它的人，两个比例只相差3个百分点：40%的中国年轻受访者不认同零和信念，而37%的中国年轻受访者认同零和信念（见图10-7）。中国的年轻人是听了长辈讲述的故事后，才真正了解中国的经济转型，这种认知不是出自他们的亲身经历。现在60岁的人在改革开放之初大约20岁，他们亲身经历了改革开放的整个过程。

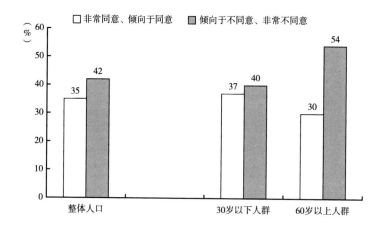

图 10-7　中国调查：零和信念——按年龄组分析

注：该图涉及的问题："你在多大程度上同意'富人拥有的越多，穷人得到的就越少'这个说法？你是非常同意、倾向于同意，还是倾向于不同意、非常不同意？"

资料来源：Allensbach Institute Survey 8271。

中国受访者对管理者的高薪有什么看法？当被问到有些管理者的工资是员工工资的 100 倍，他们认为这一做法是否合适时，大部分的中国受访者表示，一般来说管理者获得高薪酬是"令人憎恶的"。在这一点上中国不是特例，所有受访国家情况都是如此。

进一步的调查显示，只有中国高收入者（年收入高于 30 万元的人）明白，公司只有支付高薪才能雇用和留住最好的管理者（高收入者的支持率为 63%，整体人口的支持率只有 33%）。

大多数中国受访者有一种所谓的"员工心态"，他们认为薪酬水平主要应取决于一个人的工作时长和努力程度。在阿伦斯巴赫研究所的调查中，57% 的受访者表示，管理者的收入比员工的高那么多是不合适的，因为他们并不比员工工作的时间更长。相比之下，在年收入高于 30 万元的受访者中，只有 19% 的人同意这一说法（见图 10-8）。

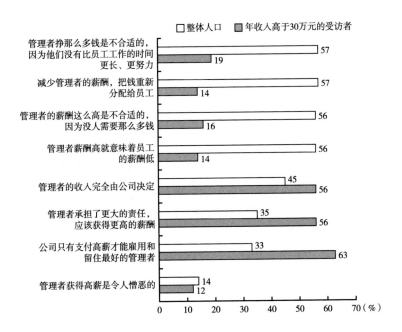

□ 整体人口　■ 年收入高于30万元的受访者

陈述	整体人口	年收入高于30万元
管理者挣那么多钱是不合适的，因为他们没有比员工工作的时间更长、更努力	57	19
减少管理者的薪酬，把钱重新分配给员工	57	14
管理者的薪酬这么高是不合适的，因为没人需要那么多钱	56	16
管理者薪酬高就意味着员工的薪酬低	56	14
管理者的收入完全由公司决定	45	56
管理者承担了更大的责任，应该获得更高的薪酬	35	56
公司只有支付高薪才能雇用和留住最好的管理者	33	63
管理者获得高薪是令人憎恶的	14	12

图 10-8　中国调查：为什么管理者的收入被认为过高

注：该图涉及的问题："该图展示了若干有关管理者收入比员工高出 100 倍的陈述。你同意哪一种说法？"

资料来源：Allensbach Institute Survey 8271。

大多数蓝领或白领员工认为："工作时间更长、工作更努力，你就会挣的更多。"但这种观点不适用于高级管理人员。在高级管理人员供不应求的市场中，高级管理人员的薪酬取决于供求关系，而不是取决于一个人工作了多少小时或付出了多少体力。这种情况十分类似于顶级运动员的高薪：技能越稀缺，收入越高。顶级运动员的训练时长不一定是普通运动员训练时长的 100 倍，但他们的技能非常稀缺，这就是为什么他们能挣那么多钱。高级管理人员也是如此。

坏事发生在别人身上时，大多数人会为他们感到难过。然而，如果一个富人做出个冒险的商业决定，损失了很多钱，有些人就会幸灾乐祸地说："他活该。"在中国，多数人（42%对 35%）反对这种说法（见图 10-9）。值得注意的是，对该表述的反应是社交嫉妒的几个指标之一。这是因为，如第四章所述，幸灾乐祸与嫉妒密切相关。从这一调查项我们可以看到，社交嫉妒在中国 60 岁及以上的受访者中不如在其他年龄群体那么普遍。

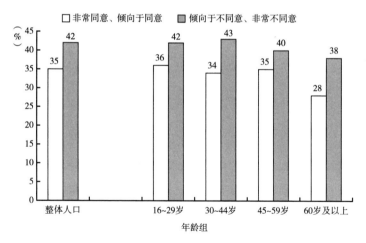

图 10-9　中国调查：幸灾乐祸

注：该图涉及的问题："在多大程度上，你同意这个说法：'当我听说一个非常富有的人做出个冒险的商业决定，并因此损失了很多钱时，我认为他活该'？"

资料来源：Allensbach Institute Survey 8271。

第二节　嫉妒者和非嫉妒者如何看待富人？

有关人们对富人态度的调查问卷包含了三个调查项，旨在了解人们对富人嫉妒和幸灾乐祸的不同方面。

1. 有人认为："对非常富有的人大幅增税是公平的，即使我个人不会从中受益。"你是非常同意、倾向于同意，还是倾向于不同意、非常不同意这种说法呢？

2. 有人说："当我听说一个非常富有的人做出个冒险的商业决定，并因此损失了很多钱时，我认为他活该。"你是非常同意、倾向于同意，还是倾向于不同意、非常不同意这种说法呢？

第三个调查项是问题清单中的一个选项。

3. 我赞成大幅削减管理者的薪酬，将钱在员工中进行更加平均的再分配，即使这意味着（员工）每月只能多拿几美元/欧元/元。你是非常同意、倾向于同意，还是倾向于不同意、非常不同意这种说法呢？

如第四章所述，我们之所以列出这些调查项，是因为嫉妒者的主要特征是：人们并不想改善自己的状况，而是嫉妒别人所拥有的东西，希望别人失去所拥有的，即使嫉妒者不会直接受益。所以像嫉妒研究所显示的那样，嫉妒和幸灾乐祸是紧密相关的。

不过，受访者认同上述第一种说法也有可能不是出于嫉妒，其他动机也可能会带来肯定的回答。事实上，这三种说法本身都不是嫉妒的明确标志。然而，如果受访者同意其中两种，甚至三种，就有可能得出这样的结论：比起那些三种都不同意或只同意其中一种的人，这些人心中的富人形象更有可能是由嫉妒造成的。因此，我们判断，在对受访者进行分类时，确定每个受访者同意几种说法，比确定他们具体同意哪些说法更有用。

为了便于进行分析，我们将三个调查项结合起来形成了一个量表。根据每个受访者对三个调查项的回答给他们打分。[①]

在下列分析中，我们将受访者分成三组人群。

1. 嫉妒者：这些受访者至少认同上述三种说法中的两种。确切地说，有 1/4（25%）的受访者属于这一群体。该群体还包括一个立场鲜明的子群体，即极度嫉妒者，他们同意上述三种说法（在中国，被称作"极度嫉妒者"的群体仅占 7%）。嫉妒者在社交嫉妒量表上的排名靠前，社交嫉妒程度高。

[①] 非常同意第一个调查项说法的人得 1 分，其他受访者得 0 分；非常同意或倾向于同意第二个调查项说法的人得 1 分，其他受访者得 0 分；非常同意或倾向于同意第三个调查项说法的人得 1 分，其他受访者得 0 分。这样，就有了一个介于 0 分（受访者没有给予能够获得 1 分的相应回答）和 3 分（在所有三项中受访者都给予了 1 分的回答）之间的值。随后根据受访者的反应行为是强烈（2 分或 3 分）、稍微（1 分），还是几乎或可能完全没有（0 分）受到嫉妒的驱使将他们进行分组。对于第一个调查项，只有"非常同意"的回答才能得到 1 分；而对于第二个调查项，"倾向于同意"的回答也会得到 1 分，这纯粹是出于实用主义的考虑。为了让量表做出明确的区分，调查者划分合格和不合格组别时必须让所有组别的规模相当才行。然而，在该量表的研发地德国，这样做就不行。41% 的德国受访者表示他们"倾向于同意"。因为"非常同意"第一个调查项说法的受访者数量（25%）略高于"倾向于不同意"或"非常不同意"的受访者数量（23%），所以"倾向于同意"被归入了后一组。从方法上讲，做出其他设计决定也是有可能并且合理的，该决定并不会从根本上影响量表的解释力。不过在确定了量表的设计之后，我们必须在其他国家的后续调查中保持同样的程序，以确保调查结果具有直接可比性。

2. 态度矛盾者：这些受访者赞同其中一个嫉妒调查项的说法。该群体约占受访者的一半（48%）。

3. 非嫉妒者：这些受访者对嫉妒问题的任何一种说法都不认同。该群体也约占中国受访者的1/4（27%）。非嫉妒者在社交嫉妒量表上的排名靠后，社交嫉妒程度低。

在我们调查的几乎所有调查项上，这三组人的回答都大相径庭。为了说明这些差异，我们将嫉妒者（在社交嫉妒量表上排名靠前的受访者）与非嫉妒者（在社交嫉妒量表上排名靠后的受访者）进行了对比。

以下两组数字凸显了两组间差异最大的调查项（图 10-10 显示了嫉妒者和非嫉妒者回答的百分比差异）。

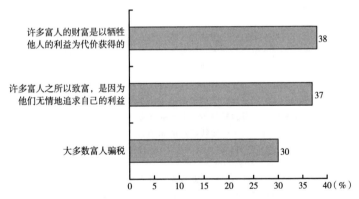

注：该图涉及的问题："该图有若干有关富人的表述，你同意哪种表述？"

对于图中的表述，在社交嫉妒量表上排名靠前的受访者（得 2 分或 3 分的人）提到的次数比排名靠后的受访者（得 0 分的人）提到的次数多。

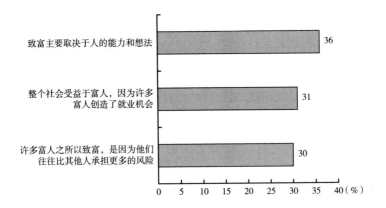

图 10-10　中国调查：有关富人的表述在社交嫉妒量表上的排名
——最大偏差比例

注：对于图中的表述，在社交嫉妒量表上排名靠后的受访者（得 0 分的人）提到的次数比排名靠前的受访者（得 2 分或 3 分的人）提到的次数多。

资料来源：Allensbach Institute Survey 8271。

第七章提出用补偿理论来解释为什么嫉妒者面对外部群体的经济优势时，为了维护自己的自尊而倾向于从道德上诋毁外部群体。这种态度在极度嫉妒者中最为明显，该群体 77% 的人认为"富人擅长赚钱，但通常不是正派人"。只有 5% 的嫉妒者不同意这种说法。相比之下，在非嫉妒者中，只有 8% 的人认为富人通常不是正派人，68% 的人不同意这一说法，剩下的人犹豫不决（见图 10-11）。

嫉妒者也更有可能同意以下说法，即管理者的工资是员工工资的 100 倍，这是不合适的，因为他们的工作时间和努力程度都比不上员工的。图 10-12 显示，80% 的嫉妒者同意这一说法，但只有 9% 的非嫉妒者对此表示同意。

从不同群体对富人性格特征的认知上，我们可以明显看到

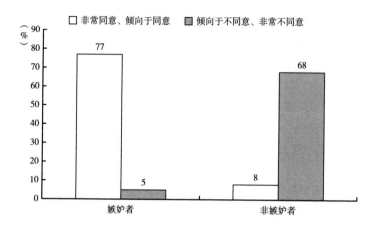

图 10-11 中国调查：社交嫉妒与否认富人通常是正派人的倾向

注：该图涉及的问题："你在多大程度上同意或不同意以下说法'富人擅长赚钱，但通常不是正派人'？"

资料来源：Allensbach Institute Survey 8271。

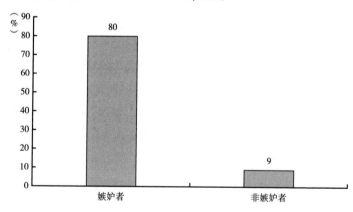

图 10-12 中国调查：社交嫉妒与收入必须与工作
时间和努力程度相匹配的假设

注：所有数据均为同意以下表述的受访者百分比。该表述为："我认为，管理者挣那么多钱是不合适的，因为他们没有比员工工作的时间更长、更努力。"

资料来源：Allensbach Institute Survey 8271。

社交嫉妒量表的区分准确度：86%的嫉妒者认为富人贪婪，但只有44%的非嫉妒者这么认为。相反，72%的非嫉妒者认为富人聪明，而只有38%的嫉妒者这么认为。同样，53%的非嫉妒者和25%的嫉妒者认为富人富有想象力，而41%的嫉妒者和23%的非嫉妒者认为富人傲慢（见图10-13）。

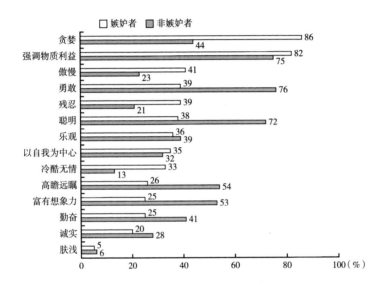

图 10-13 中国调查：社交嫉妒量表的排名与性格特征的归属

注：该图涉及的问题："如果有的话，哪个（些）词适合形容富人的性格特征？"

资料来源：Allensbach Institute Survey 8271。

我们还有一个调查项用来让受访者评估富人向慈善事业捐赠大量资金的动机。例如，中国受访者是否认为富人捐钱只是出于利己的原因（如为了减税或改善自我形象），还是有更多利他的动机？在这一点上，我们得到了一个令人惊讶的结果：47%的受访者表示，富人捐赠主要是为了造福他人；

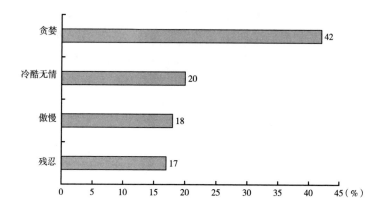

注：该图涉及的问题："如果有的话，图中哪项最有可能适合形容富人的性格特征？"

对于该图涉及的性格特征，在社交嫉妒量表中排名靠前的受访者（得2分或3分的人）提到的次数比排名靠后的受访者（得0分的人）提到的次数多。

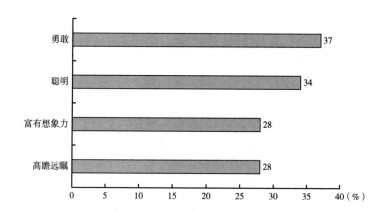

图 10-14　中国调查：社交嫉妒量表的排名与性格特征的归属
——最大的百分比偏差

注：上图所列性格特征，在社交嫉妒量表中排名靠后的受访者（得0分的人）提到的次数比排名靠前的受访者（得2分或3分的人）提到的次数多。

资料来源：Allensbach Institute Survey 8271。

38%的人认为他们这样做主要是为了造福自己。没有哪个国家的受访者像中国那样对富人的捐赠动机持如此积极的态度（见图 10-15）。

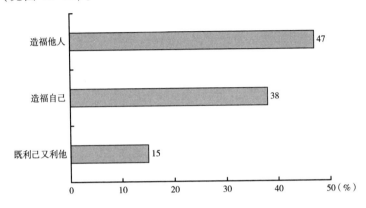

图 10-15 中国调查：捐款的动机

注：所有数据均为受访者所占百分比。

该图涉及的问题："有些富人给慈善事业捐了很多钱。在你看来，他们这么做的主要动机是什么？他们捐款主要是为了造福他人，还是造福自己（如减税、提高自己的声誉）？"

资料来源：Allensbach Institute Survey 8271。

第三节 零和信念和社交嫉妒

在第五章中，我们看到零和信念是嫉妒的重要基础。按照零和思维的逻辑，富人之所以富有，是因为他们从穷人那里拿走了一些财富。这是人们对富人产生嫉妒和偏见的基础。我们的研究结果证实，一个人对富人的嫉妒有多强烈取决于这个人是不是零和论者。如我们所见，相对多数的中国受访者不接受零和信念。

零和论者与非零和论者在许多问题上的态度是不同的。例如，只有29%的零和论者同意"致富主要取决于人的能力和想法"。相比之下，非零和论者赞同该说法的比例为68%。

嫉妒者比非嫉妒者更倾向于接受零和信念。比如，70%的嫉妒者认为，"富人拥有的越多，穷人得到的就越少"，但只有18%的非嫉妒者这么认为（见图10-16）。77%的嫉妒者认为，"管理者的薪酬高就意味着员工的薪酬低"，而只有6%的非嫉妒者认同这种观点（见图10-17）。

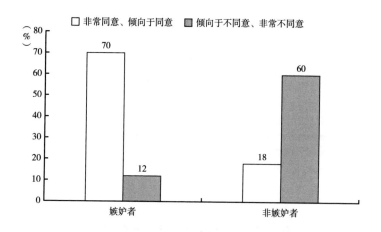

图 10-16　中国调查：零和信念和社交嫉妒

注：所有数据均为受访者所占百分比。因为"既不同意也不反对"的回答被省略了，百分比加起来不等于100%。

该图涉及的问题："在多大程度上，你同意或不同意'富人拥有的越多，穷人得到的就越少'这种说法？"

资料来源：Allensbach Institute Survey 8271。

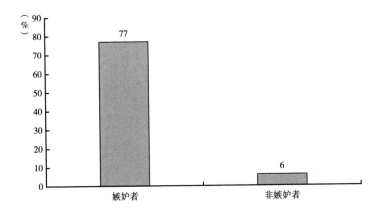

**图 10-17　中国调查：社交嫉妒与管理者的高薪是以
牺牲员工利益为代价的假设**

注：有人认为："管理者的薪酬高就意味着员工的薪酬低。"同意以上
说法的受访者比例见本图。

资料来源：Allensbach Institute Survey 8271。

　　我们看到，不同的人群在社交嫉妒量表上的排名不同。目
前我们尚不清楚的是，受访者的年龄和他们在社交嫉妒量表上
的排名是否直接相关，还是掺杂了混合变量。也就是说，数学
上的相关性是否应被解释为简单的因果关系，还是这种相关性
实际上是由第三个背景变量对相关变量的影响所解释的。这种
可能性是值得考虑的，因为这些变量本身是相互关联的。比
如，受教育程度高的人通常比受教育程度低的人收入更高。该
现象就提出了这样一个问题：收入和教育这两个变量哪个影响
力更大？受教育程度较低的人在社交嫉妒量表上排名靠前，仅
仅是因为他们的平均收入低于受教育程度较高的人吗？还是恰
恰相反，高收入者的社交嫉妒程度低仅仅是因为他们有更高的
教育水平？抑或这两个变量都与受访者在社交嫉妒量表中的排

名单单独相关？

为了回答这些问题，研究人员进行了回归分析。他们使用一种统计模型来计算，比如，排除收入、性别、零和信念和其他变量，受访者的教育状况在多大程度上决定了他们在社交嫉妒量表中的排名。

表 10-2 显示了回归分析的结果。在表 10-2 中，因变量，即分析社交嫉妒影响因素的变量，是受访者在社交嫉妒量表中的排名。第一栏列出了回归分析中所包含的自变量，即与受访者及其陈述相关的某些变量，我们就是想测算出这些变量对社交嫉妒量表的影响。该表还包括一栏 β 系数。这些系数是最重要的计算结果，表明了所讨论的自变量在多大程度上影响受访者对因变量的值。自变量"零和信念"和"家庭收入"的 β 系数用 3 个星号做了标记（表中的显著性）。这 3 个星号表明，该自变量对因变量产生影响的概率为99%，这里的因变量就是受访者在社交嫉妒量表中的排名。在自变量"受教育程度"的 β 系数用一个星号做了标记，表明该自变量对受访者在社交嫉妒量表中的排名产生影响的可能性大于90%。剩下的 3 个自变量（"年龄""性别""认识非常富有的人"）显著影响因变量的概率小于90%。被认定为不具有统计学意义的结果被用"ns"标记了。从表 10-2 中我们可以清楚地看到，在中国，年龄、性别、受访者是否认识非常富有的人等自变量对社交嫉妒没有直接或决定性的影响。零和信念是认为富人只能靠牺牲他人利益致富的信念。它的 β 系数值比家庭收入的系数值要高得多。零和信念是迄今为止最重要的因素：相信富人拿走了穷人的财富显然是社交嫉妒背后真正的推动力。

表 10-2　中国调查：社交嫉妒的回归分析

因变量：受访者在社交嫉妒量表中的排名

自变量对因变量的影响如下：

自变量	β 系数	显著性（p）
零和信念	-0.43	***
家庭收入	-0.11	***
受教育程度	-0.06	*
年龄	-0.02	ns
认识非常富有的人	-0.01	ns
性别	-0.01	ns

注：*** 表示 $p < 0.01$，* 表示 $p < 0.1$。

资料来源：Allensbach Institute Survey 8271。

第四节　中国的年轻人和老年人如何看待富人？

中国的年轻受访者对富人的态度比中国的老年受访者要负面一些：30 岁以下的受访者中有 28% 是嫉妒者，而 60 岁及以上的受访者中这一比例为 22%（见图 10-18）。

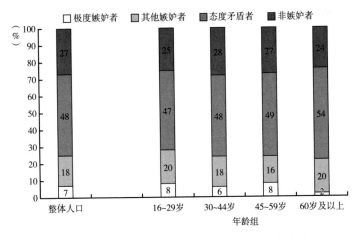

图 10-18　中国调查：社交嫉妒量表中的受访者的分类
——按年龄组分析

资料来源：Allensbach Institute Survey 8271。

根据图 10-19，年轻人和老年人的社交嫉妒系数（Social Envy Coneffient，SEC）有所不同。图 10-19 显示，中国人的社交嫉妒系数平均水平为 0.93。30 岁以下的年轻受访者的社交嫉妒系数略高，为 1.12；30~44 岁人群的社交嫉妒系数最低，为 0.86。我们在下章中会看到，中国年轻受访者和老年受访者之间的差异没有其他一些国家的那么明显，尤其是相比于意大利和美国的受访者。不过在大多数受访国家，年轻人对富人的态度比老年人的积极。

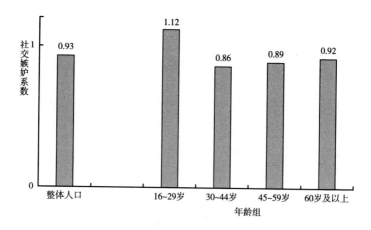

图 10-19　中国的社交嫉妒系数——按年龄组分析

注：社交嫉妒系数大于 1：嫉妒者（在社交嫉妒量表中的得分为 2 分或 3 分）多于非嫉妒者（在社交嫉妒量表中的得分为 0 分）。
社交嫉妒系数小于 1：非嫉妒者多于嫉妒者。
资料来源：Allensbach Institute Survey 8271。

中国整体人口中有 36% 的人认为，对富人大幅增税是公平的，即使他们自己不会从中受益，但持这种观点的 60 岁及以上受访者（24%）要少得多。30 岁以下的受访者对该说法的支持率要高一些，为 43%（见图 10-20）。

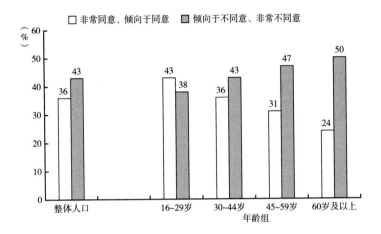

图 10-20　中国调查：对富人增税的态度

注：该图涉及的问题："你在多大程度上同意或不同意这种说法'我认为
对资产超过 200 万元的人大幅增税是公平的，即使我本人不会从中受益'？"
资料来源：Allensbach Institute Survey 8271。

第五节　收入、性别、教育和地理位置起什么作用？

不同收入群体对一些问题的回复十分相似，而对另一些问题的回复差异显著。例如，71% 的低收入者认为富人以自我为中心，但只有 5% 的高收入者这么认为。48% 的低收入者认为富人傲慢，但只有 12% 的高收入者持同样的看法。44% 的低收入者认为富人冷酷无情，而这一比例在高收入者中仅为 5%。

高收入者对富人的态度比低收入者的更加积极，对此也许你并不惊讶。尽管情况确实如此，但在许多国家，低收入者和高收入者的观点并没有人们想象的差异那么大。在中国，低收入者和高收入者认为富人所具有的许多性格特征是相同的（如"勤奋"和"勇敢"）。当然，他们对富人的性格特征的观点还有显著的差异，低收入者提及一些富人性格特征（如"以自我为中心"和"傲慢"）的频率要比高收入者高得多（见图10-21）。

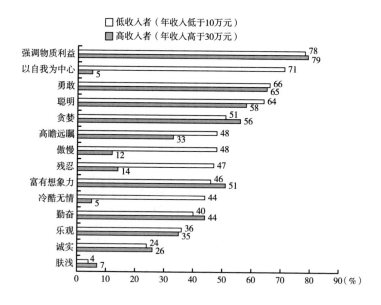

图10-21　中国调查：富人的性格特征——按收入分析

注：该图涉及的问题："如果有的话，哪个（些）词适合形容富人的性格特征？"

资料来源：Allensbach Institute Survey 8271。

我们仅从收入的角度对社交嫉妒系数进行分析，可以看出中国高收入者的社交嫉妒系数与低收入者的社交嫉妒系数存在明显差异。图10-22显示，高收入者的社交嫉妒系数为0.27，明显低于低收入者的1.13。换句话说，社交嫉妒在中国低收入人群中的普遍程度是高收入人群的 4 倍多。我们在其他任何国家都没有发现低收入者和高收入者在社交嫉妒方面存在的差异如此巨大。例如，在美国，该差异只有 2 倍。

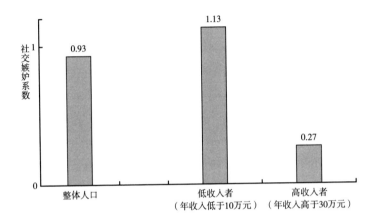

图 10-22　中国调查：社交嫉妒系数——按收入分析

注：社交嫉妒系数大于 1：嫉妒者（在社交嫉妒量表中的得分为 2分或 3 分）多于非嫉妒者（在社交嫉妒量表中的得分为 0 分）。

社交嫉妒系数小于 1：非嫉妒者多于嫉妒者。

资料来源：Allensbach Institute Survey 8271。

当分析受访者对某些特定问题的反应时，不同收入群体之间的差异尤其明显。差异最大的调查项是，低收入者和高收入者如何评估运气在致富中的作用。图 10-23 显示，73% 的低收入者认为富人之所以富有，主要是因为他们有"好运"。但只有 34% 的高收入者同意这一观点。

当然，对经济上不成功的人来说，"运气"就是个方便的借口："幸运女神眷顾了别人。"从心理学研究中我们得知，生活中的失败者往往会将失败归咎于外部环境和他们所无法控制的事情。

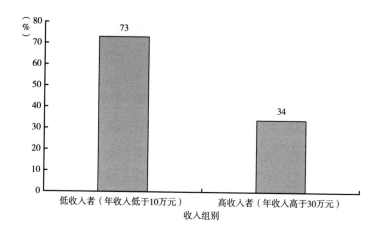

图 10-23　中国调查：运气起什么作用？——按收入分析

注：该图显示同意"有钱人主要是运气好"的受访者比例。
资料来源：Allensbach Institute Survey 8271。

　　有些人说运气在生活中并不起重要作用，我完全认同他们的说法。当然，每个人都可以举出他们的生活是如何受到好运或厄运影响的例子。但在大多数人的生活中——跨度长达几十年——好运气和坏运气是大体相当的。无论如何，我们要充分利用意想不到的机会，需要的不仅仅是好运气。我们先得认识到机会是什么。另外，我们需要采取行动。这些都比单纯的"好运气"要重要得多。

　　研究人员还询问了受访者认为富人应该比其他人多缴一点税还是多缴很多税。图 10-24 显示，多数中国受访者（58%）同意对富人征收高税。他们认为："富人不仅应该缴纳高税，还应缴纳非常高的税。这样才能确保我们国家的贫富差距不会变得太大。"相比之下，只有 37% 的人认为，"应对富人征收高税，但税额不应太高，因为他们通常是靠努力工作获取财富的，国家不应该从他们那里拿走太多"。

　　不过，不同收入受访者的回答存在很大差异：69%的低收入者（年收入低于10万元的人）希望看到富人不仅缴纳高税，而且得缴非常高的税；但在年收入高于30万元的人群中，只有7%的人赞同这种观点（见图10-24）。得知高收入者更倾向于反对对富人增税，低收入者更愿意支持对富人增税，想必你对此不会太惊讶。事实正如你的预期，但在其他受访国家，低收入者和高收入者之间的观点差距远没有在中国这么大。许多国家也有相当比例的高收入者实际上支持对富人征很高的税。

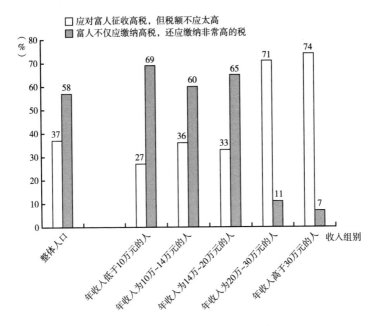

图10-24　中国调查：应对富人征收高税吗？

　　注：该图涉及的问题："总的来说，你最同意下面哪个观点？"相关观点为：应对富人征收高税，但税额不应太高；富人不仅应缴纳高税，还应缴纳非常高的税。

　　资料来源：Allensbach Institute Survey 8271。

男性和女性受访者对富人态度的差别很小。女性的社交嫉妒系数为 0.96，只略高于男性的社交嫉妒系数（0.88）。此外，男性（52%）的致富愿望也只略高于女性（47%），情况几乎在所有的受访国家都是如此。

然而，受教育水平不同的受访者的回答差异很大。由图10-25 可知，低学历受访者（接受高中及以下水平教育的受访者）的社交嫉妒系数为 1.21，明显高于高学历受访者的 0.64。

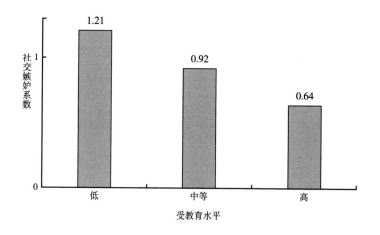

图 10-25　中国调查：社交嫉妒系数——按受教育水平分析

注：社交嫉妒系数大于 1：嫉妒者（在社交嫉妒量表中的得分为 2 分或 3 分）多于非嫉妒者（在社交嫉妒量表中的得分 0 分）。

社交嫉妒系数小于 1：非嫉妒者多于嫉妒者。

资料来源：Allensbach Institute Survey 8271。

在中国，社交嫉妒的程度也因受访者所在城市的规模而存在巨大差异。调查划分了以下城市层级（见表 10-3）。

表 10-3　中国城市层级（按社交嫉妒程度划分）

城市层级	占全国总人口的比例	
T1（大都市）	10%	仅 4 个城市：上海市、北京市、深圳市、广州市
T2（区域中心城市）	25%	约 45 个城市，如杭州市、青岛市、东莞市
T3/T4（地级市）	25%	约 160 个地级市，如桂林市、开封市、南充市
T5/T6（县级市）	20%	约 400 个县级市，如雅安市、公主岭市、偃师市
T7（县镇）	20%	约 1640 个县，如唐县、澧县、曲县

由图 10-26 可知，T7（县镇）的社交嫉妒系数为 1.65，明显高于 T5/T6（县级市）的 0.75 和区域中心城市的 0.74。

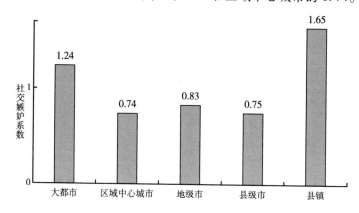

图 10-26　中国调查：社交嫉妒系数——按居住地分析

注：社交嫉妒系数大于 1：嫉妒者（在社交嫉妒量表中的得分为 2 分或 3 分）多于非嫉妒者（在社交嫉妒量表中的得分为 0 分）。

社交嫉妒系数小于 1：非嫉妒者多于嫉妒者。

资料来源：Allensbach Institute Survey 8271。

有趣的是，60% 的县镇受访者表示，致富对他们个人来说很重要。而在大都市（上海市、北京市、深圳市和广州市），只有 46% 的人这么认为。

到目前为止，在中国被问的问题在另外 9 个国家也被问了。在接下来的章节，我们将展示美国和欧洲的调查结果，然后对中国、日本、韩国和越南这 4 个亚洲国家的调查数据进行比较分析。

第十一章

美国人和欧洲人如何
看待富人

第一节　社交嫉妒系数

我们在中国问的问题与在欧洲国家和美国问的完全一样，因此就有了可靠的比较基础。① 尽管其中四个国家（美国、法国、英国和德国）的调查是在 2018 年 6 月进行的，但这四个国家的公众对富人的态度不大可能在两年半里发生根本改变。2020 年 7 月我们在意大利、2020 年 11 月在西班牙，以及 2021 年 2 月在瑞典进行了相同的调查。益普索·莫里民调公司在美国、法国、英国、意大利、西班牙和瑞典至少调查了 1000 人。德国的调查是由阿伦斯巴赫研究所组织的。美国、法国、英国、德国、意大利、西班牙和瑞典共有 7644 人接受了调查。调查人员在德国、法国和英国进行的是面对面调查，而在美

---

① 调查人员对美国、法国、英国、德国、意大利、西班牙和瑞典公众提出的调查问题都是相同的，除了以下调查项：要求本人认识百万富翁（在瑞典，指个人资产为 1000 万瑞典克朗以上者）的受访者描述这类富翁的性格特征。该调查项只在德国、意大利、西班牙和瑞典有所涉及。

217

国、意大利、西班牙和瑞典，受访者接受的是网上调查。

国家之间的相同和不同之处都很能说明问题。本章我们会看到七个受访国家民众的社交嫉妒程度有何不同（见图 11-1）。专门为这项研究所设计的社交嫉妒系数显示了这几个国家嫉妒者和非嫉妒者的比例。社交嫉妒系数为 1，意味着一个国家的嫉妒者和非嫉妒者的数量相等。社交嫉妒系数小于 1，说明非嫉妒者比嫉妒者多。社交嫉妒系数大于 1，则说明嫉妒者比非嫉妒者多。社交嫉妒系数显示，法国人的社交嫉妒程度最高，其次是德国人的社交嫉妒程度。美国人、西班牙人、瑞典人和英国人的社交嫉妒系数明显较低。意大利人的社交嫉妒程度居中——更接近于瑞典人的，而不是法国人的和德国人的。

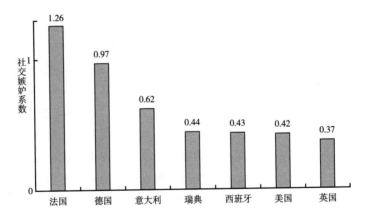

图 11-1　七国调查：社交嫉妒系数

注：社交嫉妒系数大于 1：嫉妒者（在社交嫉妒量表中的得分为 2 分或 3 分）多于非嫉妒者（在社交嫉妒量表中的得分为 0 分）。

社交嫉妒系数小于 1：非嫉妒者多于嫉妒者。

资料来源：Allensbach Institute Survey 11085, Ipsos MORI Surveys J18 - 031911-01-02、J-19-01009-29、J-19-01009-47 和 J-20-091774-05。

社交嫉妒系数是根据受访者对以下三种观点的态度计算出来的。我们比较了七个国家的受访者以下这三种观点的态度。

第一种观点是："我认为对百万富翁（在瑞典，指个人资产为 1000 万瑞典克朗以上者）大幅增税是公平的，即使我个人不会从中受益。"（见表 11-1）

表 11-1　七国受访者对第一种观点的态度

德　　国	65% 的受访者同意，23% 的受访者不同意——同意者比例多 42 个百分点
美　　国	47% 的受访者同意，28% 的受访者不同意——同意者比例多 19 个百分点
法　　国	61% 的受访者同意，20% 的受访者不同意——同意者比例多 41 个百分点
英　　国	50% 的受访者同意，22% 的受访者不同意——同意者比例多 28 个百分点
意大利	63% 的受访者同意，12% 的受访者不同意——同意者比例多 51 个百分点
西班牙	57% 的受访者同意，16% 的受访者不同意——同意者比例多 41 个百分点
瑞　　典	44% 的受访者同意，29% 的受访者不同意——同意者比例多 15 个百分点

资料来源：笔者自制。

第二种观点是："我赞成大幅削减那些管理者（如那些挣得比员工多 100 倍的管理者）的薪酬，并在员工中更平均地分配削减的这笔钱，即使这意味着员工每月只不过多赚几英镑/美元/欧元/瑞典克朗。"（见表 11-2）

表 11-2　七国受访者对第二种观点的态度

德　　国	46% 的受访者表示赞同
美　　国	31% 的受访者表示赞同
法　　国	54% 的受访者表示赞同
英　　国	29% 的受访者表示赞同
意大利	34% 的受访者表示赞同
西班牙	31% 的受访者表示赞同
瑞　　典	34% 的受访者表示赞同

资料来源：笔者自制。

从他们的回答可以看到，与美国人、西班牙人、瑞典人、英国人和意大利人相比，法国人和德国人显然对管理层赚取高薪持更强烈的批评态度，对再分配政策的支持度也更高。

第三种观点是："当我听说一名百万富翁（在瑞典，指个人资产为 1000 万瑞典克朗以上者）做出了一个高风险的商业决定，并因此损失了很多钱时，我认为他活该。"（见表 11-3）

表 11-3　七国受访者对第三种观点的态度

德　　国	40%的受访者同意，37%的受访者不同意——同意者多 3%
美　　国	28%的受访者同意，29%的受访者不同意——不同意者多 1%
法　　国	33%的受访者同意，41%的受访者不同意——不同意者多 8%
英　　国	22%的受访者同意，38%的受访者不同意——不同意者多 16%
意大利	24%的受访者同意，29%的受访者不同意——不同意者多 5%
西班牙	17%的受访者同意，38%的受访者不同意——不同意者多 21%
瑞　　典	22%的受访者同意，38%的受访者不同意——不同意者多 16%

资料来源：笔者自制。

"schadenfreude"（幸灾乐祸）这个已在英语中广泛使用的词源于德语，这也许并不是巧合：德国是唯一一个同意上述"幸灾乐祸"说法的受访者人数（略）高于不同意者的国家。相比之下，西班牙人、瑞典人和英国人对富人的遭遇就没那么幸灾乐祸。

出于研究目的，我们将不同意以上三种观点的受访者归类为"非嫉妒者"，同意其中一种观点的受访者归为"态度矛盾者"。"嫉妒者"则指的是同意其中两种或三种观点的受访者，其中包括"极度嫉妒者"，他们同意以上三种观点。[①]

社交嫉妒系数描述了嫉妒者和非嫉妒者之间的比例。当

————————

① 关于这里使用的方法，请参阅第十章。

然，在非嫉妒者中可能会有一些嫉妒者，就像在嫉妒者中也可能会有一些非嫉妒者一样。但是，比起对三种观点都持肯定态度的受访者，不同意以上观点的受访者是"非嫉妒者"的可能性要大得多。由于调查人员在这七个国家都使用了完全相同的调查项，我们就有了非常坚实的比较基础。我们发现瑞典和西班牙这两个国家民众的社交嫉妒程度几乎相同，而法国和德国的调查结果也非常相似（见图11-2）。

下面是更详细的调查结果。

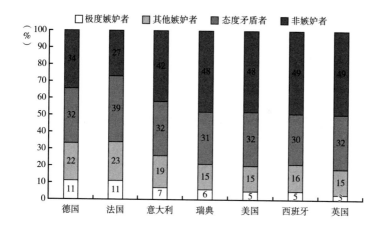

图 11-2　七国调查：按社交嫉妒量表排名分类的受访者

资料来源：Allensbach Institute Survey 11085，Ipsos MORI Surveys J18-031911-01-02、J-19-01009-29、J-19-01009-47 和 J-20-091774-05。

当然，不同收入的群体社交嫉妒系数也有所不同。图11-3显示在大多数国家，社交嫉妒在高收入者中没有在低收入者中那么明显。只有在西班牙，收入和社交嫉妒之间似乎不存在相关性，这一点相当奇怪。

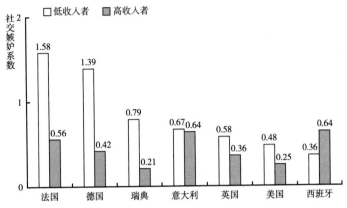

图 11-3　七国调查：高收入者和低收入者的社交嫉妒系数

资料来源：Allensbach Institute Survey 11085，Ipsos MORI Surveys J18 - 031911-01-02、J-19-01009-29、J-19-01009-47 和 J-20-091774-05。

第二节　性格特征系数与富人情感指数

社交嫉妒系数是比较不同国家民众的社交嫉妒程度和对富人态度的一个重要参数，当然并不是唯一的参数。这一点在西班牙尤其明显：乍一看，西班牙受访者似乎与瑞典、英国和美国的受访者一样，对富人持积极态度。就社交嫉妒系数而言，情况的确是这样，但考虑到其他参数，特别是谈到富人的性格特征时，情况就大为不同了。例如，西班牙人和德国人的共同点就远远超过了他们与美国人的共同点。

在这七个国家，调查人员向受访者出示了一份包含 14 种性格特征的清单，并问他们："如果有的话，以下哪个（些）词适合形容富人的性格特征？"十四种性格特征中，有七种是正面的，即高瞻远瞩、勤奋、勇敢、富有想象力、聪明、乐观和诚实。其余七种性格特征是负面的，即强调物质利益、贪婪、以自我为中心、傲慢、肤浅、残忍和冷酷无情。然后调查人员计算出每个国家富人的正面和负面性格特征的平均比例，并将这两个比例相除，得出富人的性格特征系数，见表11-4及图11-4。

表11-4　富人的性格特征系数

PTC：七种负面性格特征的平均比例除以七种正面性格特征的平均比例

	西班牙	意大利	德国	瑞典	美国	法国	英国
负面性格特征的平均比例	36%	28%	44%	26%	30%	30%	22%
正面性格特征的平均比例	12%	15%	32%	24%	31%	32%	24%
PTC	3.0	1.9	1.4	1.1	1.0	0.9	0.9

资料来源：Allensbach Institute Survey 11085，Ipsos MORI Surveys J18-031911-01-02、J-19-01009-29、J-19-01009-47 和 J-20-091774-05。

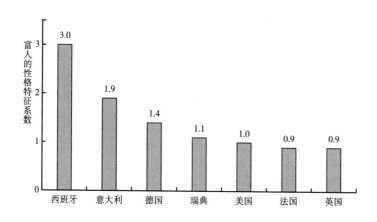

图11-4　七国调查：富人的性格特征系数

注：PTC：七种负面性格特征的平均比例除以7个正面性格特征的平均比例。

资料来源：Allensbach Institute Survey 11085，Ipsos MORI Surveys J18-031911-01-02、J-19-01009-29、J-19-01009-47 和 J-20-091774-05。

图 11-5 显示，在瑞典和法国，富人的正面和负面性格特征被提及的频率接近；在英国和美国，富人的负面性格特征被提及的频率是正面性格特征的 1/2；而在德国、意大利，尤其是在西班牙，富人的负面性格特征被提及的频率远远超过了正面性格特征的。在西班牙，六种最常被提及的富人的性格特征都是负面的；而在英国和美国，六种最常被提及的富人的性格特征中有四种是正面的。

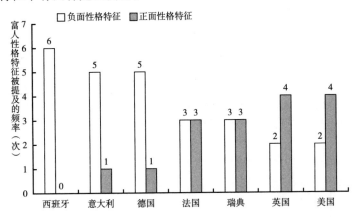

图 11-5 七国调查：正面和负面的富人性格特征被提及的频率

资料来源：Allensbach Institute Survey 11085，Ipsos MORI Surveys J18 - 031911-01-02、J-19-01009-29、J-19-01009-47 和 J-20-091774-05。

把七个受访国家民众常提及的富人性格特征综合起来，就出现了以下情形（见图 11-6）。

评估调查结果时，我们的分析完全是基于社交嫉妒系数，这使得我们能够比较不同国家民众社交嫉妒的普遍程度。然而，随着分析的深入，社交嫉妒系数显然无法提供足够的细节去准确描述人们对富人的态度。为了解决这个问题，我们提出了富人情感指数（the Rich Sentiment Index，

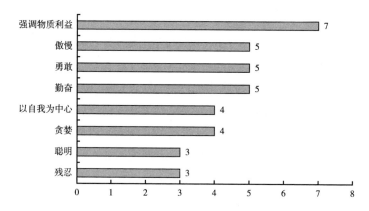

图11-6　七个受访国常提及的富人性格特征数量

注：将各国最常提及的七个富人性格特征综合起来，图中的数字是提及各性格特征的国家数目。

资料来源：Allensbach Institute Survey 11085，Ipsos MORI Surveys J18-031911-01-02、J-19-01009-29、J-19-01009-47 和 J-20-091774-05。

RSI)，这是社交嫉妒系数和性格特征系数结合的指数。社交嫉妒系数最终取决于3个问题，即判断受访者在社交嫉妒量表中排名的那3个调查项。SEC 的权重是 PTC 的3倍，PTC 只与性格特征项有关（见表11-5）。

表11-5　七国的富人情感指数

社交嫉妒系数经性格特征系数调整：RSI =(3SEC + 1PTC)÷4

RSI 大于1：对富人的负面评价多于正面评价。

RSI 小于1：对富人的正面评价多于负面评价。

	西班牙	意大利	德国	瑞典	美国	法国	英国
SEC	0.4	0.6	1.0	0.4	0.4	1.3	0.4
PTC	3.0	1.9	1.4	1.1	1.0	0.9	0.9
RSI	1.1	0.9	1.1	0.6	0.6	1.2	0.5

注：表中的 SEC、PTC 和 RSI 均在四舍五入后取小数点后1位数。

资料来源：Allensbach Institute Survey 11085，Ipsos MORI Surveys J18-031911-01-02、J-19-01009-29、J-19-01009-47 和 J-20-091774-05。

与我们之前完全基于社交嫉妒系数的分析相比，新的富人情感指数分析清楚地显示出西班牙受访者对富人高度负面的性格特征认定。

因此，富人情感指数为反映特定国家的公众对富人的态度，提供了一个可靠的说明。例如，如今我们可以看到，与瑞典人、美国人和英国人的情况相比，法国人、西班牙人和德国人对富人的评价总体更为负面。意大利人则处在这两个群体之间，不过更接近于其他受访欧洲国家的公众。瑞典人对富人的看法则更接近于英国人和美国人对富人的评价（见图11-7）。

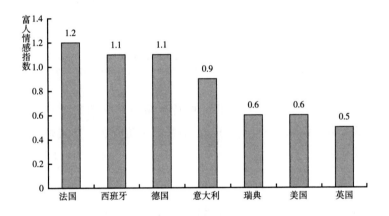

图 11-7　受访七国的富人情感指数

注：社交嫉妒系数，经性格特征系数调整：RSI =（3SEC + 1PTC）÷4。
RSI 大于 1：对富人的负面评价多于正面评价。
RSI 小于 1：对富人的正面评价多于负面评价。
资料来源：Allensbach Institute Survey 11085，Ipsos MORI Surveys J18-031911-01-02、J-19-01009-29、J-19-01009-47 和 J-20-091774-05。

如第六章所述，偏见研究提供了大量证据，证实少数群体是世界各地危机和其他人道主义问题的替罪羊。尤其是经济和金融危机，因为这些危机的原因非常复杂，大多数人不理解它们，所以人们普遍倾向于指责替罪羊（如"贪婪的银行家"和"超级富豪"）。我们向这七个国家的受访者提供了以下观点："那些非常富有且想获得越来越多权力的人，是世界上许多重大问题（如金融和人道主义问题）的罪魁祸首。"

　　这七个国家的所有受访者对该观点的回应都证实了嫉妒者和非嫉妒者之间存在的差异。嫉妒者格外倾向于找替罪羊。顺便说一句，这再次证实了社交嫉妒量表在区分嫉妒者和非嫉妒者方面的准确性。图 11-8 显示，比起非嫉妒者，"替罪羊"的表述得到了更多嫉妒者的赞同。

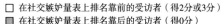
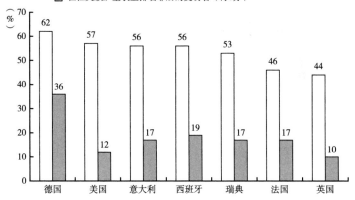

图 11-8　七国调查：寻找替罪羊倾向

注：该图显示了同意关于替罪羊的观点的受访者所占百分比。

资料来源：Allensbach Institute Survey 11085，Ipsos MORI Surveys J18-031911-01-02、J-19-01009-29、J-19-01009-47 和 J-20-091774-05。

第三节　美国及欧洲年轻受访者和老年
受访者之间的差异

美国年轻人比老年人更爱挑剔富人。这一点可以从美国年轻人和老年人所认定的富人性格特征列表中看出来（见图11-9）。

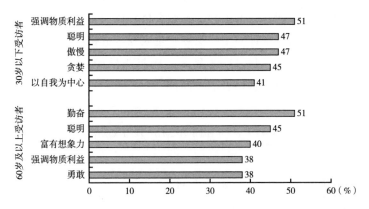

图11-9　美国调查：富人最有可能具备哪些性格特征？——按年龄组分析

注：该图涉及的问题："如果有的话，哪个（些）词适合形容富人的性格特征？"
资料来源：Ipsos MORI Survey J18-031911-01-02。

每个调查项都有一个明显的共同趋势：美国年轻人对富人的负面评价远远超过了美国老年人对富人的负面评价。即使是调查中最具挑衅性的说法，即富人善于赚钱但通常不是正派人，也得到了40%的16~29岁的美国年轻人的认同（只有23%的这个年龄段年轻人不同意这种说法）。针对这种说法，美国年轻人与美国老年人形成了鲜明的对比，15%的美国老年人同意这种说法，50%的美国老年人不同意这种说法（见图11-10）。

在年轻人和老年人对富人的态度方面，意大利人和美国人

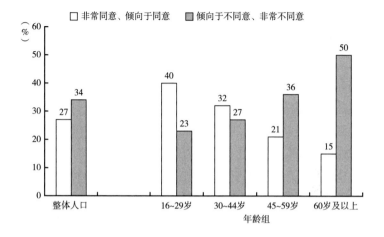

图 11-10 美国调查：认为富人不正派的倾向——按年龄组分析

注：所有数据均为受访者所占百分比。数字加起来不等于100%，因为"既不同意也不反对"的受访者比例被省略了。

该图涉及的问题："你在多大程度上同意或不同意以下说法：富人善于赚钱，但通常不是正派人？"

资料来源：Ipsos MORI Survey J18-031911-01-02。

截然相反。与意大利的老年人相比，意大利的年轻人更频繁地将正面的性格特征归于富人，提及负面性格特征的次数要少得多。差别相当明显：30 岁以下的意大利年轻人大多（52%）不嫉妒别人，只有 16% 的意大利年轻人嫉妒别人。意大利年轻人中"极度嫉妒者"的比例仅为 1%。

相比之下，在 60 岁及以上的意大利人中，只有约 1/3（34%）的人不嫉妒别人，近一半（45%）的人嫉妒别人。因此，对于年轻受访者和老年受访者，我们的分析得出了不同的社交嫉妒系数：意大利整体人口的社交嫉妒系数是 0.62，意大利年轻人的社交嫉妒系数是 0.31，低于其他受访国家中最低的社交嫉妒系数（英国，0.37）。与此形成鲜明对比的是，意大利老年人的社交嫉妒系数为 1.32，高于其他受访国家中最高的社交嫉妒系数（法国，1.26）。

当分析意大利受访者对富人正面和负面评价的认同度时，我们发现，意大利年轻人普遍倾向于认同对富人的正面评价，不太认同对富人的负面评价。意大利老年人的情况则正好相反。在九项对富人的正面评价中，有七项意大利年轻人比老年人的认同度更高；对剩下的两项评价，两个群体的认同度是一样的。在意大利，不同意这些正面评价的老年人要多于年轻人。

在法国、德国、西班牙、英国，年轻受访者对富人的态度也比老年受访者更积极，不过差异远没有意大利这么明显。图11-11 显示了欧洲六国和美国的年轻人和老年人对富人态度的显著差异。

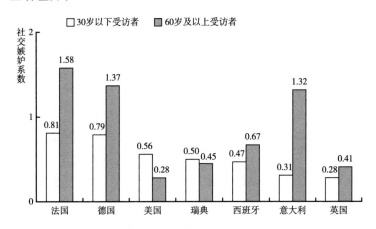

图 11-11 七国 30 岁以下和 60 岁及以上受访者的社交嫉妒系数

注：社交嫉妒系数大于 1：嫉妒者（在社交嫉妒量表中的得分为 2 分或 3 分）多于非嫉妒者（在社交嫉妒量表中的得分为 0 分）。

社交嫉妒系数小于 1：非嫉妒者多于嫉妒者。

资料来源：Allensbach Institute Survey 11085，Ipsos MORI Surveys J18-031911-01-02、J-19-01009-29、J-19-01009-47 和 J-20-091774-05。

　　尽管有以上发现，但在除西班牙之外的受访国家，认为致富对个人来说很重要的年轻人比例要明显高于相应的老年人的比例（见图 11-12）。

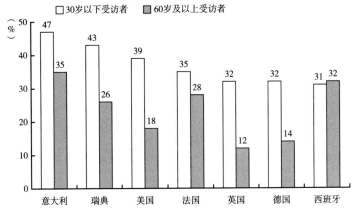

图 11-12　致富的主观重要性——按年龄和国别分析

　　注：该图涉及的问题："对有些人来说，致富很重要。对你个人来说，致富有多么重要？"

　　回答："非常重要或比较重要。"

　　资料来源：Allensbach Institute Survey 11085，Ipsos MORI Surveys J18-031911-01-02、J-19-01009-29、J-19-01009-47 和 J-20-091774-05。

　　年轻受访者渴望致富的比例高于老年受访者渴望致富的比例，这并不奇怪。毕竟，年轻人的人生还有很多可能性，而那些 60 岁前还没富起来的人往往接受了这个现实：尽管他们想获得巨大的财富，但这个愿望有可能永远实现不了。

第四节　性别和教育带来的差异

　　男性受访者普遍比女性受访者更渴望致富，这一差异在美国尤为明显。在所有受访国家，认为致富对他们个人来说很重要的男性多于女性（见图 11-13）。

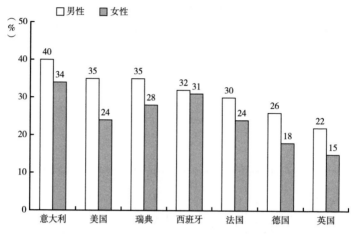

图 11-13　致富的主观重要性——按性别和国别分析

注：该图涉及的问题："对有些人来说，致富很重要。对你个人来说，致富有多重要？"

回答："非常重要或比较重要。"

资料来源：Allensbach Institute Survey 11085, Ipsos MORI Surveys J18-031911-01-02、J-19-01009-29、J-19-01009-47 和 J-20-091774-05。

　　从性别角度分析受访七国的社交嫉妒量表，差异就会更大。德国和法国的女性受访者的社交嫉妒系数比男性的社交嫉妒系数更高，美国、西班牙、英国和瑞典的情况则相反，并且这四个国家的社交嫉妒系数也较低，意大利的社交嫉妒系数整体上比这四个国家的社交嫉妒系数略高（见图 11-14）。

　　受教育程度和对富人的态度之间有联系吗？一般来说，受教育程度较低的受访者比受教育程度较高的受访者对富人更挑剔。在受访者对"富人拥有的越多，穷人得到的就越少"这个零和命题的回答中，该差异表现得最为明显。在除意大利以外的受访国家中，受教育程度较低的人比受教育程度较高的人更认同这一表述（见图 11-15）。

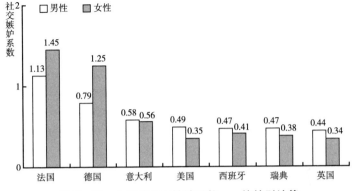

图 11-14 七国的社交嫉妒系数——按性别计算

注：社交嫉妒系数大于 1：嫉妒者（在社交嫉妒量表中的得分为 2 分或 3 分）多于非嫉妒者（在社交嫉妒量表中的得分为 0 分）。

社交嫉妒系数小于 1：非嫉妒者多于嫉妒者。

资料来源：Allensbach Institute Survey 11085，Ipsos MORI Surveys J18-031911-01-02、J-19-01009-29、J-19-01009-47 和 J-20-091774-05。

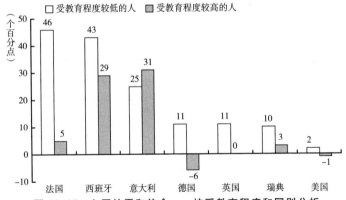

图 11-15 七国的零和信念——按受教育程度和国别分析

注：图中数字为"非常同意、倾向于同意"和"倾向于不同意、非常不同意"回答之间的个百分点。

该图涉及的问题："在多大程度上，你同意或不同意'富人拥有的越多，穷人得到的就越少'这种说法？"

资料来源：Allensbach Institute Survey 11085，Ipsos MORI Surveys J18-031911-01-02、J-19-01009-29、J-19-01009-47 和 J-20-091774-05。

在德国和法国，受教育程度较低的人的社交嫉妒程度明显高于受教育程度较高的人的社交嫉妒程度。而在意大利、瑞典和英国，该差别很小。美国对这个问题的研究发现格外引人注目：受教育程度较高的人比受教育程度较低的人有着更强的社交嫉妒倾向（见图 11-16）。

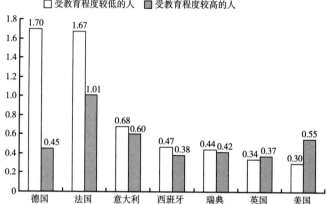

图 11-16　七国的社交嫉妒系数——按受教育程度分析

注：社交嫉妒系数大于 1：嫉妒者（在社交嫉妒量表中的得分为 2 分或 3 分）多于非嫉妒者（在社交嫉妒量表中的得分为 0 分）。

社交嫉妒系数小于 1：非嫉妒者多于嫉妒者。

资料来源：Allensbach Institute Survey 11085，Ipsos MORI Surveys J18 - 031911-01-02、J-19-01009-29、J-19-01009-47 和 J-20-091774-05。

第五节　谁应该富有，而谁不应该富有

之前的许多调查包含有关受访者对富人态度的笼统问题。然而，人们对富人的看法当然会因其致富方式的不同而不同。例如，某人的财富是当企业家积累的，还是通过继承

得来的？有人是不是因为成了高收入的顶级运动员、彩票中奖者或房地产投资者而变得富有？为了更细致地了解受访者的态度，我们在七个国家都问了以下问题："你认为哪些人应该成为富人？"

表 11-6 是对调查结果所做出的比较。

表 11-6　关于"谁应该成为富人"七国调查结果比较

国家	应该成为富人的人群排名
德国	1. 自由职业者
	2. 企业家
	3. 彩票中奖者
	4. 创意人士和艺术家，如演员或音乐家
	5. 顶级运动员
	6. 继承人
美国	1. 企业家
	2. 自由职业者
	3. 创意人士和艺术家，如演员或音乐家
	4. 房地产投资者
	5. 彩票中奖者
	6. 金融投资者
法国	1. 自由职业者
	2. 企业家
	3. 创意人士和艺术家，如演员或音乐家
	4. 彩票中奖者
	5. 高级管理人员
	6. 顶级运动员
英国	1. 企业家
	2. 自由职业者
	3. 创意人士和艺术家，如演员或音乐家
	4. 彩票中奖者
	5. 顶级运动员
	6. 金融投资者

续表

国家	应该成为富人的人群排名
意大利	1. 企业家
	2. 自由职业者
	3. 创意人士和艺术家，如演员或音乐家
	4. 彩票中奖者
	5. 顶级运动员
	6. 高级管理人员
西班牙	1. 企业家
	2. 自由职业者
	3. 创意人士和艺术家，如演员或音乐家
	4. 彩票中奖者
	5. 顶级运动员
	6. 金融投资者
瑞典	1. 自由职业者
	2. 企业家
	3. 创意人士和艺术家，如演员或音乐家
	4. 彩票中奖者
	5. 顶级运动员
	6. 金融投资者

资料来源：笔者自制。

表 11-6 显示，企业家和自由职业者在所有七个受访国家都处于靠前的位置。与此同时，受访者也明确表示，演员或音乐家之类的创意人士和艺术家、顶级运动员及彩票中奖者也应该成为富人。在美国、西班牙、英国、瑞典这四个社交嫉妒系数最低的四个国家，金融投资者也榜上有名。相比起来，顶级运动员在德国仅排名倒数第二，在法国和意大利的排名也远远落后。然而，有一个发现在受访七国相当一致：高级管理人员被认为是最不应该致富的群体。甚至在意大利，他们也排在了最后。

第六节　对富人的普遍看法和个人看法

虽然这七个国家的受访者答的是同样的问卷，但有一个调查项在美国、法国和英国没有涉及，因为非常不幸，调查人员是在后来的调查中才想出要调查这个问题的。在询问了德国、西班牙、意大利和瑞典的民众对富人的普遍看法之后，调查人员向那些认识至少一位富人的受访者询问了一个补充问题。调查人员想知道受访者会将哪些性格特征归于自己最了解的富人。随后，调查人员比较了一般的富人和受访者认识的富人正面和负面性格特征出现的频率。德国、意大利、西班牙和瑞典的数据清楚地证实，整体民众对富人的态度同我们从至少认识一位富人的小群体中得到的回答存在着很大差异，整体民众对富人的态度要消极得多（见图11-17）。

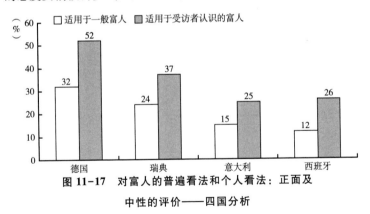

图 11-17　对富人的普遍看法和个人看法：正面及中性的评价——四国分析

注：针对大众（所有受访者）的问题：“如果有的话，哪些正面及中性的评价适用于富人？”

针对本人至少认识一位富人的受访者的补充问题：“如果有的话，正面及中性的评价适用于你所认识的富人吗？”

资料来源：Allensbach Institute Survey 11085，Ipsos MORI Surveys J-19-01009-29、J-19-01009-47 和 J-20-091774-05。

平均而言，德国 44%、西班牙 36%、意大利 28% 及瑞典 26% 的普通民众认为富人总体上具有负面品质。然而，在那些至少认识一位富人的受访者中，这一比例要低得多：它在德国平均只为 15%，在瑞典为 17%，在西班牙为 19%，在意大利则为 20%（见图 11-18）。

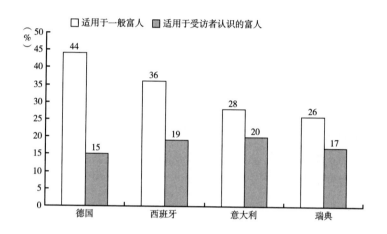

图 11-18 对富人的普遍看法和个人看法：（有些）负面的评价——四国分析

注：针对大众（所有受访者）的问题："如果有的话，哪些负面的评价适用于富人吗？"

针对本人至少认识一位富人的受访者的补充问题："如果有的话，负面的评价适用于你所认识的富人吗？"

资料来源：Allensbach Institute Survey 11085，Ipsos MORI Surveys J-19-01009-29、J-19-01009-47 和 J-20-091774-05。

在 14 种性格特征中，诚实在所有受访国家中都是最不常被选择的性格特征（见图 11-19）。

然而，令人吃惊的是，在有的国家我们向所有受访者询问

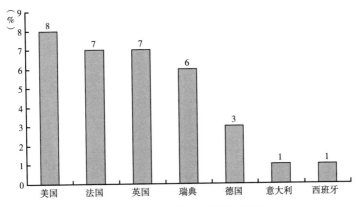

图 11-19　七国调查：富人诚实吗？

注：该图涉及的问题："如果有的话，哪个（些）词适合形容富人的性格特征？"

回答："诚实。"

图中数字为选择"诚实"选项的受访者百分比。

资料来源：Allensbach Institute Survey 11085，Ipsos MORI Surveys J18-031911-01-02、J-19-01009-29、J-19-01009-47 和 J-20-091774-05。

了一个有关富人的问题，又向至少认识一位富人的受访者提了同样的问题，结果发现两个群体对富人是否具备"诚实"这一性格特征的回答存在着显著的差异。比起不认识富人的受访者，认识一个或多个富人的受访者更有可能将其认识的富人描述为诚实的人（见图 11-20）。

这就证实了偏见研究领域的学者所得出的有关其他社会少数群体的论断：那些与某个少数群体有过密切交往的人比只受媒体影响的人更有可能对该群体抱有积极的态度。正如我们的调查所示，这一论断同样适用于人们对富人这个少数群体的看法。

第七章的研究结果表明，在形成人们对外部群体印象的过程中，有关"道德特征"（M 特征）的判断通常比"能力特

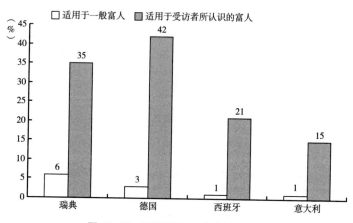

图 11-20　四国调查：富人诚实吗？

注：针对大众（所有受访者）的问题："如果有的话，哪个（些）词适合形容富人的性格特征？"

针对至少认识一位百万富翁的受访者的补充问题："如果有的话，哪个（些）词适合形容你所认识的富人的性格特征？"

回答："诚实。"

图中数字为选择"诚实"选项的受访者百分比。

资料来源：Allensbach Institute Survey 11085，Ipsos MORI Surveys J18-031911-01-02、J-19-01009-29、J-19-01009-47 和 J-20-091774-05。

征"（C 特征）的判断发挥的作用更大。如我们所见，将能力特征而非道德品质归于外部群体会产生深远的影响。从认知研究中我们了解到，对他人和外部群体的印象往往更多地依赖于道德品质，而不是能力特征。通常来说，与道德相关的信息比与能力相关的信息在认知中发挥着更加重要的作用。研究人员证实，道德和能力是决定我们对外部群体看法的两个关键性因素。我们认知内容的 3/4 是由这两个因素决定的。[1]

---

[1]　Bogdan Wojciszke, Róża Bazinska and Marcin Jaworski, "On the Dominance of Moral Categories in Impression Formation," *Personality and Social Psychology Bulletin* 24, no. 12 (1998): 1251.

由博格丹·沃伊奇斯克、罗斯阿·巴津斯卡和马辛·贾沃斯基进行的一项实验评估了对外部群体的印象是更多地基于"道德"特征（如诚实），还是"能力"特征（如聪明）。他们的研究结果证实，用来形成对他人整体印象的七大特征中，有六个是道德特征，只有一个是能力特征。"相对于特定的 C 特征，对 M 特征的判断能更好地预测出对他人的整体印象。"①

在我们的调查中，最常归于富人的正面特征都是能力特征，尤其是聪明和勤奋。最常被提及的富人的负面特征——强调物质利益和傲慢，则是道德特征。最不常被提及的"诚实"也属于道德特征。聪明、勤奋、勇敢，但又残忍、傲慢、以自我为中心、不诚实的人是一种威胁。反之，具有相反特征的人——不聪明、懒惰、懦弱，但诚实、善良、无私——则是无害的。给别人留下正面还是负面的印象更多地取决于道德特征而非能力特征，因此被人认为聪明、勤奋，但残忍、不诚实，对富人没什么"好处"。

第七节　税收

大多数受访者认为，富人应该比穷人或普通收入者缴纳更高的税，这也是所有受访国家税收制度的运作方式。但在对富人应缴税额应该高到何种程度这个问题上，人们的意见并不一致。例如，在法国和德国，大多数受访者认为，富人不仅应该缴纳高税，而且该缴纳非常高的税。在其他国家，相对多数的人也支持不仅要对富人征收高税，而且要征极高的税。在这一

---

① Bogdan Wojciszke, Róża Bazinska and Marcin Jaworski, "On the Dominance of Moral Categories in Impression Formation," *Personality and Social Psychology Bulletin* 24, no. 12（1998）: 1256.

点上值得注意的是，瑞典是调查中唯一一个反对富人缴纳极高税额的国家（见图 11-21）。这也许与 20 世纪 70 年代瑞典的富人负担着极高的税有关。瑞典人那时就意识到国家惩罚性的税收制度正在损害整个社会。事实上，瑞典一些最富有的公民，包括宜家（IKEA）的创始人英格瓦·坎普拉德，就为了逃避该国过高的税离开了瑞典。20 世纪 90 年代，瑞典对税制进行了改革，废除了财富税、遗产税和赠与税。

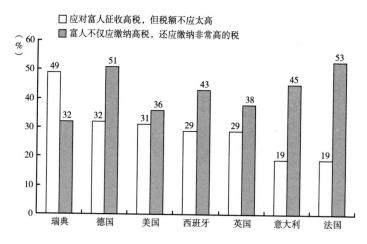

图 11-21　七国调查：应对富人征收高税吗？

注：该图涉及的问题："总的来说，你同意以下哪种观点？"相关观点有：应对富人征收高税，但税额不应太高；富人不仅应缴纳高税，还应缴纳非常高的税。

资料来源：Allensbach Institute Survey 11085，Ipsos MORI Surveys J18-031911-01-02、J-19-01009-29、J-19-01009-47 和 J-20-091774-05。

第八节　管理者薪酬

如果有人问我，富人获得高收入和财富，其中贡献最大的特征是什么，我会把诸如"创造力"（对企业家而言）或"稀缺/稀有技能"（对高级管理人员、顶级运动员、艺术家等而言）等因素排在"勤奋"之前。

富人的工作时间确实比一般人长，所以在这方面，认为富人特别"勤奋"的受访者是对的。2012 年，梅兰妮·伯温-斯科梅兰布洛调查了 472 名德国富人（平均净资产为 230 万欧元，中位数为 140 万欧元）[1]，发现富人平均每周工作 46 小时，而中产阶级每周的平均工作时间为 39 小时。那些靠自由职业致富的人平均每周工作时间甚至长达 50 个小时。[2] 因此，德国富人平均每周的工作时间比中产阶级平均每周的工作时间多。然而，仅凭多出的时间并不能解释为什么梅兰妮·伯温-斯科梅兰布洛研究中受访者的财富比整体人口的平均财富高出了 40 多倍。

从财富研究中我们知道，大多数富人是通过创业致富的。[3] 许多情况下，他们有着杰出的商业想法，特别有创造力。然而，受访者最常提到的富人特征并不是创造力，而是勤奋。

在所有七个受访国家，显然大多数受访者不认识百万富翁，因此他们肯定是根据媒体的描述或将自己的经历投射到富人身上，来认知富人的。对于普通员工来说，要想挣更多的

① Melanie Böwing-Schmalenbrock, *Wege zum Reichtum : Die Bedeutung von Erb-schaften, Erwerbstätigkeit und Persönlichkeit für die Entstehung von Reichtum*, Wiesbaden : Verlag für Sozialwissenschaften, 2012, p. 139.

② Melanie Böwing-Schmalenbrock, *Wege zum Reichtum : Die Bedeutung von Erb-schaften, Erwerbstätigkeit und Persönlichkeit für die Entstehung von Reichtum*, Wiesbaden : Verlag für Sozialwissenschaften, 2012, p. 213.

③ Melanie Böwing-Schmalenbrock, *Wege zum Reichtum : Die Bedeutung von Erb-schaften, Erwerbstätigkeit und Persönlichkeit für die Entstehung von Reichtum*, Wiesbaden : Verlag für Sozialwissenschaften, 2012, p. 187.

钱，就得更加勤奋，比如说加班。有些员工根据他们的个人经验认为，一个人的收入取决于他工作的时长和努力程度。对富人持积极态度的人可能会因此认为富人格外勤奋，而那些对富人持批评态度的人（正如我们的调查结果所显示的那样）并不会因此认为富人特别勤奋。

受访者对富人的态度很大程度上受到他们对决定个人收入的关键因素的假设的影响。这种影响可以从受访者对管理者薪酬的看法中看出来。管理者的薪酬水平不是像许多人认为的那样，由他或她工作的小时数决定，而是由市场对管理者的需求来决定的。然而，我们的调查数据显示，大多数人并没有意识到这种联系，尤其是低收入者。我们在这七个国家询问了受访者，是否同意以下关于管理者收入比员工收入高 100 倍的观点。

观点 A：管理者挣那么多钱是不合适的，因为他们没有比员工工作的时间更长、更努力。

观点 B：公司只有支付高薪才能雇用和留住最好的管理者，否则这些管理者就会去另一家薪酬更高的公司工作，或者自己创业。

观点 A 暗示工资最终由或者应该由一个人工作的努力程度和时间长短来决定，非常高的工资——也就是说，那些与额外努力不成正比的工资——是"不公平的"。观点 B 则假设市场对管理者的需求是确定管理者薪酬的决定性因素。

图 11-22 显示，七国大多数受访者同意观点 A，这意味着工作更努力、工作时间更长被认为在确定个人薪资方面起决定性作用。更多低收入的受访者似乎相信，或许出于个人经验，工作更努力、工作时间更长对收入有直接的影响（更多的加班＝更高的工资），因此同意观点 A。

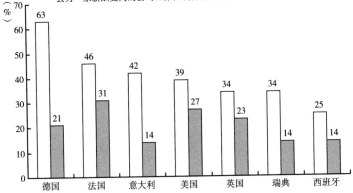

□ 管理者挣那么多钱是不合适的，因为他们没有比员工工作的时间更长、更努力

■ 公司只有支付高薪才能雇用和留住最好的管理者，否则这些管理者就会去另一家薪酬更高的公司工作，或者自己创业

图 11-22　七国调查：对管理者高薪的态度

注：该图显示了在七个国家的受访者中，同意观点 A 或观点 B 两种关于管理者收入比员工收入高 100 倍的陈述的比例。

资料来源：Allensbach Institute Survey 11085，Ipsos MORI Surveys J18-031911-01-02、J-19-01009-29、J-19-01009-47 和 J-20-091774-05。

第十二章

日本人、韩国人和
越南人如何看待富人

第一节　对亚洲人来说，致富更重要

2021 年 9 月，同样的调查在另外三个亚洲国家——日本、韩国和越南展开。益普索·莫里民调公司在这几个国家都调查了大约 1000 名受访者。

调查人员对所有受访者都问了一个相同的问题：致富对他们个人来说有多重要。在六个欧洲国家及美国，平均 28% 的受访者表示，致富对他们个人来说"非常重要"或"比较重要"。具体到单个国家，这一比例从英国的 19% 到意大利的 36% 不等。

最新一轮的调查证实，这一比例在所有亚洲国家都更高：在日本为 43%，在中国为 50%，在韩国为 63%，在越南更是高达 76%。在这四个亚洲国家认为致富对个人来说非常重要或比较重要的受访者的平均比例为 58%，比欧洲和美国的这一比例整整高出了 30 个百分点（见图 12-1）。亚洲人更渴望成功——这在一定程度上解释了亚洲大部分地区，尤其是中国和越南等国的经济活力水平较高的原因。

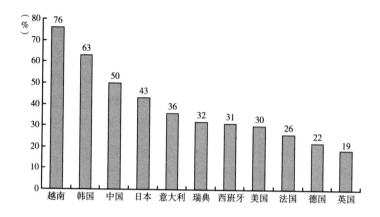

图 12-1　致富的主观重要性

注：该图涉及的问题："对有些人来说，致富很重要。对你个人来说，致富有多重要？"

回答："非常重要或比较重要。"

资料来源：Allensbach Institute Surveys 11085、8271，Ipsos MORI Surveys J-18-031911-01-02、J-19-01009-29、J-19-01009-47、J-20-091774-05 和 J-21-041026-01。

第二节　社交嫉妒系数、性格特征系数和富人情感指数

本研究专门开发了社交嫉妒系数，它能够表明任何特定国家中嫉妒者与非嫉妒者之间的比例。确定社交嫉妒系数的方法在第十章中已有解释。社交嫉妒系数为 1 意味着嫉妒者和非嫉妒者的数量相等。该系数小于 1 时，非嫉妒者多于嫉妒者；而该系数大于 1 时，嫉妒者多于非嫉妒者。我们发现，与欧洲和美国相比，日本、韩国和越南的社交嫉妒远没有那么明显。日本 0.25 的社交嫉妒系数是所有 11 个受访国家中最低的。韩国的社交嫉妒系数也仅为 0.33，越南的社交嫉妒系数为 0.43（见图 12-2）。

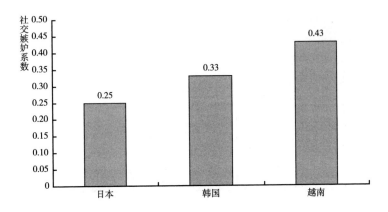

图 12-2 日本、韩国和越南的社交嫉妒系数

注：社交嫉妒系数大于 1：嫉妒者（在社交嫉妒量表中的得分为 2 分或 3 分）多于非嫉妒者（在社交嫉妒量表中的得分为 0 分）。

社交嫉妒系数小于 1：非嫉妒者多于嫉妒者。

资料来源：Ipsos MORI Survey J-21-041026-01。

我们在所有 11 个国家都提出了完全相同的问题，因此就有了可靠的比较基础。从图 12-3 我们可以看出，日本的非嫉妒者比其他受访国家都多（日本非嫉妒者的比例为 57%）。韩国和越南的这一比例与美国和英国的类似，分别为 46% 和 44%。

而且，由于日本、韩国和越南的态度矛盾者（介于嫉妒者和非嫉妒者之间的群体）很多，嫉妒者就相对少了：日本的嫉妒者占比为 11%，韩国的嫉妒者占比为 13%，越南的嫉妒者占比为 16%（见图 12-3）。

社交嫉妒系数是比较不同国家嫉妒程度和对富人态度的一个重要参数，当然并不是唯一的参数。在所有受访国家，受访者都拿到了一份包含七个正面和七个负面性格特征的清单，并被询问哪个（些）特征可能适用于富人。在日本、韩国和越南所做的关于富人的性格特征的调查见图 12-4、图 12-5 和图 12-6。

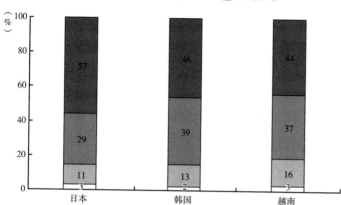

■ 不嫉妒者　■ 态度矛盾者　▨ 嫉妒者　□ 铁杆嫉妒者

图 12-3　按社交嫉妒量表排名分类的日本、韩国和越南受访者

资料来源：Ipsos MORI Survey J-21-041026-01。

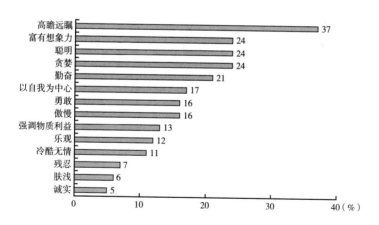

图 12-4　日本调查：富人的性格特征

注：该图涉及的问题：“如果有的话，哪个（些）词适合形容富人的性格特征？”图中数字为选择相关项的受访者百分比。

资料来源：Ipsos MORI Survey J-21-041026-01。

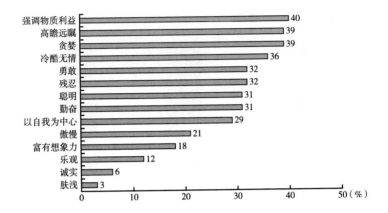

图 12-5　韩国调查：富人的性格特征

注：该图涉及的问题："如果有的话，哪个（些）词适合形容富人的性格特征？"图中数字为选择相关项的受访者百分比。

资料来源：Ipsos MORI Survey J-21-041026-01。

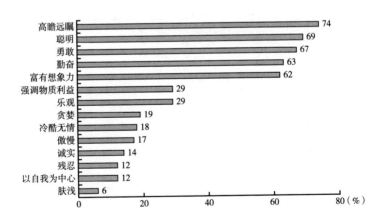

图 12-6　越南调查：富人的性格特征

注：该图涉及的问题："如果有的话，哪个（些）词适合形容富人的性格特征？"图中数字为选择相关项的受访者百分比。

资料来源：Ipsos MORI Survey J-21-041026-01。

　　为了更直接地比较受访国民众，我们接着计算了每个国家富人正面性格特征（如聪明、勤奋等）和负面性格特征（如以自我为中心、贪婪等）的平均比例，将二者相除，得到了性格特征系数。格外引人注目的是，在评估富人的性格特征时，越南和日本的受访者表现得极其正向：日本的PTC为0.7；越南的PTC为0.3，是11个受访国家中比较低的。越南受访者认为富人最常见的六种性格特征竟然都是正面的！韩国的PTC为1.1，与美国或瑞典的系数相当（见表12-1和图12-7）。

表 12-1　日本、韩国和越南的性格特征系数

	日本	韩国	越南
负面性格特征的平均比例	13%	27%	16%
正面性格特征的平均比例	20%	24%	54%
PTC	0.7	1.1	0.3

资料来源：Ipsos MORI Survey J-21-041026-01。

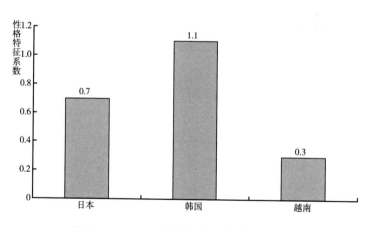

图 12-7　日本、韩国和越南的性格特征系数

注：PTC：七个负面性格特征的平均比例除以七个正面性格特征的平均比例。

资料来源：Ipsos MORI Survey J-21-041026-01。

有了社交嫉妒系数和性格特征系数，我们就可以计算出富人情感指数。富人情感指数的核心是经过性格特征系数调整的社交嫉妒系数。SEC 最终取决于三个问题，即判断受访者在社交嫉妒量表中位置的那三个问题。SEC 的权重是 PTC 的 3 倍，而 PTC 只与性格特征项有关。由表 12-2 和图 12-8 可知，日本的 RSI 为 0.4，越南的 RSI 为 0.4，韩国的 RSI 为 0.5，比除英国以外的其他所有受访国家的都要低。英国的 RSI 也是 0.5。欧洲六国和美国富人情感指数的平均值为 0.9。

表 12-2　日本、韩国和越南的富人情感指数

社交嫉妒系数经性格特征系数调整：RSI=(3SEC + 1PTC)÷4
RSI 大于 1：对富人的负面评价多于正面评价。
RSI 小于 1：对富人的正面评价多于负面评价。

	日本	韩国	越南
SEC	0.3	0.3	0.4
PTC	0.7	1.1	0.3
RSI	0.4	0.5	0.4

注：表中的 SEC、PTC 和 RSI 均在四舍五入后取小数点后 1 位数。
资料来源：Ipsos MORI Survey J-21-041026-01。

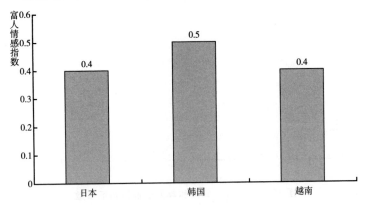

图 12-8　受访的亚洲三国的富人情感指数

资料来源：Ipsos MORI Survey J-21-041026-01。

图 11-7 和表 12-2 显示，日本、韩国和越南对富人的评价要比美国和欧洲国家对富人的评价积极得多。

受访者对"替罪羊"说法和其他调查项的回应证实了受访的 11 个国家中嫉妒者和非嫉妒者之间的差异。嫉妒者格外容易迁怒"替罪羊"，这也再次证实了社交嫉妒量表在区分嫉妒者和非嫉妒者方面的准确性。在韩国，"替罪羊"的说法得到了 40% 的嫉妒者和 19% 的非嫉妒者的认可。日本的调查结果也类似：33% 的嫉妒者以及仅有其差不多一半的非嫉妒者（15%）同意"替罪羊"的说法。越南的调查结果也类似：15% 的非嫉妒者与 32% 的嫉妒者倾向于迁怒"替罪羊"。

第三节　收入、年龄、性别和受教育程度带来的差异

在大多数国家，收入较低的人比收入较高的人在社会交往过程中更容易产生嫉妒。正如我们所看到的那样，中国也是如此。有趣的是，我们在日本没有看到这种差异：低收入者（300 万日元以下的人）的社交嫉妒系数为 0.25，而高收入者（1000 万日元以上的人）的社交嫉妒系数为 0.26。在韩国，虽然低收入者的社交嫉妒系数（0.31）比高收入者（0.41）略低，但二者的社交嫉妒程度都很低。越南的情况有些复杂：最低收入群体（年收入低于 750 万越南盾的群体）的社交嫉妒系数为 0.27，次低收入群体（750 万 ~ 1100 万越南盾的群体）的社交嫉妒系数为 0.44，最高收入群体（2350 万越南盾及以上的群体）的社交嫉妒系数为 0.35。

我们已经了解到，在一些欧洲国家，特别是在美国，年轻（30 岁以下）和老年（60 岁及以上）的受访者对富人的看法

存在着显著的差异。在美国，年轻人对富人的批评要比老年人对富人的批评强烈得多，意大利的情况则正好相反。

由图 12-9 可知，在日本、韩国和越南，不同年龄组之间的社交嫉妒系数差异不是很大。韩国 16~29 岁受访者的社交嫉妒系数为 0.24，60 岁及以上受访者的社交嫉妒系数为 0.34。日本 16~29 岁受访者的社交嫉妒系数为 0.27，60 岁及以上受访者的社交嫉妒系数为 0.15。越南 16~29 岁受访者的社交嫉妒系数为 0.49，比 55 岁及以上受访者的社交嫉妒系数 0.35 略高。此前，我们只在美国的老年受访者以及意大利和英国的年轻受访者中发现过类似的低系数。

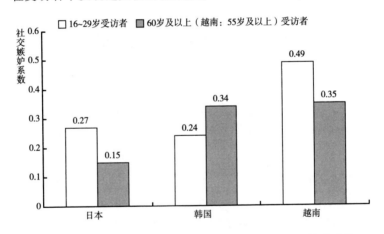

图 12-9　日本、韩国和越南年轻及老年受访者的社交嫉妒系数

注：社交嫉妒系数大于 1：嫉妒者（在社交嫉妒量表中的得分为 2 分或 3 分）多于非嫉妒者（在社交嫉妒量表中的得分为 0 分）。
社交嫉妒系数小于 1：非嫉妒者多于嫉妒者。
资料来源：Ipsos MORI Survey J-21-041026-01。

当调查人员询问年轻和老年的受访者，致富对他们个人来说有多重要时，情况就完全不同了。我们发现，在美国、法国、德国、瑞典、意大利、英国，声称致富对他们很重要的年轻受访者比例要比老年受访者比例高。日本的情况也是如此，16~29岁受访者中有50%希望成为富人，在60岁及以上的受访者中该比例只有37%。越南的模式同大多数受访国家的模式一样，只是比例要高得多：越南80%的16~29岁受访者和65%的55岁及以上受访者说，对他们个人而言致富很重要。在韩国，两个年龄组没什么差异：57%的16~29岁受访者和58%的60岁及以上受访者表示，致富对他们来说很重要（见图12-10）。

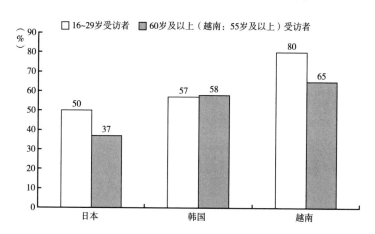

图12-10　日本、韩国和越南的调查：按年龄分析的致富的主观重要性

　　注：该图涉及的问题："对有些人来说，致富很重要。对你个人来说，致富有多重要？"
　　回答："非常重要或比较重要。"
　　资料来源：Ipsos MORI Survey J-21-041026-01。

　　那么不同性别的受访者对待致富态度的差异如何呢？正如我们所看到的那样，在欧洲和美国，男性受访者普遍比女性受访者更渴望致富。中国和日本的情况也是如此，但韩国和越南的情况不是这样。在韩国和西班牙，渴望致富的男性与女性比例大致相同。图 12-11 显示，越南的情况与其他国家的情况相反：想要致富的女性（80%）明显多于男性（72%）。

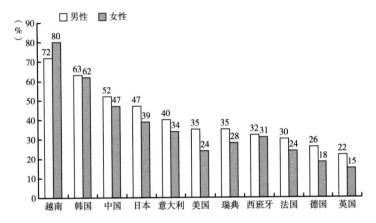

图 12-11　11 个受访国调查：按性别分析的致富的主观重要性

注：该图涉及的问题："对有些人来说，致富很重要。对你个人来说，致富有多重要？"

回答："非常重要或比较重要。"

资料来源：Allensbacher Surveys 11085、8271，Ipsos MORI Surveys J-18-031911-01-02、J-19-01009-29、J-19-01009-47、J-20-091774-05 和 J-21-041026-01。

从性别角度分析 11 个国家的社交嫉妒量表时，差异就会更大。如我们所见，德国、意大利和法国的女性的社交嫉妒系数比男性的社交嫉妒系数更高，而在美国、西班牙、英国和瑞典这四个社交嫉妒系数最低的国家，男性更嫉妒富人。

图 12-12 显示，韩国的男性和女性都不是特别嫉妒富人，但女性的社交嫉妒系数为 0.26，比男性的 0.45 要低，女性的普遍社交嫉妒程度要低于男性。同样，日本的男性和女性也都不是特别嫉妒，女性的社交嫉妒系数为 0.20，略低于男性的 0.31。

在越南，男性（社交嫉妒系数为 0.48）和女性（社交嫉妒系数为 0.41）的社交嫉妒程度也同样较低。

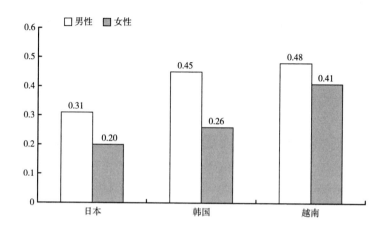

图 12-12　日本、韩国和越南的社交嫉妒系数——按性别分析

注：社交嫉妒系数大于 1：嫉妒者（在社交嫉妒量表中的得分为 2 分或 3 分）多于非嫉妒者（在社交嫉妒量表中的得分为 0 分）。

社交嫉妒系数小于 1：非嫉妒者多于嫉妒者。

资料来源：Ipsos MORI Survey J-21-041026-01。

受教育程度和对富人的态度之间有什么联系吗？正如我们所见，在德国和法国，受教育程度较低的人比受教育程度较高的人更容易表现出社交嫉妒。而在意大利、瑞典和英国，该差异微乎其微。美国的情况令人吃惊，在美国受教育程度较高的受访者明显比受教育程度较低的受访者更容易产生社交嫉妒。

在日本，受教育程度较低的受访者（社交嫉妒系数为 0.19）比受教育程度较高的受访者（社交嫉妒系数为 0.30）的社交嫉妒程度略轻一些，但无论日本人的受教育水平如何，社交嫉妒在日本社会中起的作用都是非常小的。在越南，受教育程度较低和较高的人群的社交嫉妒程度同样都较低，但与日本的情况一样，受教育程度较低者的社交嫉妒系数为 0.38，略低于受教育程度较高者的 0.49。

我们无法获得韩国的可靠数据，因为在韩国的样本中受教育程度较低的受访者人数太少。在韩国，拥有大学学位的人（包括硕士和博士）的社交嫉妒系数是 0.36，这部分人的社交嫉妒程度与整体人口的社交嫉妒的平均程度相当。

第四节　谁应该富有，而谁不应该富有

在所有受访的欧洲国家和美国，人们普遍认为企业家和自由职业者最应该拥有财富，其次是创意人士和艺术家（如演员或音乐家）、顶级运动员和彩票中奖者。在所有 11 个受访国家中，高级银行家都是因其财富成为最受人嫉妒的群体之一，不过中国除外。事实上，中国公众认为，高级银行家是最应该成为富人的人群，最靠前，其次才是企业家。

图 12-13 显示，在韩国和日本应成为富人的人的排名在

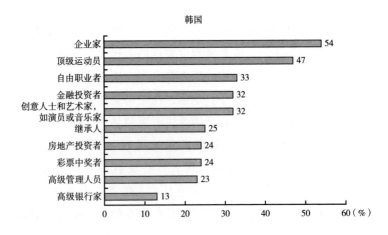

韩国

企业家　54
顶级运动员　47
自由职业者　33
金融投资者　32
创意人士和艺术家，如演员或音乐家　32
继承人　25
房地产投资者　24
彩票中奖者　24
高级管理人员　23
高级银行家　13

0　10　20　30　40　50　60（%）

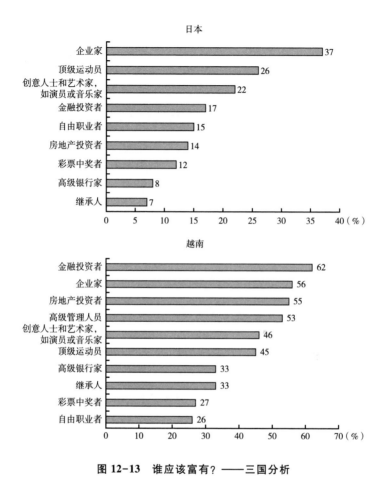

图 12-13 谁应该富有？——三国分析

注：该图涉及的问题："你认为哪些人应该成为富人？"
资料来源：Ipsos MORI Survey J-21-041026-01。

许多方面与欧洲和美国的相同，企业家排在首位，高级银行家的排名靠后。令人意外的是，与其他国家的受访者相比，日本和德国的受访者更倾向于认为继承人不该富有。在越南，企业家的排名很靠前（排在第二位），同时金融投资者、房地产投资者和高级管理人员的排名也靠前。自由职业者的排名最低，这很有可能是因为越南受访者对"自由职业者"一词的联想与美国和欧洲的受访者迥然不同。

第五节　对富人的普遍看法和个人看法

在询问了受访国家的民众对富人的看法之后，我们向那些至少认识一位富人的受访者提出了一个补充问题。

在韩国，我们将净资产超过 10 亿韩元的人认定为富人；在日本，我们将净资产超过 2 亿日元的人认定为富人；在越南，我们将净资产超过 100 亿越南盾的人认定为富人。在欧洲和美国，我们把净资产超过 100 万欧元/美元的人认定为富人；在瑞典，我们把净资产超过 1000 万瑞典克朗的人认定为富人。

日本只有 17% 的受访者表示自己认识富人，韩国的这一比例为 43%。相比之下，越南的相关比例非常高，达到了 69%。起初我们认为这是数据收集的错误，于是在两个不同的场合分别重复了此前的调查，最后证实最初的调查结果符合事实。

你可能还记得，在问到该补充问题的四个欧洲国家，民众对富人性格特征的评价远不如认识富人的人对富人的评价正面。亚洲也是如此，尽管并非所有的性格特征都是这样。图 12-14、图 12-15 和图 12-16 显示两种评价：一种是普通大众对富人的评价，另一种是那些至少认识一位富人的受访者对富人的评价。这些评价是关于受访者描述的富人的性格特征。

在总共 14 个性格特征中，"诚实"是所有受访国家中人们选择频率最低的富人的性格特征。从前面章节提供的数据中我们注意到，选择"诚实"的受访者比例从意大利和西班牙的 1% 到美国的 8% 不等（见图 11-19）。在日本，只有 5% 的

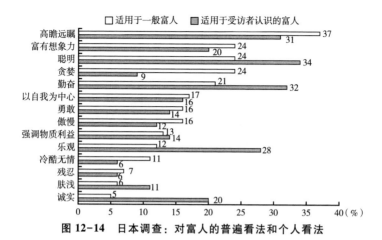

图 12-14 日本调查：对富人的普遍看法和个人看法

注：针对大众（所有受访者）的问题："如果有的话，哪个（些）词适合形容富人的性格特征？"

针对至少认识一位富人的受访者的补充问题："如果有的话，哪个（些）词适合形容你认识的富人的性格特征？"

资料来源：Ipsos MORI Survey J-21-041026-01。

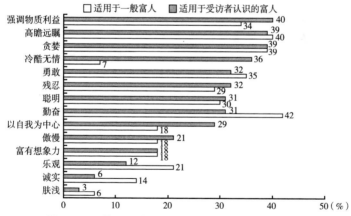

图 12-15 韩国调查：对富人的普遍看法和个人看法

注：针对大众（所有受访者）的问题："如果有的话，哪个（些）词适合形容富人的性格特征？"

针对至少认识一位富人的受访者的补充问题："如果有的话，哪个（些）词适合形容你认识的富人的性格特征？"

资料来源：Ipsos MORI Survey J-21-041026-01。

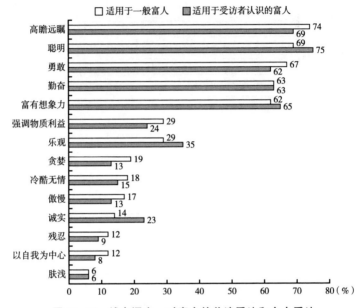

图 12-16　越南调查：对富人的普遍看法和个人看法

注：针对大众（所有受访者）的问题："如果有的话，哪个（些）词适合形容富人的性格特征？"

针对至少认识一位富人的受访者的补充问题："如果有的话，哪个（些）词适合形容你认识的富人的性格特征？"

资料来源：Ipsos MORI Survey J-21-041026-01。

不认识富人的受访者认为富人诚实。在韩国，该比例排倒数第二，为 6%（选择"肤浅"的受访者比例更低，为 3%）。在越南，14% 的不认识富人的受访者认为富人诚实，这一比例高于其他国家，但同样在 14 种可能的富人性格特征中仅排在第 11 位。

不过值得注意的是，在向至少认识一位富人的受访者提出补充问题的国家，我们发现对于富人是否"诚实"，人们的判断存在着显著差异。与整体民众相比，真正认识一个或多个富人的受访者更有可能将其熟知的富人描述为诚实的人（见图 12-17）。

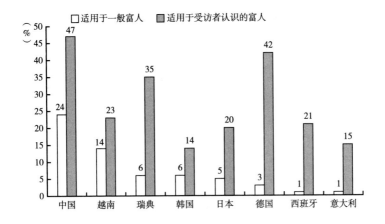

图 12-17　八国调查：富人诚实吗？

注：针对大众（所有受访者）的问题：“如果有的话，哪个（些）词适合形容富人的性格特征？”

针对至少认识一位富人的受访者的补充问题：“如果有的话，哪个（些）词适合形容你认识的富人的性格特征？”

资料来源：Allensbacher Institute Surveys 11085、8271, Ipsos MORI Surveys J-18-031911-01-02、J-19-01009-29、J-19-01009-47、J-20-091774-05 和 J-21-041026-01。

这就证实了偏见研究领域的科学家所得出的有关其他社会少数群体的论断：与只受媒体影响的人相比，那些同某个少数群体有过密切交往的人更有可能对该群体抱有积极的态度。正如我们的调查所示，这一论断同样适用于人们对富人这个少数群体的看法。

第六节　税收

在所有受访的欧洲国家（瑞典除外），以及中国和美国，认为富人不仅应该缴纳高税，而且应缴纳非常高的税的受访者多于反对向富人征收非常高的税的受访者。有时，相关调查结果的差异还非常大，例如，在法国，53%的受访者认为富人应该缴纳高税，只有19%的人认为他们应该缴高税，但税额不应太高。

越南是一个突出的例子，显示出了亚洲国家和欧洲国家之间的差异：亚洲国家高度重视财富，欧洲国家却普遍没那么重视财富。比如，关于税收问题我们在越南的调查结果与在法国的调查结果恰好相反：63%的越南人认为应对富人征收高税，但税额不应太高，只有21%的越南人主张对富人征收非常高的税（见图12-18）。

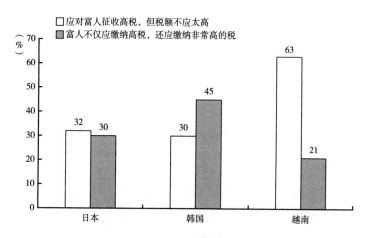

图 12-18　日本、韩国、越南的调查：应对富人征收高税吗？

注：该图涉及的问题："总的来说，你同意以下哪种观点？"相关观点有：应对富人征收高税，但税额不应太高；富人不仅应缴纳高税，还应缴纳非常高的税。

资料来源：Ipsos MORI Survey J-21-041026-01。

在日本，认为不应对富人征收高税的受访者多于主张向富人征收高税的受访者，但二者的数量差别不大：32%的日本受

访者反对对富人征非常高的税，30%赞成这一做法。韩国人在
这个问题上的看法与许多欧洲国家的公众的看法相同：45%的
韩国人赞成向富人征收非常高的税，只有30%的韩国人认为
不应该对富人征收过高的税（见图12-18）。

第七节　管理者薪酬

　　大多数人对富人的印象要么来自媒体的描述，要么是将自己
的经历投射到富人身上。对普通员工来说，想赚得多就要更勤奋
地工作，比如加班。他们根据个人经验认为，一个人挣多少钱取
决于他工作的时长和努力程度。对富人持积极态度的人可能会因
此认为富人格外勤奋，而对富人持批评态度的人——正如我们的
调查结果显示的那样——并不会因此认为富人特别勤奋。

　　决定个人收入的关键性因素是什么？受访者对此有何假
设？该假设很大程度上会影响受访者对富人的态度。这种影响
可以从受访者对管理者薪酬的看法中体现出来。管理者的薪资
水平并不像许多人认为的那样，由他或她工作的小时数决定，
而是由市场对管理者的需求状况来决定的。然而，大多数欧洲
人和美国人并没有意识到这种联系。我们在所有11个受访国
家都询问了受访者，是否同意以下有关管理者收入比员工高
100倍的观点。

　　　观点A：管理者挣那么多钱是不合适的，因为他们没
　　有比员工工作的时间更长、更努力。

　　　观点B：公司只有支付高薪才能雇用和留住最好的管
　　理者，否则这些管理者就会去另一家薪酬更高的公司工作，
　　或者自己创业。

如我们所见，在欧洲和美国，大多数受访者同意观点 A，这表示在确定一个人的工资时，工作更努力、工作时间更长被认为起决定性作用。

图 12-19 显示，日本的情况就不同了，只有 13% 的受访者表示，管理者的收入比员工的收入高 100 倍是不合适的，因为他们并不比员工工作的时间更长、更努力。18% 的日本受访

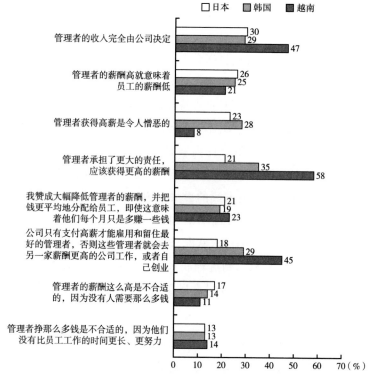

图 12-19 日本、韩国和越南的民众对管理者高薪的态度

注：该图涉及的问题："下面是若干有关管理者收入比员工的收入高 100 倍的陈述，你同意其中的哪一种说法？"

资料来源：Ipsos MORI Survey J-21-041026-01。

者认为，公司只有支付高薪，才能雇用和留住最好的管理者（相比之下，德国的这一比例为21%，法国的为31%，美国的为27%，见图11-22）。

图12-19显示，韩国的情况与日本的类似：只有13%的韩国受访者表示，管理者并不比员工工作的时间更长、更努力，其收入比员工的高100倍是不合适的。相比之下，多达29%的韩国受访者认为，企业只有支付高薪，才能雇用和留住最好的管理者。

越南在这个问题上的差异也十分明显。只有14%的越南受访者认为管理者并不比员工工作的时间更长、更努力，其收入比员工的收入高100倍是不合适的。相比之下，45%的越南受访者赞同，企业只有支付高薪，才能雇用和留住最好的管理者。

总之，我们的调查证实，日本、韩国和越南的社交嫉妒程度要低于欧洲和美国的。在欧洲和美国，社交嫉妒系数平均值为0.64，而日本、韩国和越南的社交嫉妒系数平均值仅为0.34。

与其他受访国家相比，日本、韩国和越南的民众对富人的性格特征抱有更积极的看法。与欧洲和美国相比，日本、韩国和越南民众想致富的愿望也更为明显。在日本、韩国、越南和中国，平均58%的受访者对致富的愿望表示肯定，而在欧洲和美国这一比例为28%。

根据我们收集的数据，可以肯定地说，日本、韩国和越南的民众对富人的态度要比欧洲人和美国人积极得多。衡量人们对富人总体态度的富人情感指数在欧洲和美国的平均值为0.9，而在日本、韩国和越南，富人情感指数的平均值仅为0.4。

第十三章

好莱坞电影中的富人

人们对富人的看法除了受报纸、杂志和网络的影响，还受电视剧和电影的影响。为了检验全球范围内这些媒体的影响，有个研究团队[1]制定了分析流行电影中富人角色刻画的标准。首先，该团队对过去二十几年每年全球票房收入最高的 20 部电影进行了排名。[2] 1990～2017 年，全球共发行 560 部电影。因为没有可靠的数据来确定哪些影片看过的观众最多，所以排名的依据是票房收入。高票房收入几乎都对应着较高的观影人数。通货膨胀或人口膨胀等因素并不会影响观众的选择，因为排名的依据是同一年度上映的电影的票房收入（见表 13-1）。

表 13-1　电影样本

《风月俏佳人》，排名第 3，1990 年	《皇家赌场》（詹姆斯·邦德系列电影之一），排名第 4，2006 年
《与敌共眠》，排名第 10，1991 年	《穿普拉达的女魔头》，排名第 12，2006 年

---

① 感谢 Anja Georgia Graw、Ansgar Graw、Alexander Knuppertz 博士，以及 Malte Paulmann 和 Oliver Wenzlaff 博士，他们为本章的撰写提供了帮助。

② 票房收入数据来自 Nash Information Services, The Numbers（website），https://www.the-numbers.com/box-office-records/worldwide/all-movies/cumulative/。

《岳父大人》，排名第 14，1991 年	《十三罗汉》，排名第 16，2007 年
《白头神探 2½：恐怖的气味》，排名第 15，1991 年	《量子危机》（詹姆斯·邦德系列电影之一），排名第 7，2008 年
《保镖》，排名第 2，1992 年	《欲望都市》，排名第 11，2008 年
《本能》，排名第 4，1992 年	《国王的演讲》，排名第 12，2010 年
《辛德勒的名单》，排名第 4，1993 年	《闪亮人生》，排名第 15，2012 年
《桃色交易》，排名第 6，1993 年	《华尔街之狼》，排名第 17，2013 年
《偷窥》，排名第 19，1993 年	《了不起的盖茨比》，排名第 20，2013 年
《阿甘正传》，排名第 2，1994 年	《五十度灰》，排名第 11，2015 年
《勇敢的心》，排名第 13，1995 年	《王牌特工：特工学院》，排名第 18，2015 年
《赎金》，排名第 6，1996 年	《汉尼拔》，排名第 10，2001 年，恐怖片
《前妻俱乐部》，排名第 14，1996 年	《钢铁侠》，排名第 8，2008 年，科幻片
《贝隆夫人》，排名 20，1996 年	《蝙蝠侠：黑暗骑士》，排名第 1，2008 年，超级英雄片
《泰坦尼克号》，排名第 1，1997 年	《飞屋环游记》，排名第 6，2009 年，动画片
《择日再死》（詹姆斯·邦德系列电影之一），排名 4，2002 年	《奇异博士》，排名第 11，2016 年，超级英雄片
《网上情缘》，排名第 12，1998 年	《热情如火》，（1959 年，20 世纪 50 年代的代表电影）
《佐罗的面具》，排名第 15，1998 年	《西部往事》，（1968 年，20 世纪 60 年代的代表电影）
《诺丁山》，排名第 7，1999 年	《火烧摩天楼》，（1974 年，20 世纪 70 年代的代表电影）
《黑日危机》（詹姆斯·邦德系列电影之一），排名第 8，1999 年	《华尔街》，（1987 年，20 世纪 80 年代的代表电影）

《永不妥协》，排名第 13，2000 年	《金钱世界》，2017 年
《爱是妥协》，排名第 11，2003 年	

资料来源：Nash Information Services，The Numbers（website），https：//www.the-numbers.com；Worldwide Boxoffice.com（website），http：//www.worldwideboxoffice.com。

对 43 部电影的分析

经过若干系统的筛选，560 部影片的总数有所减少。动画片、纪录片、魔幻片、恐怖片、科幻片和超级英雄片被排除在外，因为研究人员通常很难确定此类电影中的富人到底有多少财富。虽然魔幻片中不乏富人角色，但分析的重点是那些描绘真实、可衡量财富的电影。

接下来，研究人员从剩下的电影里选出以富人为主角的电影。主角通过犯罪或其他非法活动获得财富的电影被排除了，因为对"职业"罪犯的刻画本身就是负面的，对本次调查的意义有限。因此，《豪情四海》、《盗火线》，以及詹姆斯·邦德系列的某些电影，如《幽灵党》等，都被排除在外了。[1]

经过筛选，研究人员确定了 33 部电影样本。为了确保早几十年和之前排除掉的电影类型不被完全忽视，选择的样本数量有所增加。研究人员从动画片、魔幻片、恐怖片、科幻片和超级英雄片里挑选了一部有名的影片及一部随机选取的影片。研究人员还从 20 世纪 50 年代、60 年代、70 年代和 80 年代电

---

[1] 考虑到这些电影与电影中的富人形象的相关性，研究团队将电影《金钱世界》加入了表 13-1 的电影样本中。上映半年后，这部电影的收入比制作成本多了 700 万美元。然而，由于该片推迟到 2017 年 12 月 25 日才上映，因此到 2018 年底研究团队才对其票房成绩进行了全面评估。

影中分别挑选了一部调查所涵盖日期之前的代表电影。

这样就产生了最终的 43 部电影样本，用于进一步的详细分析（见表 13-1）。在这些电影中，有 41 部是由好莱坞电影公司（如华纳兄弟影业公司、派拉蒙影业公司、20 世纪福克斯电影公司）或其子公司制作、联合制作或全部（至少在很大程度上）发行的。只有《闪亮人生》（法国）和《国王的演讲》（英国）是在美国之外制作的。

研究人员对每部电影的情节都进行了总结，并用码本对每部电影中富人角色的刻画进行了分析。比如，记录下每部电影中富人角色的性别和职业。码本是进行深入分析的基础，用来记录这些角色的品质和性格特征：可爱、讨厌、能干、无能、热心、冷酷、以自我为中心、贪婪、傲慢、富有想象力、鲁莽、肤浅、勇敢、有远见、讲道德、不讲道德、控制欲强等。

码本记录了富人角色在第一次出现时以及电影结尾时的性格特征和品质。此外，研究人员还确定了富人角色是否有对手角色，即作为陪衬的对比性角色。此类角色不一定是富人角色的直接反对者或对手。有时候对手角色只是一个更容易被广大电影观众认同的人，与富有的主角有着间接或直接的关系。码本也会记录下这些对手角色的性格特征。

跨越 50 年的八部电影

为了更好地进行举例说明，在讨论完整分析的结果之前，我们先比较详细地介绍一下其中八部电影的情节。

《西部往事》

神秘的、吹口琴的枪手与一个富有的铁路大亨雇用的杀手纠缠在了一起。事实证明，口琴手（查尔斯·布朗森饰）也有自己的一笔账要和杀手弗兰克（亨利·方达饰）了结，因为弗兰克曾经残忍地杀害了他的哥哥。

弗兰克在为病重的铁路大亨莫顿先生做事。由于自己是个将死之人，莫顿打算在死前完成通往太平洋的铁路。然而丧偶的麦克贝恩让莫顿遭受了挫折。麦克贝恩有一块重要的土地正在这条铁路边上，当初购买这块土地是为了致富。他的这块土地将为铁路上的蒸汽机车提供不可或缺的水资源。

弗兰克及其团伙射杀了麦克贝恩和他的三个孩子。莫顿对这些杀戮感到不安，不是出于道德原因，而是因为，在他看来，这种简单粗暴的方式只会导致不必要的复杂结果。他拿出一沓钱给弗兰克看："你看，弗兰克，我们有许多武器，而唯一能阻止它们的，就是这个。"

影片中的富人角色莫顿并没有被刻画成残忍甚至令人憎恶的形象。他被描绘成一个不问是非的人，极度渴望实现自己的梦想，建立自己的企业，并愿意采用一切手段，甚至不惜杀害无辜的人，包括儿童。他非常执着，为了追求自己的企业梦，不愿被任何事阻碍。

《火烧摩天楼》

在旧金山一座巨型摩天大楼举办的开幕式上，发生了一场火灾，大楼变成了死亡陷阱——这都是疏忽大意的建筑承包商邓肯（威廉·霍尔登饰）和他糟糕得多的女婿西蒙斯（理查德·张伯伦饰），为了节省花在大楼安全措施上的数百万美元的材料和人力成本，无视建筑规定所造成的恶果。明星建筑师罗伯茨（保罗·纽曼饰）和消防队长奥哈洛伦（史蒂夫·麦奎因饰）被邓肯和西蒙斯的诡计惊呆了，罗伯茨和奥哈洛伦试图拯救尽可能多的人，其中包括两个孩子。邓肯对自己的错误感到后悔，西蒙斯却依然顽固不化。

这部全明星出演的灾难片（费·唐纳薇、弗雷德·阿斯泰尔和 O.J. 辛普森等演员饰演的角色都在大火逼近的时刻为生存而战）讲述的是巨型迷恋症，以及当追求建造"更大、更高、更宏伟"建筑成为一种自私的行为，并且其弊端被忽视时，人们面临的危险。对无情的开发商邓肯和他不择手段的女婿西蒙斯来说，唯一重要的事就是更快地赚更多钱。邓肯想通过削减成本来挽救他的建筑公司，西蒙斯则一心想变得更加富有。在大火中，邓肯的心灵得到了净化，他开始为自己的贪婪行为后悔。不过为时已晚，他仍然死在了烈焰中——同死不改悔的恶棍西蒙斯一样。

"好人"是罗伯茨（邓肯的朋友）。作为一位明星建筑师，他可能很富有，尽管他的财富一次也没被提到。罗伯茨是一个理想主义者，对金钱不感兴趣。他不贪婪，甚至想在完成玻璃大楼项目后休息六个月。他和消防队长奥哈洛伦是影片的两位主角。罗伯茨救出了许多被困在摩天大楼里的人，使他们免于在熊熊烈火中丧生。他不仅活了下来，而且承诺要在其下一个建筑项目开工之前征求奥哈洛伦的意见。这清楚地表明，对他来说，最重要的是安全，而不是建筑规模、形式和利润。

这部电影讲述的是贪婪及其后果。由于贪婪，邓肯和西蒙斯要为许多人的死负责。富人再一次被刻画成不顾一切（包括死亡）追求财富的人。

《华尔街》

年轻而野心勃勃的纽约股票经纪人巴德·福克斯（查理·辛饰）希望成为华尔街最成功的交易员之一。他的父亲卡尔·福克斯（马丁·辛饰，他是查理·辛现实生活中的父亲）在皇后区工作，是陷入财务困境的蓝星航空公司的机械师兼工会官员。

巴德·福克斯在电话里和一位富有的客户谈完话，转身对同事马文说："你知道我的梦想是什么吗？就是站在电话的另一端。"马文答道："哦，你知道了真正的奶酪蛋糕在哪里。"

凭借毅力、出色的魅力和狡猾的伎俩，巴德·福克斯结识了纽约股市的明星、肆无忌惮的投机者兼大投资人戈登·盖柯（迈克尔·道格拉斯饰）。

马文这样描述戈登·盖柯："他一出生就晓得绕开道德原则行事。"

戈登·盖柯对巴德·福克斯的欲望和才华印象深刻，于是将其收入麾下并对他说："把那些贫穷、聪明、没有情感的家伙带来吧。"他把书中所有的把戏都教给了巴德·福克斯，包括内幕交易。正如他所说："我要让你发财，巴德·福克斯。"

没过多久，巴德·福克斯就有钱了，也抛弃了最初的顾虑。但当戈登·盖柯买下巴德·福克斯父亲工作的蓝星航空公司后，一切都变了。戈登·盖柯曾向巴德·福克斯承诺将收购并重组这家公司，但他食言了，决定将其拆分，逐个出售，这会导致数百个工薪家庭破产。在与巴德·福克斯的一次争吵中，戈登·盖柯说："孩子，一切都是为了钱，剩下的都是空话。"

在戈登·盖柯一个老对手的帮助下，巴德·福克斯进行了反击。巴德·福克斯及其盟友操纵蓝星股票交易，导致戈登·盖柯破产，随之而来的是证券交易所上演的一场肆无忌惮的摊牌戏码。巴德·福克斯被逮捕，被控欺诈和进行内幕交易。但作为与当局交易的一部分，巴德·福克斯戴上窃听器，让戈登·盖柯讲述了他们的几笔非法股票交易，从而获得了逮捕戈登·盖柯所需的证据。

戈登·盖柯最著名的台词是这样的："关键是：女士们、先生们！贪婪，没有比这更好的词了。贪婪是对的，贪婪就是有用。"戈登·盖柯展现了一个贪婪而富有的股票经纪人的典型形象。他在自己的领域是专家，对于让他人破产毫无顾忌，使用非法手段积累了越来越多的财富。根据对他性格特征的描述，富人是永远不会满足的。

《风月俏佳人》

爱德华·刘易斯（理查德·基尔饰）是个商人，他通过当"企业掠夺者"致富，但并不真正关心人与人之间的关系。他和女友刚刚分手，女友抱怨他把自己当成了"应召女郎"。在一个派对后，爱德华借他律师的豪华跑车开回他在好莱坞的酒店，结果迷路了。他停下车来向站在路边揽客的美丽活泼的薇薇安·沃德（茱莉亚·罗伯茨饰）问路。两人开始了交谈，最终爱德华决定雇薇薇安一个星期。

薇薇安并没有谴责爱德华的行为和商业操作，她根本就不懂这些。当然，对他奢华的生活方式，薇薇安印象深刻。尽管出身卑微，薇薇安真实和自然的本性打动了爱德华。爱德华在很多方面不谙世故，例如，他实际上并不知道如何驾驶从律师那里借来的豪车莲花精灵。在最初一周"生意关系"的存续期间，薇薇安拿着一面镜子，把爱德华的生意与她在红灯区认识的骗子的行为进行了比较。

> 爱德华：嗯，我不卖整个公司，我把它折分后再卖，如果折分卖比整体卖更值钱的话。
>
> 薇薇安：所以，这就像偷车，然后卖零件一样。

她说话的样子天真无邪，丝毫没有谴责甚至评判爱德华的意思。她让爱德华看到了另外一种生活方式和工作方式。爱德华渐渐改变了他与商业伙伴及薇薇安的相处方式，从而挽救和重构了自我。"你和我是如此相似的人，薇薇安。我们都是为了钱而欺骗别人。"在电影中他对薇薇安说。

爱德华放弃了接管并瓜分一个家族企业的计划。他决定与企业主一起重组这家企业。爱德华想和薇薇安在一起，但要按照他的方式，不是以稳定的关系或婚姻的形式。爱德华最初的提议伤害了薇薇安，因此薇薇安在履行承诺后，离开了他。爱德华追赶并找到了她，两人一起找到了幸福。这个浪漫故事有一个美好的结局。

总而言之，"企业掠夺者"爱德华·刘易斯一开始贪得无厌。利益是他唯一的兴趣，他甚至愿意贿赂政客来满足自己的贪欲。通过与一名女性打交道，他才获得了救赎，决定帮助重组他原本想购买并拆分的公司。

《桃色交易》

当经济衰退来袭时，建筑师大卫·墨菲（伍迪·哈里森饰）和他的房地产经纪人妻子戴安娜（黛米·摩尔饰）面临着失去一切的危险。他们去拉斯维加斯，徒劳地想赢取所需的钱以得到自己梦寐以求的房子，扭转财务状况。在拉斯维加斯，这对夫妇遇到了亿万富翁约翰·盖奇（罗伯特·雷德福饰）。当时戴安娜正在试穿一件自己买不起的非常昂贵的衣服，约翰·盖奇走了过去，提出要把裙子买来送给她。不过戴安娜拒绝了他的提议："这条裙子可以出售，但我不可以。"

不久之后，他们再次在赌场相遇。约翰·盖奇请求戴安娜替他赌博。戴安娜赢了100万美元。作为答谢，约翰·盖奇为他们租了一间套房，并邀请这对夫妇参加鸡尾酒会。

大卫和约翰打台球，戴安娜在一旁观看。这是约翰向戴安娜说出非分提议前的一个关键场景。

戴安娜：嗯，有些东西是不卖的。

约翰：比如？

戴安娜：我们不能用钱买人。

约翰：戴安娜，你太天真了。我每天都在买人。

戴安娜：哦,在生意场上事情也许是这样，但涉及真正的情感时事情就不是这样了。

约翰：你是说爱情是买不到的?这可有点儿老生常谈。

戴安娜：这绝对是真的。

随后，约翰向这对夫妇出价 100 万美元与戴安娜共度一晚，大卫和戴安娜毫不犹豫地拒绝了。约翰请他们考虑一个晚上。第二天早上，这对夫妇接受了提议。约翰和戴安娜乘直升机来到了他的豪华游艇，进行了下面一番对话。

约翰：你认为我必须买女人?

戴安娜：为什么是我?

约翰：我买你是因为你说你不能被买。

戴安娜：我是不能被买。

大卫和戴安娜得到了 100 万美元，但不巧错过了银行约定的时间，约翰·盖奇买下了他们的房子和土地。两人的婚姻很快就破裂了，因为他们日益增加的不信任、频繁的争吵，以及最重要的一点——大卫的嫉妒。

约翰爱上了戴安娜，一直想赢得她的芳心。最终戴安娜被其魅力征服，与他住到了一起。看来约翰是对的，爱情也是可以买到的。然而，约翰最终意识到戴安娜仍然非常依恋大卫，对他的司机说："她永远不会像看他那样看我。"为了让戴安娜做出正确的选择，约翰结束了这段浪漫的爱情故事。戴安娜以临别之吻对他表示了感谢，接着去了大卫曾向她求婚的码头。在那里，她遇见了大卫，并与之复合。

这部电影传达的信息是：富人认为金钱可以买任何东西，但他们错了。真爱是不能出卖的。尽管亿万富翁约翰·盖奇一开始设法用他的金钱，后来用他的魅力征服了戴安娜，但他不得不承认，即使拥有数十亿美元他也不能操纵戴安娜的感情。这部电影给所有不富裕的人一种安慰："单靠金钱并不能让你幸福。"

《泰坦尼克号》

1996 年，在搜寻泰坦尼克号残骸的过程中，寻宝者布洛克·洛维特（比尔·帕克斯顿饰）在寻找传说中的钻石"海洋之心"时，发现了一个保险箱，里面装着一名年轻女子的裸体画像。画像上的女子叫罗斯·道森·卡尔弗特（凯特·温斯莱特饰），是泰坦尼克号灾难航行的幸存者之一。布洛克联系到她，于是她向探险家讲述了自己在这艘注定沉没的轮船上的经历。

在从南安普顿到纽约的旅程开始时，罗斯——平常是一个聪明、热爱艺术、活泼开朗的年轻女人——显得沮丧而厌倦。一想到要同富有、肤浅、不爱的未婚夫卡尔·霍克利一起度过余生，她就感到恐惧。卡尔在愤怒之下开始对她暴力相向。在欧洲期间，她购买了一些当时尚未被发现的艺术家的作品，包括莫奈和毕加索。卡尔嘲笑她迷恋那些"永远不会有成就"的艺术家。

富人的日常生活被描绘成一种做作的监狱式生活——这也是当罗斯看到一个小女孩被母亲训练餐桌礼仪时，与其阶层最终决裂的原因。那一幕让罗丝想起了自己即将到来的婚姻。这不是她想要的婚姻，但寡母出于经济原因强迫她结婚。寡母常说："你想看我当裁缝吗？这就是你想要的吗？你想看着我们的好东西被拍卖，我们的回忆一去不复返吗？"

　　罗斯也想到过自杀。正如她的救赎者，年轻的画家、美食家杰克·道森（莱昂纳多·迪卡普里奥饰）所说，她是真的打算像看起来的那样从泰坦尼克号上跳下去，还是从栏杆上滑下去，实际上并不重要，因为她"不会跳海"。她想要摆脱社会地位的束缚。最后，她抛弃了卡尔那边阳光甲板上的生活，选择与杰克在一起的三等舱生活——因为在那里，虽然人们的受教育程度较低，但他们更诚实、开朗，更进取、自然。即使承受来自卡尔和母亲的巨大压力，她还是想要像杰克一样生活，和他一起周游世界，无须计划，也不必理会死板的惯例或规矩。罗斯没有在轮船的上层沙龙里，喝着餐后甜酒装腔作势地谈天，而是选择在下层甲板的木板上喝着啤酒跳踢踏舞。她和杰克恋爱了，并让他画了那幅几十年后布洛克在沉船上发现的画像。

　　在随后的一片混乱中，卡尔诬陷杰克是偷走那颗 51 克拉"海洋之心"钻石的贼，这颗钻石是卡尔送给罗斯的。事实上，卡尔把钻石藏在了一件外套的口袋里（后来他误把外套扔在了罗斯身上，以表现忠诚绅士的形象）。杰克被捕并囚禁在一间小船舱里，船舱将被海水淹没。有那么一瞬间，罗斯曾怀疑杰克是否无辜。但最终，她确信杰克是无罪的。就在杰克即将被淹死的时候，罗斯趁乱放了他。

　　尽管卡尔已经在救生艇上为自己买了一个位置，但他还是选择留在不断下沉的泰坦尼克号上寻找罗斯。后来，他确信罗斯背叛并离开了他，但仍想说服罗斯和他一起走。卡尔，这个在其他方面都非常成功的商人，是真的对这位年轻女子动了情，还是只想在争夺罗斯的竞争中获胜，这要留给观众去判断。不过，事实证明卡尔对罗斯的感情并不完全是纯洁的，因为在罗斯和杰克拒绝他后，他试图将二人射杀。

罗斯和杰克逃离了卡尔，但泰坦尼克号下沉的速度越来越快。卡尔假装照顾一个被遗弃的哭泣的孩子，这让他登上了一艘专为妇女和儿童准备的救生艇。杰克和罗斯仍在不断下沉的泰坦尼克号上。罗斯爬上一块木板保住了性命，但木板上已经没有杰克的位置了。杰克在水里冻死了，这个衣衫褴褛的绅士牺牲自己解救了罗斯。

后来在一艘救援船上，罗斯再次看到了卡尔，他正在一排排幸存者中寻找她。罗斯躲开了卡尔，告诉救援人员她的名字叫罗斯·道森。在影片的最后，罗斯在卡尔误扔到她肩上的外套口袋里发现了一颗巨大的钻石。她把钻石丢进了大海。罗斯的故事讲到最后，观众们得知，在泰坦尼克号沉没几年后，由于经济大萧条，卡尔失去财产，开枪自杀了。

在整部电影中，富有的卡尔被刻画成非常老套的形象：冷酷无情、以自我为中心。他的未婚妻离开他投入了情敌的怀抱。他是一位不成功但忠于爱情的艺术家，最后艺术家牺牲自己拯救了这个女人。影片留给观众一个令人宽慰的信息："金钱本身并不能让你幸福。"

《华尔街之狼》

这部关于美国股票经纪人乔丹·贝尔福特（莱昂纳多·迪卡普里奥饰）的传记电影在很多方面像是《华尔街》的续集。贝尔福特代表了富人的典型形象，是一位极度贪婪、不讲道德的投资银行家。在电影的第一个场景中，该形象就跃然眼前了，那是20世纪80年代。在斯特拉顿·奥克蒙特公司的一则广告中，正直、认真、有恒心等美德都是捏造的。紧接着，观众们看到了背后的一幕：贝尔福特和他的员工正在一起玩一个有辱人格的游戏——扔侏儒。在游戏中，小个子们被当作活生生的"飞镖"，被扔向超大的靶子。

　　镜头转到幕后，贝尔福特吹嘘着他的财富，夸口他每天要吸食多少毒品。他说："在所有'毒品'中，有一种绝对是我最喜欢的。我说的不是这个（他指着面前大量的可卡因），我说的是这个（他在镜头前挥舞着钞票）。"贝尔福特声称金钱使他成为一个更好的人，因此他一直想成为富人。

　　贝尔福特作为华尔街股票经纪人的职业生涯始于罗斯柴尔德银行，这是一家有着深厚传统的银行。老板马克·汉纳很快就告诉他，他唯一的目标不应该是为客户争取最好的回报，而是通过他们支付的佣金迅速致富。

　　在一次股市崩盘中，贝尔福特失去了工作。然后，一次求职面试中，他注意到了几乎不受监管的低价股票市场，那里的佣金高达50%，远高于标准股票微不足道的1%佣金。于是贝尔福特利用他的销售才能进入市场，很快赚了一小笔钱。

　　他结识了唐尼·阿佐夫，并和朋友们一起创立了一家场外经纪公司斯特拉顿·奥克蒙特，向有钱的客户出售高风险的低价股。为了增加营业额，贝尔福特越来越多地干起了非法交易。斯特拉顿·奥克蒙特公司购买低价值股票的多数股权，然后散布不实谣言，以推高股票的价值。

　　贝尔福特很快引起了联邦调查局的注意。他试图贿赂联邦调查局的探员帕特里克·德纳姆。当德纳姆拒受贿赂时，贝尔福特表现出了其傲慢、居高临下的一面。就在德纳姆和他的同事离开时，贝尔福特在他们身后喊道："祝你们搭地铁回家的路上有好运，去找你们可怜的老婆吧。"

　　尽管贝尔福特虚张声势，但还是受到了惊吓。他同斯特拉顿·奥克蒙特公司的其他创建人一起，将自己积累的资产转移到了瑞士的安全区。尽管如此，联邦调查局得到了越来越多不利于他的证据。贝尔福特差点儿与当局达成协议，辞去斯特拉顿·奥克蒙特公司总裁的职务。然而，自尊心不允许他这么做。于是他逃离美国，在停泊在地中海的游艇上经营公司，用英国姑妈的身份建立了一个银行账户藏匿财富。

当姑妈突发心脏病去世时，贝尔福特不得不立即赶往日内瓦料理丧事，而不是飞往伦敦参加葬礼。为了确保钱财的安全，他甚至不惜让船上所有人都跟着冒生命危险，强迫船长不顾风暴警告前往意大利海岸，他想从那里去瑞士。游艇沉没了，但幸运的是所有船员都获救了，包括贝尔福特。

回到美国后，贝尔福特被捕了。为了避免更长的刑期，他与当局合作背叛了自己的朋友。斯特拉顿·奥克蒙特公司被关闭，所有参与欺诈业务的人也都被捕了。在监狱服刑之后，贝尔福特成为一名销售和激励培训师。

这部电影传达了一个引人注目的信息：富人只考虑钱。他们所做的一切都是为了满足对金钱的贪欲。为此，他们甚至愿意作弊和欺骗他人。贝尔福特代表了典型的傲慢、贪婪的投资银行家。为了不断积累更多的财富，他会想尽一切办法。他参与非法商业活动，甚至为了追求金钱不惜让周围的人去冒生命危险。

《金钱世界》

这部惊悚片是根据 1973 年的真实事件改编的。一位母亲像母狮一样为自己的儿子斗争——不仅与绑架者斗，还与克里斯托弗·普卢默饰演的祖父 J. 保罗·盖蒂斗。[①] 石油大亨盖蒂是世界上最富有的人，他声称爱自己的孙子，却不打算向

---

① 这部电影是根据一个真实事件改编的，从而提高了人们对塑造富人真实性格的期待。由于该家族的保密性，我们目前还不清楚对盖蒂的描述有多准确。另见 Olivia Truffaut-Wong，"How Accurate Is 'All the Money in the World'？Ridley Scott's New Drama Sticks to the Facts," *Bustle*，December 21，2017。

绑匪支付赎金。绑匪最初索要 1700 万美元，后来索要 400 万美元。

通过扮演盖蒂，克里斯托弗·普卢默展现了富人典型的扭曲形象。他对自己的前儿媳盖尔（16 岁的约翰·保罗·盖蒂三世，即"保罗"的母亲）不理不睬，倒了杯香槟说："我的财务状况发生了变化……没有多余的钱了。"他的说法是：赎回孙子，他最多可以从税款中扣除 100 万美元。然而，与此同时，这位亿万富翁却打算支付 120 万美元，购买一幅失窃的、价值连城的圣像画《圣母与圣婴耶稣》。甚至在绑匪残忍割下少年的一只耳朵，把它送到报纸编辑部之后，毫无同情心的盖蒂也不愿意改变自己的选择。

不过，影片也让观众了解到，这位老人对失去所有财产感到不安和焦虑。他对自己的保镖兼首席顾问弗莱彻·蔡斯说，他喜欢"手工艺品、绘画作品。它们就是其所呈现出的样子，永远不会改变，从来不让人失望。美好的事物是纯净的，这种纯净是我在他人身上从未发现过的"。盖蒂还极其多疑。当盖尔同盖蒂吸毒成瘾的儿子离婚，并告诉他自己不要任何赡养费（"我不要你的钱"）时，盖蒂对她的决定深感困惑。"你在玩什么花招？"他问盖尔，"每个人都想要我的钱！"

这位吝啬的亿万富翁还被曝光，是个说谎者和吹牛精。他和保罗第一次见面时，给了当时还是孩子的保罗一个他声称价值不菲的弥诺陶洛斯雕像，据说它是公元前 460 年的物件。他花 11.23 美元买下了这个雕像："我是在伊拉克里翁的黑市上买的。有个老瘸子要价 19 美元，我花了一个小时才弄清楚他的底价。是的，如今在拍卖会上，我敢打赌它能卖到 120 万英镑。"他继续对男孩说，"你看到了吗？任何东西都有价格。生活中最大的问题是弄明白价格。"但是，当盖尔绝望地试图卖掉这座雕像以换取保罗的赎金时，才发现它只值 15 美元，是一家博物馆商店批量生产的纪念品。

J. 保罗·盖蒂承受着来自媒体、蔡斯，或许还有残存良心的压力，在最后一刻他拿出 400 万美元让保罗重获了自由。之后他死于心力衰竭，独自一人，周围堆满了他的艺术珍品。心意的改变来得太晚，无法让他得到心灵的净化和救赎。事实上，甚至有一个绑匪都比盖蒂更关心保罗，在戏剧性的解救场景中救了保罗的命。

由于盖蒂石油帝国是盖蒂依托慈善家族基金建立的，以前傲慢的盖蒂的律师不得不请求盖尔在发起人去世后管理该公司，直到保罗到达法定年龄。下面是盖尔和律师之间的对话。

> 律师：你看，遗产的形式是一个慈善家族信托基金。
>
> 盖尔：他给慈善机构捐过钱吗？
>
> 律师：不，没有。信托基金能让盖蒂先生在不纳税的情况下积累财富。

从那天起盖尔开始掌控一切，并用道德的方式运营家族基金。

电影样本中的富人描述框架

在描述富人时，电影经常会出现一些描述框架。框架出现的地方未必是电影情节或主题的中心。但它也不是电影中无关紧要的片段，而是关于富人性格特征的一个开放或潜在的解读框架。

框架：富人会不惜一切代价追求他们的经济目标

● 《西部往事》：当无辜者妨碍铁路大亨实现经济目标时，铁路大亨雇用匪徒杀害无辜者，甚至是儿童。

- 《火烧摩天楼》：建筑承包商因贪婪未安装防火设施，导致了一场灾难性的火灾，造成多人丧生。

- 《佐罗的面具》：富人计划牺牲数百名矿工的生命来获取宝藏。

- 《皇家赌场》：银行家雇用一名杀手去炸毁一架飞机。他想投资飞机制造商的股票发大财，甚至不惜让所有人都死。

- 《黑日危机》：富有的实业家打算在伊斯坦布尔引爆一枚核弹，这样他的输油管道就会成为该地区唯一的管道，之后他就能通过垄断赚很多钱。

- 《王牌特工：特工学院》：互联网亿万富翁想利用科技操控每个人，让他们互相残杀，从而防止全球人口过剩，让自己成为他们的统治者。

- 《量子危机》：企业家想扶植一名军方人员做玻利维亚国家元首，以获得水资源。为达到目标，他不择手段。

框架：富人只重利益——一切都是为了满足贪欲

- 《华尔街》：富有的股票经纪人想接管一家航空公司，将其拆分后出售。该策略会导致数以百计的工人家庭破产。

- 《华尔街之狼》：投资银行家及其公司购买低价股，然后散布虚假新闻和谣言，以提高股价、发大财。

- 《十三罗汉》：富有的赌场老板欺骗不那么富有的生意伙伴，目的是获得他的赌场，甚至生意伙伴心脏病发作也没能阻止他的行动。

框架：只有金钱不会让你开心——你无法用钱购买所有的东西

- 《桃色交易》：亿万富翁被迫承认真爱是买不到的。

- 《诺丁山》：女演员虽然很富有，但并不幸福，直到遇到她的真爱——一名书商。

- 《了不起的盖茨比》：一个男人不惜一切代价成为百万富翁的动力，是他对一个漂亮女人的爱，但最终他无法赢得女人的芳心。

- 《泰坦尼克号》：尽管拥有大笔财富，但傲慢的富人不得不面对这一事实——他的未婚妻选择了一个善良的穷光蛋。

- 《与敌共眠》：一个美丽的女人放弃了财富，离开了婚姻的金牢笼。

- 《五十度灰》：虽然亿万富翁可以花钱雇女人来满足他，但他爱上了一名年轻的学生，并把这个学生带入了自己的世界。

框架：富人能够认识自己的错误，重获人性，从而摆脱与富人相关的典型负面性格特征

- 《风月俏佳人》：企业掠夺者想要用不公正的手段接管并分拆一个家族企业，结果被一名女性和她的善良天性打动。

- 《保镖》：傲慢而正直的流行歌手与一位脚踏实地的保镖相遇后得到了救赎。

- 《辛德勒的名单》：一名富人从冷静、精于算计，受益于国家社会主义制度及战争的商人和剥削者，转变成一个富有同情心的人，拯救了许多生命。

- 《钢铁侠》：一家军火公司的老板成为自己技术的受害者，险些丧命。实现了个人转变之后，他的公司不再生产武器。

框架：富人用财富操纵权力、施加影响

- 《汉尼拔》：一名养牛大亨的继承人很富有，却猥亵儿童。他利用自己的权力和人脉试图谋杀他的敌人，连环杀手汉尼拔·莱克特，实施了一个长达数年的施虐计划。

道德特征和能力特征

在第七章中我们看到，大多数情况下，人们的正面或负面的认知主要是由所谓的 M 特征（道德特征）决定的，它表明个人或群体的意图是好还是坏。另外一个认知维度是能力，它关注的是个人或群体能够在多大程度上实现这些意图。能力特征也被称为 C 特征。

在分析中，我们首先要确定 43 部电影样本里具有负面或正面 M 特征的角色比例。那些被描绘为冷酷无情、贪婪或以自我为中心的角色，以及表现出邪恶或不道德行为的角色都具有负面的 M 特征。正面的 M 特征则与诚实的角色，以及表现出正面道德伦理行为的角色联系在一起。在确定电影中的富人角色是否具有正面或负面 M 特征（分别为 M+或 M-）后，再对电影中简单、非富人的角色做同样的分类，这些角色往往是富人的对手角色。最后，我们会分析上述角色是有能力特征（C+）还是没有能力特征（C-）。这种分析包括确定该角色是有雄心、有能力、聪明且目的明确，还是不称职、能力或智力水平较低。如果不能将某个角色明确划归到这两种类型中的一种，我们就要确定他或她是否至少具备了其他三种 C 特征中的一种（富有想象力、高瞻远瞩、勇敢）。根据以上分析结果，这些角色被划分为有能力和没能力两种。

图 13-1 展示了每部电影的开头是如何刻画主要富人角色的。

而图 13-2 展示了每部电影的结尾是如何刻画主要富人角色的。

富人角色最常见的负面 M 特征有以下几种：

- 傲慢（29 部影片体现出这个特征）；
- 令人厌恶（23 部影片体现出这个特征）；

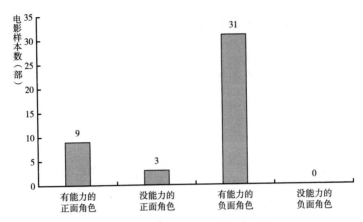

图 13-1　电影开头的富人角色刻画

资料来源：数据基于 43 部电影样本。

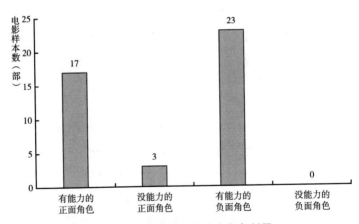

图 13-2　电影结尾的富人角色刻画

资料来源：数据基于 43 部电影样本。

- 冷酷无情（22 部影片体现出这个特征）；

- 不讲道德（22 部影片体现出这个特征）；

- 以自我为中心（21 部影片体现出这个特征）。

在 47 个例子中，主要的富人角色无论在电影的开头还是结尾都表现得很有能力。角色的正面 C 特征有以下几种：

- 富有想象力（29 部影片体现出这种特征）；
- 勇敢（26 部影片体现出这种特征）；
- 高瞻远瞩（24 部影片体现出这种特征）。

在角色刻画方面，富人角色和不富有的对手角色之间有着鲜明的对比。图 13-3 展示了每部电影开头对非富人对手角色的刻画。[①]

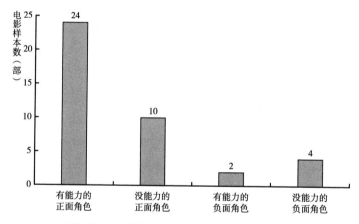

图 13-3 电影开头对非富人对手角色的刻画

资料来源：数据基于 40 部电影样本。

图 13-4 展示了每部电影结尾对非富人对手角色的刻画。非富人对手角色最常见的正面 M 特征有以下几种：

- 可爱（42 部影片体现出这种特征）；

---

① 其中三部电影没有明确的"对手"角色。

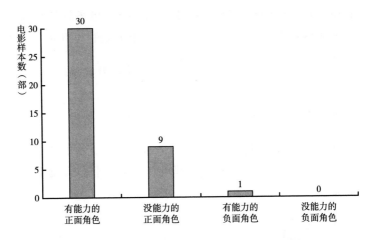

图 13-4　电影结尾对非富人对手角色的刻画

资料来源：数据基于 40 部电影样本。

- 热心（34 部影片体现出这种特征）；
- 诚实（31 部影片体现出这种特征）；
- 讲道德（31 部影片体现出这种特征）。

一般来说，在每部电影样本的开头，反面和正面的富人角色都被描绘成聪明的人，尽管其中 31 部电影将这些角色描绘成可能有道德问题的人。在其中 21 部电影中，这种道德问题倾向一直延续到了影片结尾。在另外 11 部电影中，富人经历了某种形式的角色蜕变。在 9 部电影样本中，富人最初被刻画成道德败坏的人，之后经历了心灵的净化和救赎。有两部电影发生的情况正好相反，富有的主角最后变得更糟糕了。让富人"幡然悔悟"最常见的原因是爱情，比如在《风月俏佳人》和《桃色交易》中：富人遇到了某人，坠入爱河，然后就变好了。在有些电影样本中，如《钢铁侠》和《奇异博士》，命运的打击导致了角色的蜕变：富人角色经历了一次重大挫折或足以改变生活的事件，从而导致其态度和观点发生了改变。还有，愧疚可能也会起作用，比如在《火烧摩天楼》中，富人意识到自己的行为不道德，因此幡然悔悟。

性别分布及职业

福布斯发布的全球富豪榜显示，绝大多数超级富豪是男性。多数出现在这类榜单上的少数女性是继承了巨额财产的富豪遗孀或女儿。在所分析的电影中，富人角色也主要是男性（见图13-5）。它们反映的是现实。电影中的女富豪往往是歌手、演员或作家，男富豪则是企业家、商人或股票交易员。

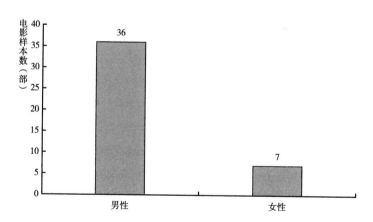

图13-5　电影样本中富人角色的性别分布

资料来源：数据基于43部电影样本。男性角色的职业有企业家（13部影片中）、商人（4部影片中）、股票交易员（2部影片中）及电影制片人（2部影片中）。女性角色的职业有主编（1部影片中）、歌手（1部影片中）、演员（1部影片中）和作家（1部影片中）。

　　总的来说，对于电影样本的分析证实了我们在报纸和杂志上看到的对富人的描述。对富人的描述并不完全是负面的。他们主要被描述为聪明、有能力，但同时具有一些负面特征——以自我为中心、冷酷无情、贪婪，并且为追求金钱情愿伤害他人。这样的描述明显不同于对不富有的对手角色的描述。大部分对手角色的形象是正面的。

结　论

　　自沃尔特·李普曼开创性的著作《公众舆论》100 年前问世以来，学者们对偏见和成见进行了广泛的研究。在此过程中，研究人员对某些成见的关注远超其他，特别是种族和性别偏见。学者们对社会阶级或与阶级关系相关的偏见的调查研究很少。为了研究这一偏见，研究人员创造了"阶级歧视"一词，阶级歧视与性别歧视和种族歧视一起成为一个新的研究领域。

　　有研究表明，基于社会阶级的偏见或成见要比基于种族或性别的偏见或成见更显著。阶级歧视研究人员认为，对阶级成见的研究不但数量上比基于性别、种族或其他特征的成见研究少，而且这些研究绝大多数集中在人们对下层阶级的态度上。

　　大多数阶级歧视研究人员的比较狭隘，主要关注"向下阶级歧视"，即针对工人阶级和穷人的偏见。"向上阶级歧视"，即针对富人的偏见几乎完全被忽视了。有些研究人员认为，穷人不该对其贫穷负责，而富人的财富也不是靠自己挣来的。在这些研究人员看来，媒体报道穷人的失败以及富人应得的成功，都是阶级歧视的表现，并且都该受到批判。他们认为，在资本主义社会里人们可能永远无法对自己的命运负责，他们要么是无辜的受害者（穷人），要么是不配所得的奸商（富人）。

阶级歧视研究人员无意间常犯他们批评别人所犯的错：作为中产阶级的成员，他们根据自己的价值体系做结论。

如我们所见，本书最有效的一个研究模型是刻板印象内容模型，它假定其他社会群体（外部群体）的情感印象是沿两个维度形成的，即热情和能干。在所有的人际交往和群体之间的接触中，我们总是倾向于先评估陌生人或外部群体的意图是伤害我们还是帮助我们，还会猜测这些群体或个人想达到的目的。陌生人或外部群体对这些内容涉及的是热情维度。陌生人或外部群体能够在多大程度上按照他们所感知到的（好的或坏的）意图行事？这个问题涉及能力维度。

使用刻板印象内容模型所进行的研究表明，富人和商人被非人化，比作冷血自动机和机器人，受人嫉妒。与不稳定的环境相比，在稳定的社会状况下，被嫉妒群体所面临的威胁以及整个社会所受到的损害是有限的。然而，历史一再证明，在社会动荡时期，这些被嫉妒的群体会遭受持续、致命的攻击。这样就形成了一个恶性循环：被嫉妒的群体遭受的苦难越多，嫉妒者就越幸灾乐祸。特殊形式的"机械性非人化"将富人等视作冷酷无情的群体，把他们和冷冰冰、没有灵魂的机器联系在一起，这成为迫害甚至杀害富人的前提，特别是在危机或战争等特殊情况下。机械化的自动机器人可能具备理性和能力，但它们缺乏人类的价值和情感，这就意味着它们不值得同情。

当外部群体（如富人）被认为聪明、勤奋或具有其他高能力特征，但缺乏道德特征时，这个群体产生的影响是十分深远的。从认知研究领域我们了解到，人们对他人和社会群体的评价主要是基于道德特征，能力特征明显是次要的评价标准。

如果人们倾向于认为富人能力强，但在道德上有问题，道德判断的权重会高得多，能力属性并不会导致一个比较平衡的整体评价，而会导致整体的负面评价。

许多人倾向于否认富人的道德品质。我用一种心理机制来解释该现象，该心理机制被称为"补偿理论"。为了保持自尊，有些人仅仅指出自己可以提供的东西，或者强调自认为做得特别好的方面是不够的。只有指责其他社会群体——这里指的是上层阶级——在相关方面有相应的失败经历或缺陷时，补偿策略才有效。"不富裕的人"采取了一些补偿策略，从而引发了以下问题：经济成功是不是决定人们满意度的关键因素？是否要优先考虑其他价值，如人际关系、道德和家庭生活？

在努力寻找针对富人的优越感时，人们通常需要相信，在自认为有价值的领域，自己也同样优秀（甚至更优秀）。人们对富人的刻板印象是冷漠、家庭生活不幸福、人际关系不令人满意、自私，以及道德败坏，这些都增加了人们的优越感，削弱了他们的自卑感。

"社会弱势"阶层成员宣称自己优于富人的领域有个共同特征：它们大多基于主观的解释。人们用客观的标准来衡量，很容易就能看出谁更有钱，谁受教育的程度更高。但谁拥有最令人满意的人际关系或家庭生活，就不能这么衡量了。某人的婚姻质量等更多地要依赖主观解释，外人几乎是无从判断的。

零和信念是造成对富人偏见的主要原因。心理学家通过实验表明，人们常常认为自己是在玩零和游戏，即使客观上并非如此。这种零和信念是富人遭受嫉妒和怨恨的主要原因之一。当人们相信富人财富的增加自然而然会使不富裕的人处境更加艰难时，他们定然会认为反贫困的斗争就是反对有钱人，或者说是争取重新分配财富的斗争。

当富人被诬蔑为是造成贫困的元凶时，他们扮演的就是替罪羊的角色，尤其是在社会危机时期。"替罪羊"这个术语，被人们用来描述这样一种策略，即让外部群体的成员为内部群体所面临的问题负责。纵观历史，当人们无法解释某些负面事件时，他们就有可能将问题归咎于特定的外部群体。

为了解中国、美国、日本、韩国、越南、德国、法国、意大利、西班牙、瑞典和英国这 11 个国家的民众对财富和富人的看法，我们首次开展了一项国际比较调查。

在这 11 个国家中，我们询问受访者，对他们个人而言，富有或致富有多重要。在 6 个欧洲国家和美国，平均 28% 的受访者认为富有或致富对他们来说"非常重要"或"比较重要"，在英国，仅有 19% 的受访者认为富有或致富对他们来说"非常重要"或"比较重要"；持这种观点的受访者比例在意大利最高，有 36%。这一比例在所有亚洲国家都更高：在日本为 43%，在中国为 50%，在韩国为 63%，在越南甚至高达 76%。在这 4 个亚洲国家平均 58% 的受访者认为富有或致富对他们来说"非常重要"或"比较重要"，这一比例比欧洲和美国的平均比例整整高出了 30 个百分点。亚洲人更渴望成功——这在一定程度上解释了该地区，尤其是中国等国家经济更有活力的原因。自 20 世纪 80 年代初改革开放以来，对财富的积极态度一直是中国确保经济流动性的重要前提。

这项调查研究的另一个目的是了解不同国家的社交嫉妒有多强烈。由于社交嫉妒不能通过直接提问（"你有多嫉妒他人？"）来衡量，研究人员设计了一些能够显示社交嫉妒程度的调查项。在所有受访国，我们提出的都是同样的问题，这就为比较研究提供了坚实的基础。

比较研究的依据是为这项研究开发的社交嫉妒系数，该系数显示了在任何特定国家中嫉妒者与非嫉妒者的比例。社交嫉妒系数为 1 表示社交嫉妒者和非嫉妒者的数量相等。社交嫉妒系数小于 1 表示非嫉妒者比嫉妒者多；反之，社交嫉妒系数大于 1 表示嫉妒者多于非嫉妒者。从社交嫉妒系数来看，法国的系数最高（1.26），其次是德国（0.97）、中国（0.93）、意大利（0.62）。越南（0.43）、瑞典（0.44）、西班牙（0.43）、美国（0.42）、英国（0.37）、韩国（0.33）和日本（0.25）等国的社交嫉妒系数明显较低。

回归分析显示，零和信念对众多受访国家的社交嫉妒程度有着决定性的影响。零和思维是外行人对经济生活的普遍看法。在零和论者看来，一个人的所得必然是另一个人的所失——例如在网球比赛中。

第一批受访国家数据的比较分析完全基于社交嫉妒系数。然而，当我进一步分析的时候发现，只凭社交嫉妒系数显然无法准确描述人们对富人的态度。特别是对西班牙的研究表明，同样高的社交嫉妒系数并没有体现出各国之间的其他重要差异。西班牙的社交嫉妒系数为 0.43，同美国和瑞典的系数相当，由此表明这 3 个国家的民众对富人抱有极其相似的看法。然而，其他的调查项显示，这些国家的受访者对富人的看法存在着显著差异。受访者对富人性格特征的认定方面的差异尤为明显。

在所有 11 个国家，我们向受访者提供了一份包含 14 种性格特征的清单，问他们："如果有的话，哪个（些）词适合形容富人的性格特征？"在 14 个性格特征中，有 7 个是正面的：高瞻远瞩、勤劳、勇敢、富有想象力、聪明、乐观和诚实。其余的 7 个特征是负面的：强调物质利益、贪婪、以自我为中心、傲慢、肤浅、残忍以及冷酷无情。接着研究人员计算出每个国家正面和负面性格特征的平均比例，将这两个比例相除，得出了性格特征系数。在所有接受调查的民众中，西班牙人最有可能给百万富翁贴上负面性格的标签，该国 3.0 的 PTC 就证实了这一点。意大利的 PTC 为 1.9、德国的 PTC 为 1.4、瑞典的 PTC 为 1.1、韩国的 PTC 为 1.1、美国的 PTC 为 1.0、法国的 PTC 为 0.9 和英国的 PTC 为 0.9。中国的 PTC 为 0.8，相比其社交嫉妒系数要正面一些，这意味着中国受访者更有可能将正面而不是负面的性格特征归于富人。日本的 PTC（0.7）和越南的 PTC（0.3）比较低，其受访者对富人的性格特征抱有非常正面的看法。

为了准确描述每个国家对富人的总体态度，我们将社交嫉妒系数和性格特征系数结合起来，得出了富人情感指数。在计算 RSI 时，SEC 的权重 3 倍于 PTC，即 RSI =（3SEC + 1PTC）÷4。

法国的富人情感指数为 1.2，西班牙为 1.1，德国为 1.1，意大利为 0.9，中国为 0.8，瑞典为 0.6，美国为 0.6，英国和韩国为 0.5，越南为 0.4，日本为 0.4。

RSI 相当准确地描绘了一个国家民众对富人的普遍看法。例如，它证实法国人、西班牙人和德国人对富人的看法要比瑞典、美国、英国、韩国、越南和日本的民众对富人的看法更具有批判性。意大利人和中国人对富人的看法则处在这两个群体之间的中间地带。

这项研究的另一个重要发现是，比起老年美国人，美国年轻人对富人抱有更加怀疑的态度，欧洲国家的情况则恰恰相反。我们可以看到，几乎在每个问题上，美国年轻人对富人的不满程度都远超老年人对富人的不满程度。尽管有钱人善于挣钱，但他们通常不是正派人这样直白的看法也会得到 40% 美国年轻人的赞同（只有 23% 的美国年轻人对此表示不赞同）。然而，美国老年人对此却有着不同的看法：只有 15% 的老年人表示同意，50% 的老年人断然反对这一看法。

美国年轻人对富人的看法远比老年人更具批判性，这一点从他们选择的富人的性格特征可以明显看出来。在年轻人提到的与富人相关的 5 种性格特征中，有 4 种是负面的（强调物质利益、傲慢、贪婪、以自我为中心），但在老年人提到的与富人相关的 5 种性格特征中，有 4 种是正面的（勤劳、聪明、富有想象力、勇敢）。

就年轻受访者和老年受访者对富人的态度而言，意大利的情况与美国的情况正好相反：意大利年轻人对富人的态度通常比意大利老年人正面得多。意大利年轻人和老年人的社交嫉妒系数差异很大。意大利总人口的平均社交嫉妒系数为 0.62。其中年轻的意大利人的社交嫉妒系数为 0.31，年长的意大利人的社交嫉妒系数为 1.32。

在其他欧洲国家（瑞典除外，其年龄组别之间几乎没有什么差异），年轻受访者对富人的态度也比老年受访者的更为正面，尽管二者之间的差距远不及意大利。在亚洲国家（中国、越南、日本和韩国），社交嫉妒方面的年龄组差异也不是那么明显。

然而，受访者对个人富裕或致富有多重要的看法有差异：在所有接受调查的国家（韩国和西班牙除外，这两国不同年龄组之间没有差异）中，年轻受访者中有更高比例的人认为，富裕对他们个人来说很重要。在所有 11 个国家中，有 45.2% 的年轻人（30 岁以下）和 33.8% 的老年人（55 岁或 60 岁及以上）表示想要变得富有。二者的观点不同的原因是显而易见的：年轻的时候，你还有很长的寿命，更有可能怀揣有朝一日成为富人的梦想。调查结果清楚地显示，这种希望会随着年龄的增长而减弱。毕竟，60岁之前还不富裕的人会意识到，致富这件事已不太可能发生在他们身上。

此外，在所有受访国家中，声称致富对他们重要的男性要比女性多。但也有三个例外：西班牙和韩国的男性和女性在这一点上几乎没有差异，越南则有更多的女性而非男性承认自己想变得富有。

以前在对富人态度的调查中，富人通常被视作一个同质性的群体。然而，事实上，人们对富人的态度是不同的，这取决于这些人是如何获得财富的。在七个国家中，受访者被问道："你认为哪些人应该成为富人？"在欧洲国家和美国，企业家和自由职业者是排名最靠前的群体，其次是创意人士和艺术家（如演员或音乐家）、顶级运动员和彩票中奖者。在一些社交嫉妒程度很低的西方国家，如美国、英国和瑞典，人们也提到了金融投资者。相比之下，金融投资者在德国排名倒数第二，在法国和意大利其排名也远远靠后。在所有接受调查的欧洲国家和美国，银行家都被认为是最不应该致富的群体。

对于应致富群体的排名，亚洲的情况却大不相同：企业家的排名很靠前。在日本、韩国排第一，在中国和越南排第二名。银行家在中国（排第一）以及其他几个国家受到了更高的尊重。在越南，人们对金融投资者（第一名）和房地产投资者（第三名）的态度远比欧洲正面得多。

一个特别有趣的发现是，大多数国家的嫉妒者同非嫉妒者一样，不怎么嫉妒彩票中奖者。心理学上的解释很简单：当一个人意识到另一个人拥有他们也想要的东西时，嫉妒就产生了。这种意识必然会引出这样一个问题："为什么我没有这样东西？为什么他们能得到我得不到的东西呢？"毕竟，如果别

人是靠运气或机遇获得某个好处——而不是靠成就——就不会
引出那个烦人的问题：为什么自己没有得到那个好处。这就是
为什么像调查所显示的那样，嫉妒者会毫不犹豫地接受彩票中
奖者获得财富。因为他们的自尊不会由于对方更幸运而受到伤
害。显然，也没有哪个妻子会因为丈夫没有选对彩票号码而责
备他。

那么不同国家的人是如何看待向富人征税这个问题的？大
多数受访者认为，富人应该比穷人或普通收入者缴纳更高的
税——这也正是这些受访国家税收体系的运作方式。但对于税
收到底应该有多高，人们的意见不一。例如，在法国和德国，
大多数受访者认为，富人不仅应该缴纳高税，而且应该缴纳非
常高的税。但在欧洲其他国家，以及中国、美国和韩国，只有
相对多数的人支持不仅应对富人征高税，而且要征非常高的
税。非常有趣的是，在这一点上，瑞典和越南是仅有的两个例
外。在欧洲国家中，瑞典是唯一一个明显多数的受访者
（49%）赞同对富人征收高税，但税不应过高的国家，因为富
人往往都是靠努力工作获得财富的。只有32%的瑞典受访者
主张对富人征极高的税，因为他们认为这样才能确保国家的贫
富差距不会变得太大。也许这与20世纪70年代瑞典的富人承
受了极高的税率有关。那时瑞典人就意识到国家惩罚性的税收
制度正在损害整个社会。事实上，瑞典有些最富有的人（包
括宜家创始人英格瓦·坎普拉德）离开瑞典就是为了逃避该
国过高的税。越南的反差就更大了。与几乎所有受访国家不
同，越南反对向富人征收过高的税的受访者比例（63%）明显
超过了主张对富人征收高税的受访者比例（21%）。

我们有一个重要的研究发现，认识一个或多个富人的受访
者对富人的评价比普通民众对一般富人的评价要积极得多。我

们没有在所有 11 个国家都问到这个问题，原因很简单：我们不幸到第二轮调查时才意识到有必要问这个问题。不过，德国、意大利、西班牙、瑞典、中国、日本、韩国和越南收集的数据明确证实，整体民众对富人的态度和我们从至少认识一位百万富翁的受访者群体得到的回答之间存在着巨大的差异。

例如，从"诚实"被归为富人性格特征的频率上就可以看到这一点。在接受调查的大多数国家中，诚实是人们最不常选择的性格特征。相反，比起整体民众，那些真正认识一个或多个富人的受访者很可能把他们所了解的富人描述为诚实的人。在我们提出该问题的 8 个国家中，平均只有 7.5% 的受访者认为富人诚实。然而，当我们向真正认识一个或多个富人的群体提出相同问题时，平均有 27% 的人说他们所了解的富人是"诚实的"。这与我们从偏见研究中了解的情况是吻合的：与仅通过媒体接触外部群体的人相比，本人认识这类少数外部群体成员的人更有可能对该群体持正面的态度。

富人的媒体形象在塑造人们对富人的看法方面起着关键作用。本项研究中，我们制定了若干标准来分析那些成功的影片是如何描绘富人形象的。结果发现，在好莱坞电影中，富人大多被描绘成道德上有缺陷的人，与之形成鲜明对比的是非富人角色往往被描绘成道德上极其正面的人。

对反复出现的框架的分析，也就是分析电影中用来描绘富人的解释框架，证实了对富人的描述的确倾向于负面而非正面。富人被描绘成"时刻准备爬过尸体"去追求经济目标的人，脑子里除了利润什么都没有。他们所做的一切都是为了满足自己的贪欲。他们还欺骗他人，利用自己的财富操纵权力、施加影响力。让观众们感到安慰的是，影片提醒人们金钱本身并不能让人幸福，金钱是无法买到一切的。不过，有些电影也表明，富人可以实现自我救赎、重获人性，摆脱掉那些经常被视作财富代名词的负面特征。

以德国为例，我们的研究还包括了对报纸和其他媒体如何描绘富人的深入分析。由于该分析在本书的德文版中占据了近100页的篇幅，我们决定不把它放在中文版里。尽管如此，还是很有必要介绍一些最重要的分析结果，因为我们的许多发现可能同样出现在其他国家。

媒介专家公司的研究人员分析了德国媒体对富人的描述。他们使用专门开发的密码，分析了媒体在描绘富人时的效价和倾向性。效价指的是一个事件、物体或情境的内在吸引力或厌恶感。效价和倾向性是不同的，倾向性指的是记者在报道中所表现出的偏见，比如，对某个情境明确的个人评价，或是偏爱某些特定的消息来源。虽然效价和倾向性经常是一致的，但如我们所看到的那样，情况也不总是如此。

根据媒介专家公司的研究，大多数描写正面情境的富人文章都带有负面的倾向性，这说明文章中大量的负面偏见并不主要源于所报道的事件或情况。这些负面偏见往往来自记者或被采访者的价值判断。

这种负面倾向性在信息类文章和观点类文章中同样明显，发生率都超过了80%。最引人注目的是，政界人士和记者在表达对富人的负面看法方面贡献率分别达到了90%和83%。

接受调查的媒体对高管薪酬和遣散费进行了广泛的报道。报道的基调是，高管的薪酬和遣散费都太高了，这是个严重的问题。尽管对高管高额薪酬和遣散费的批评在许多读者看来似乎很有说服力，但研究人员仔细研究后发现，那些论点其实没那么令人信服。

银行家的红利是媒体经常报道的另一个话题。在被分析的文章中，有85%的文章对红利进行了普遍负面的描述。报纸文章谈到了"贪婪"，银行家则被描述为"肥猫"。银行家的巨额红利被形容为"过度"，是"行为无度"和"自肥"的表现，银行家们正是通过这样的方式"填满了自己的口袋"。也有一些不同的声音，然而这个简单（但客观上高度可疑）的解释仍是目前最主流的说法：这些"钻到钱眼儿里"的"贪婪的银行家"导致了全球的金融危机。

在现实世界中，富人和超级富豪成为正面报道对象的情况并不多。不过，"捐赠誓言"（Giving Pledge）活动提供了一个契机。在媒体对该活动的报道中，提到了37个捐赠动机，包括13个正面和利他的动机，16个负面和自私的动机，以及6个中性的动机。总的来说，正如我们所看到的那样，媒体对"捐赠誓言"活动的描述是正面的。但是，媒体报道一次又一次地强调，筹款活动的动机是"改善资本主义受损的形象"。尽管与其他题材的文章相比，有关"捐赠誓言"活动的报道在描述富人时自然更具同情心，但这些文章也增强了人们对富人的强烈猜疑。

其他的媒体报道就更是如此，仅根据主题就拿出一种公开批评富人的框架，比如对《巴拿马文件》和《天堂文件》事件的报道。空壳公司经常被世界各地的洗钱者、毒贩和腐败政客利用。然而，令人吃惊的是，这些文章将富人和超级富豪置于同样的普遍怀疑之下，让他们遭受公众的审判。对这些事件的广泛报道突出强调了许多不法行为的个例，给人一种印象，即几乎所有的富人都在利用税收漏洞，而且他们这样做是出于不法的目的。

只有在极少数情况下，报道《巴拿马文件》的记者们对富人和超级富豪才不会一概而论。税收结构本身并没有错。事实上，最高法院始终认定，在法律允许的范围内尽可能高效地处理税务是每个纳税人的合法权利。

在《巴拿马文件》和《天堂文件》曝光时，只有 6% 的文章强调了与泄密相关的数据保护问题。抗议人士们显然认为，目的（他们的正当理由，即揭露富人和超级富豪的阴谋）就证明了手段的正当性——其实这一原则并不适用于刑事诉讼，因为在刑事诉讼中，对给嫌疑人定罪的手段是有明确限制的。此外，因为有了这些文件，如果还有人说富人并没干什么违法之事，该说法本身就会被当作一个证据，证明资本主义制度下富人道德败坏，并且证明我们生活在一个富人为了自己的利益制定法律的世界里。

如果缺乏对网络文章的分析，任何对富人媒体形象的研究都是不完整的。因此为撰写本书所进行的研究中包含了一项网上评论分析，评论的是一期电视谈话节目《富人俱乐部——德国能承受多大的不平等?》。在受调查的 597 条评论中，84% 是对富人的批评。

如我们所见，定量分析表明，这些网络评论所传达的态度与调查数据体现的态度是相似的。这些分析只是触及了表面问题，然而它们的确证实了，在德国民意调查和媒体报道中批评富人的主基调与网上评论对富人所持的负面基调是一致的。事实上，网络对富人的批评往往比调查所发现的更为尖锐，也远比线下媒体上的批评更加直白。

尽管这项媒体分析显示，富人的负面形象多于正面形象，但仅从媒体报道中找寻导致对富人偏见的原因是不够的。正如本书第一部分所说，社交嫉妒有着更深层的心理根源。媒体能够放大社交嫉妒，并将其导向特定的目标，但媒体这么做实质上反映的是业已存在的感知和偏见。

　　在承诺平等的社会中，人们会拿出各自的心理策略来应对自己在经济上远不及他人的事实。此外，纵观世界历史，少数群体经常会成为无法解释的悲惨事件的替罪羊。媒体满足了人们对简单直接解释的内在需求（例如，贪婪的银行家导致了金融危机），这是一种超越媒体的需求。例如，当电影以压倒性的负面形象描绘富人时，并不一定是因为编剧想要操纵观众，而是编剧在利用普遍存在的刻板印象，满足人们更深层次的心理需求。

　　如第一章所述，仅靠研究并不能消除偏见和成见，因为它们是人类认知的固有特征。本书所描述的偏见不仅危害富人，还危害整个社会。如果人们不弄明白危机和负面事件的真正原因，却选择相信简单的解释，把富人当作替罪羊，这个错误可能会妨碍人们找到真正的解决方案来解决现实问题。

　　经济政策为社交嫉妒所驱使，就有可能导致经济繁荣和社会信任度的大幅下降，阻碍亟须进行的政治及经济改革。在特殊情况下，例如严重的经济危机或战争，极端偏见可能会导致残害甚至消灭受迫害的群体，从而摧毁以经济自由为基础的社会制度，产生实际上会加剧贫困的压制性制度。

　　其实从个人层面上来看，那些对富人抱有社交嫉妒和负面成见的人也会受到这些信念的伤害。如果有人坚信靠诚实工作致富是不可能的，只有通过欺骗和伤害他人才能获得财富——假如他们没了道德上的顾虑，且愿意承担较高的风险——那么他们离使用犯罪手段致富也只有一步之遥了。

　　对另一些人来说，同样的负面信念可能会在潜意识中制造障碍，让他们无法变得富有。那些认为富人自私冷血，相信只有牺牲穷人才能获得财富的人，比起那些内心支持致富，认为财富是正面的，同高尚的道德伦理标准并不矛盾的人，致富的可能性要小得多。如果研究人员调查一下嫉妒者是如何被自己的嫉妒情绪和对富人的负面成见伤害的，结果一定会很有趣。

迄今为止，富人们并不重视积极对抗针对他们的偏见。尽管他们有财力这样做，但到目前为止，他们还没有资助任何针对富人偏见的科学研究。因此，对富人的负面偏见根深蒂固，富人本身要承担相当一部分责任。

俄罗斯裔美国作家、哲学家艾茵·兰德在半个多世纪前就认识到了这一事实："没有任何一个人或一群人可以无止境地生活在道德不公正的压力之下：他们必须反抗或者屈服。大多数商人屈服了；只有哲学家才能为他们提供反抗的智力武器，但商人已经放弃了对哲学的任何兴趣，承受了不劳而获的罪责，接受了'庸俗物质主义者'的标签……作为历史上最勇敢的一群人，商人慢慢陷入了长期恐惧的境地——在他们生存的方方面面，如社会、政治、道德和才智。他们的公共政策包括了安抚他们最大的敌人、最卑鄙的攻击者，以及设法与他们的破坏者达成妥协。"①

---

① Ayn Rand, *For the New Intellectual*: *The Philosophy of Ayn Rand*（London：Random House, 1961），p. 40.

附录　调查问卷

S1 请问你的性别是？

男	1	
女	2	

S2 请问你的实际年龄是多少岁？_____（填写具体数字）

16 岁以下	1	终止
16～29 岁	2	
30～44 岁	3	
45～59 岁	4	
60 岁及以上	5	

S3 请问你目前的工作情况符合以下哪项？（单选）

有全职工作	1
有兼职工作	2
自由职业者	3

续表

目前失业，正在找工作	4
长期请病假或身体有残疾	5
全职家庭主妇	6
退休人员	7
学生	8
军人	9
企业家或雇主	10
拒绝回答	99

S4 请问在家中，目前一共有多少人和你一起居住？
_____（填写具体数字）

S5 请问你的个人收入在家庭中是不是最高的？（单选）

我的收入是最高的	1
我的收入和家中另一成员差不多，都是家庭里较高的	2
我的收入在家中不是最高的	3

S6 请问你平时会负责多少关于家庭日常生活物品、食品和杂货的采购呢？（单选）

全部都是我本人来负责的	1	
几乎一大部分是由我本人来负责的	2	
差不多一半是由我本人来负责的	3	
少于一半是由我本人来负责的	4	
不是由我本人来负责的	5	

S7 请问你的最高学历是？（单选）

初中及以下	1	
高中	2	
中专或就读于职校、技术培训学校、高等职业学校	3	
大学专科	4	
大学本科	5	
硕士	6	
博士及更高	7	

S8 请问家庭每年的税前总收入有多少？（请计算你家所有家庭成员的工资、奖金、福利、股票分红、租金收入等）（单选）

20000 元及以下	1	
20001~39999 元	2	
40000~59999 元	3	
60000~79999 元	4	
80000~99999 元	5	
100000~119999 元	6	
120000~139999 元	7	
140000~159999 元	8	
160000~179999 元	9	
180000~199999 元	10	
200000~249999 元	11	
250000~299999 元	12	
300000~349999 元	13	
350000~399999 元	14	
400000 元或更高	15	
拒绝回答	99	

S9 请问你目前的婚姻状况符合以下哪项呢？（单选）

未婚单身	1
未婚,但和相处对象同居	2
已婚	3
已婚但分居	4
离异	5
鳏居或丧偶	6

仅针对 S9 题选择 3~6 的被访者提问 S10

S10 请问目前有几个 18 岁以下的孩子和你住在一起？（请注意我们指的是你本人生的孩子）（单选）

1 个	1
2 个	2
3 个	3
其他＿＿＿＿＿＿＿＿＿＿（超过 3 个孩子的,请填写具体孩子数量）	4
我还没生孩子	5

主问卷

介绍：

接下来你会看到此次调研活动的主问卷部分，请根据自身的真实想法来回答我们这部分的问题，你的所有答案和评分不会有对错之分，我们只希望能了解你最真实和客观的意见，非常感谢！

Q1 有时有人说，对某些群体你必须小心翼翼，不要在公开场合批评他们。如果有的话，你认为这适用于哪些群体？（可多选）

失业人员	1
移民	2
同性恋者	3
黑人（不适用于中国）	4
穆斯林	5
妇女	6
残疾人	7
有钱人	8
领取津贴或福利的人	9
犹太人（不适用于中国）	10
基督徒	11
没有这些　（该选项为单选，且顺序固定）	12
拒绝回答　（该选项为单选，且顺序固定）	13①

---

① 主问卷中"拒绝回答"对应的数字与甄别部分的不同，英文原书如此，故编辑保留主问卷中的相应数字。——编者注

下面的问题是关于富人的。在回答接下来的几个问题时，我们所说的富人是指那些资产超过 200 万元的人（200 万元资产包括现金、存款、股票债券、投资、多套房产，但不包括他们目前自住的那套房产）。

Q2 以下是人们对富人的评价。如果有的话，你会同意下面的哪个（些）说法？（可多选）

致富主要取决于人的能力和想法	1
发财的人主要是运气好	2
整个社会受益于富人，因为许多富人创造了就业机会	3
整个社会因富人的存在而受益，因为他们交了高额的税	4
中国的富人之所以能致富，是因为社会可能存在不公平、不合理的现象	5
许多富人之所以致富，是因为他们往往比其他人承担更多的风险	6
致富主要取决于家人所拥有的人脉和关系	7
许多富人之所以致富，是因为他们无情地追求自己的利益	8
国家有能力维护我们的社会制度，因为富人交了更多的税	9
大多数富人是通过继承来致富的	10
有钱人通过勤劳致富，奋斗终生	11
许多富人的财富只是以牺牲他人的利益为代价获得的	12
整个社会受益于富人，因为许多富人是创造新产品的企业家	13
说到致富，决定性的因素是你是否善于建立重要的关系和人脉	14
通过自己努力成功的富人是激励我的榜样	15

那些非常富有的人，想要获得更多更大的权力，世界上许多重大的金融或人道主义问题是他们造成的	16
大多数富人骗税	17
以上都不是 （该选项为单选，且顺序固定）	18
我不知道 （该选项为单选，且顺序固定）	19

Q3 对有些人来说，致富很重要。对你个人来说，致富有多重要？（单选）

（选项 1~5 的重要程度，依次递减，即选项 1 为最重要，选项 5 为最不重要）

1-非常重要	1
2-相当重要	2
3-既不重要也不无关紧要	3
4-不太重要	4
5-根本不重要	5
我不知道 （该选项为单选，且顺序固定）	6

Q4 如果有的话，哪个（些）词适合形容富人的性格特征？（可多选）

聪明	1
以自我为中心	2
勤奋	3
贪婪	4
诚实	5
强调物质利益	6

续表

傲慢	7
想象力	8
乐观	9
残忍	10
肤浅	11
勇敢	12
冷酷无情	13
高瞻远瞩	14
以上都不是　（该选项为单选，且顺序固定）	15
我不知道　（该选项为单选，且顺序固定）	16

Q5 请问你是否同意"富人擅长挣钱，但通常不是正派人"？（单选）

（选项 1~5 的赞同程度，依次递减，即选项 1 为最赞同，选项 5 为最不赞同）

1-非常同意	1
2-倾向于同意	2
3-既不同意也不反对	3
4-倾向于不同意	4
5-非常不同意	5
我不知道　（该选项为单选，且顺序固定）	6

Q6 你认为哪些人应该成为富人？（可多选）

彩票中奖者	1
企业家	2
自由职业者	3
顶级运动员	4
金融投资者	5
创意人士和艺术家，如演员或音乐家	6
高级管理人员	7
继承人	8
高级银行家	9
房地产投资者	10
以上都不是（该选项为单选，且顺序固定）	11
我不知道（该选项为单选，且顺序固定）	12

Q7 在多大程度上，你同意或不同意"富人拥有的越多，穷人得到的就越少"？（单选）

（选项 1~5 的赞同程度，依次递减，即选项 1 为最赞同，选项 5 为最不赞同）

1-非常同意	1
2-倾向于同意	2
3-既不同意也不反对	3
4-倾向于不同意	4
5-非常不同意	5
我不知道　（该选项为单选，且顺序固定）	6

Q8 你最同意以下哪种说法？（单选）

A：对富人的税收应该高，但不能过高，因为他们的财富一般是辛辛苦苦赚来的，不应该从他们身上拿走太多的东西。

B：富人不仅要交税，而且应该交更高的税。这样才能保证社会的贫富差距不会太大。

我更同意 A 的说法	1
我更同意 B 的说法	2
我都同意这两种说法或不同意这两种说法	3
我不知道	4

Q9 请问你是否同意以下说法？

我认为对于一个拥有 1000 万元以上的超级富豪来说，因为我个人不受益，所以对他们增加税收也是公平的。（单选）

（选项 1~5 的赞同程度，依次递减，即选项 1 为最赞同，选项 5 为最不赞同）

1-非常同意	1
2-倾向于同意	2
3-既不同意也不反对	3
4-倾向于不同意	4
5-非常不同意	5
我不知道（该选项为单选，且顺序固定）	6

Q10 调查表明，人们的收入有区别，比如管理者的收入比其员工的高出 100 倍，对于以下说法，你同意哪个（些）？（可多选）

管理者挣那么多钱是不合适的，因为他们没有比员工工作的时间更长、更努力	1
管理者承担了更大的责任，应该获得更高的薪酬	2
管理者的薪酬这么高是不合适的，因为没有人需要那么多钱	3
管理者的收入完全由公司决定	4
管理者薪酬高就意味着员工的薪酬低	5
管理者获得高薪是令人憎恶的	6
公司只有支付高薪才能雇用和留住最好的管理者，否则这些管理者就会去另一家薪酬更高的公司，或者自己创业	7
我赞成大幅度降低这些管理者的薪酬，并把钱更平均地分配给员工，即使这意味着他们每月只是多赚一些钱	8
以上都不是　（该选项为单选，且顺序固定）	9
我不知道　（该选项为单选，且顺序固定）	10

Q11 请问你是否同意以下说法？

当我听到一个拥有 1000 多万元的非常富有的人做出个冒险的商业决定，并因此损失了很多钱，我认为他活该。（单选）

（选项 1~5 的赞同程度，依次递减，即选项 1 为最赞同，选项 5 为最不赞同）

1-非常同意	1
2-倾向于同意	2
3-既不同意也不反对	3
4-倾向于不同意	4
5-非常不同意	5
我不知道　（该选项为单选，且顺序固定）	6

Q12 有些富人给慈善事业捐了很多钱。在你看来，他们这么做的主要动机是什么？他们捐款主要是为了造福他人，还是造福自己（如减税、提高自己的声誉)？（可多选）

造福他人	1
造福自己	2
既利己又利他　（该选项为单选，且顺序固定）	3
我不知道　（该选项为单选，且顺序固定）	4

Q13 你身边有认识的百万富翁吗？（单选）

他可以是家庭成员、朋友，或是你通过朋友认识的人，你至少偶尔与之交往。

我认识一个很有钱的人	1
我认识不止一个很有钱的人	2
我并不认识这种很有钱的人	3
我不知道（该选项为单选，且顺序固定）	4

仅针对 Q13 题选择 1 和 2 的被访者提问 Q14

Q14 想到您最熟悉的那个非常有钱的人，你觉得这个人的性格怎么样？（单选）

此人的性格很好	1
此人的性格既无好的一面，也无坏的一面	2
此人的性格不好	3
我不知道（该选项为单选，且顺序固定）	4

仅针对 Q13 题选择 1 和 2 的被访者提问 Q14b

Q14b 想想你最熟悉的那个非常有钱的人，如果有的话，

哪个（些）词适合形容他的性格特征？（可多选）

聪明	1
以自我为中心	2
勤奋	3
贪婪	4
诚实	5
强调物质利益	6
傲慢	7
富有想象力	8
乐观	9
残忍	10
肤浅	11
勇敢	12
冷酷无情	13
高瞻远瞩	14
以上都不是　（该选项为单选，且顺序固定）	15
我不知道　（该选项为单选，且顺序固定）	16

专有名词对照表

人名

Adolf Hitler	阿道夫·希特勒
Adrian Furnham	阿德里安·弗纳姆
Alexander J. Colbow	亚历山大·J. 科尔博
Alice H. Eagly	爱丽丝·H. 伊格利
Alison Duncan Kerr	艾莉森·邓肯·克尔
Allison C. Aosved	艾莉森·C. 奥斯维德
Amanda B. Diekman	阿曼达·B. 迪克曼
Andreas Kemper	安德里亚斯·肯珀
Andrew N. Christopher	安德鲁·N. 克里斯托弗
Anne Maass	安妮·马斯
Aristotle	亚里士多德
Ayn Rand	艾茵·兰德
Barbara Jensen	芭芭拉·詹森
Ben Irvine	本·欧文
Bernard E. Whitley	伯纳德·E. 惠特利
Bernd Estel	贝恩德·埃斯特尔
Bernice Lott	伯尼斯·洛特

Bertolt Brecht	贝托尔特·布莱希特
Bettina Spencer	贝蒂娜·斯宾塞
Bill Gates	比尔·盖茨
Bill Paxton	比尔·帕克斯顿
Bogdan Wojciszke	博格丹·沃伊奇斯克
Caitlin A. J. Powell	凯特琳·A.J.鲍威尔
Carol K. Sigelman	卡罗尔·K.西格曼
Charles Bronson	查尔斯·布朗森
Charles E. Hoogland	查尔斯·E.霍格兰
Charlie Sheen	查理·辛
Chris Knight	克里斯·奈特
Christian Neuhäuser	克里斯蒂安·纽豪泽尔
Christine R. Harris	克里斯汀·R.哈里斯
Christopher Plummer	克里斯托弗·普卢默
Dacher Keltner	达彻尔·凯尔特纳
Daniel V. Meegan	丹尼尔·V.米根
David Hume	大卫·休谟
David Ryan Schurtz	大卫·瑞恩·舒尔茨
Demi Moore	黛米·摩尔
Diana Kendall	戴安娜·肯德尔
Donald Trump	唐纳德·特朗普
Earl E. Davis	厄尔·E.戴维斯
Édouard Drumont	爱德华·德拉蒙
Eliot R. Smith	艾略特·R.史密斯
Elizabeth Baily Wolf	伊丽莎白·贝利·沃尔夫
Elliott Larson	艾略特·拉森
Emanuele Castano	伊曼纽尔·卡斯塔诺

Emily K. Voller	艾米丽·K. 沃勒
Emmanuel Macron	埃马纽埃尔·马克龙
Ervin Staub	欧文·斯托布
Ethan Zell	伊森·泽尔
F. A. Hayek	F. A. 哈耶克
Faye Dunaway	费·唐纳薇
Frances K. Del Boca	弗朗西斯·K. 德尔·博卡
Francesca M. Franco	弗朗切斯卡·M. 弗朗科
François Fillon	弗朗索瓦·菲永
Fred Astaire	弗雷德·阿斯泰尔
Fred Goodwin	弗雷德·古德温
George Gilder	乔治·吉尔德
Georg Simmel	乔治·西梅尔
George M. Foster	乔治·M. 福斯特
Giacomo Corneo	贾科莫·科尼奥
Gonzalo Fernández de la Mora	贡萨洛·费尔南德斯·德·拉莫拉
Gordon W. Allport	戈登·W. 奥尔波特
Hans Peter Grüner	汉斯·彼得·格鲁纳
Hans-Georg Gadamer	汉斯-格奥尔格·伽达默尔
Hans-Peter Müller	汉斯-彼得·穆勒
Heather E. Bullock	希瑟·E. 布洛克
Heike Weinbach	海克·魏巴赫
Heinz E. Wolf	海因茨·E. 沃尔夫
Helga Dittmar	赫尔加·迪特玛尔
Helmut Schoeck	赫尔穆特·舍克
Henry Fonda	亨利·方达
Ingvar Kamprad	英格瓦·坎普拉德

James Bond	詹姆斯·邦德
James R. Kluegel	詹姆斯·R. 克鲁格尔
Jan Crusius	扬·克鲁修斯
Jean-Luc Mélenchon	让-吕克·梅朗雄
Jens Lange	延斯·兰格
Joan C. Williams	琼·C. 威廉姆斯
Joanna Różycka-Tran	乔安娜·雷日卡-特兰
John F. Dovidio	约翰·F. 多维迪奥
Jonathan Cobb	乔纳森·科布
Julia Roberts	茱莉亚·罗伯茨
Juliet B. Schor	朱丽叶·B. 肖尔
Justin D'Arms	贾斯汀·达姆斯
Karen Fraser Wyche	凯伦·弗雷泽·威奇
Karl Marx	卡尔·马克思
Kate Winslet	凯特·温斯莱特
L. Richard Della Fave	L. 理查德·德拉·法夫
Lars-Eric Petersen	拉斯-埃里克·彼得森
Lasana T. Harris	拉萨娜·T. 哈里斯
Lee Jussim	李·吉西姆
Leonardo DiCaprio	莱昂纳多·迪卡普里奥
Ludwig von Mises	路德维希·冯·米塞斯
Marcel Zeelenberg	马塞尔·泽伦贝格
Marcin Jaworski	马辛·贾沃斯基
Mark D. Alicke	马克·D. 阿利克
Martin Sheen	马丁·辛
Martina Thiele	玛蒂娜·蒂耶
Mary E. Kite	玛丽·E. 凯特

Max Weber	马克斯·韦伯
Melanie Böwing-Schmalenbrock	梅兰妮·伯温-斯科梅兰布洛
Michael Douglas	迈克尔·道格拉斯
Michael W. Kraus	迈克尔·W. 克劳斯
Michèle Lamont	米歇尔·拉蒙特
Mina Cikara	米娜·席卡拉
Monica H. Lin	莫妮卡·H. 林
Nick Haslam	尼克·哈斯拉姆
Niels van de Ven	尼尔斯·范·德·文
Norman T. Feather	诺曼·T. 费瑟
O. J. Simpson	O. J. 辛普森
Oprah Winfrey	奥普拉·温弗瑞
Patricia J. Long	帕特丽夏·J. 朗
Patrick Sachweh	帕特里克·萨奇威
Paul H. Rubin	保罗·H. 鲁宾
Paul K. Piff	保罗·K. 皮夫
Paul Newman	保罗·纽曼
Peter Glick	彼得·格里克
Peter Salovey	彼得·萨洛维
Richard D. Ashmore	理查德·D. 阿什莫尔
Richard Chamberlain	理查德·张伯伦
Richard Gere	理查德·基尔
Richard H. Smith	理查德·H. 史密斯
Richard Sennett	理查德·塞内特
Rik Pieters	里克·彼得斯
Robert Frank	罗伯特·弗兰克
Robert Redford	罗伯特·雷德福

Roel W. Meertens	罗埃尔·W. 梅尔滕斯
Róża Bazinska	罗斯阿·巴津斯卡
Rupert Brown	鲁珀特·布朗
Spinoza	斯宾诺莎
Stephen Loughnan	斯蒂芬·洛夫南
Stephen Thielke	斯蒂芬·蒂尔克
Steve McQueen	史蒂夫·麦奎因
Sung Hee Kim	金成熙
Susan T. Fiske	苏珊·T. 菲斯克
Suzanne R. Horwitz	苏珊娜·R. 霍维兹
Theodor Adorno	西奥多·阿多诺
Thomas F. Pettigrew	托马斯·F. 佩蒂格鲁
Thomas J. Gorman	托马斯·J. 戈尔曼
W. Gerrod Parrott	W. 杰罗德·帕罗特
Walter Lippmann	沃尔特·李普曼
Warren Buffet	沃伦·巴菲特
Wendy R. Williams	温迪·R. 威廉姆斯
William Holden	威廉·霍尔登
William Ming Liu	威廉·明·刘
Wolfgang Glatzer	沃尔夫冈·格拉策
Woody Harrelson	伍迪·哈里森
Yochi Cohen-Charash	约奇·科恩-查拉什

书籍、报刊、电影、法案

All the Money in the World	《金钱世界》
Basic Instinct	《本能》
Braveheart	《勇敢的心》

Bugsy	《豪情四海》
Casino Royale	《皇家赌场》
Derrick	《探长德里克》
Die Another Day	《择日再死》
Doctor Strange	《奇异博士》
Egalitarian Envy: The Political Foundations of Social Justice	《平等的嫉妒：社会正义的政治基础》
Envy: A Theory of Social Behaviour	《嫉妒：社会行为理论》
Erin Brockovich	《永不妥协》
Evita	《贝隆夫人》
Father of the Bride	《岳父大人》
Fifty Shades of Grey	《五十度灰》
Forrest Gump	《阿甘正传》
Framing Class: Media Representations of Wealth and Poverty in America	《阶级框架：美国媒体对贫富的描述》
Growing Up Working Class: Hidden Injuries and the Development of Angry White Men and Women 《工人阶级的成长：隐性伤害和愤怒的白人男性和女性的发展》	
Hannibal	《汉尼拔》
Heat	《盗火线》
Indecent Proposal	《桃色交易》
Iron Man	《钢铁侠》
Kingsman: The Secret Service	《王牌特工：特工学院》
New York Times	《纽约时报》
Notting Hill	《诺丁山》
Ocean's Thirteen	《十三罗汉》
Once Upon a Time in the West	《西部往事》

Pretty Woman 《风月俏佳人》

Psychology of Prejudice and Discrimination

《偏见与歧视心理学》

Public Opinion 《公众舆论》

Quantum of Solace 《量子危机》

Ransom 《赎金》

Reading Classes: On Culture and Classism in America

《解读阶级：美国的文化与阶级歧视》

Richistan：A Journey through the American Wealth Boom and the Lives of the New Rich

《富人国：探秘美国富人潮及新富之生活》

Schindler's List 《辛德勒的名单》

Sex and the City 《欲望都市》

Sliver 《偷窥》

Sleeping with the Enemy 《与敌共眠》

Social Perception and Social Reality：Why Accuracy Dominates Bias and Self-Fulfilling Prophecy

《社会认知与社会现实：为什么准确性决定偏见

与自我实现的预言》

Some Like It Hot 《热情如火》

Something's Gotta Give 《爱是妥协》

Spectre 《幽灵党》

The Bodyguard 《保镖》

The Dark Knight 《蝙蝠侠：黑暗骑士》

The Devil Wears Prada 《穿普拉达的女魔头》

The First Wives Club 《前妻俱乐部》

The Great Gatsby 《了不起的盖茨比》

The Hidden Injuries of Class	《阶级的隐性伤害》
The Intouchables	《闪亮人生》
The King's Speech	《国王的演讲》
The Mask of Zorro	《佐罗的面具》
The Naked Gun 2½: The Smell of Fear	《白头神探2½：恐怖的气味》
The Nature of Prejudice	《偏见的本质》
The Panama Papers	《巴拿马文件》

The Roots of Evil: The Origins of Genocide and Other Group Violence

《邪恶的根源：种族灭绝和其他群体暴力的起源》

The Towering Inferno	《火烧摩天楼》
The Wolf of Wall Street	《华尔街之狼》
The World Is Not Enough	《黑日危机》
Titanic	《泰坦尼克号》
Up	《飞屋环游记》
Wall Street	《华尔街》

Wealth and Poverty: A New Edition for the Twenty-First Century

《财富与贫穷：21 世纪的新版本》

You've Got Mail	《网上情缘》

参考文献

Alicke, Mark D., and Ethan Zell. "Social Comparison and Envy." In *Envy: Theory and Research*. Edited by Richard H. Smith. Oxford: Oxford University Press, 2008, pp. 73–93.

Allport, Gordon W. *The Nature of Prejudice*. New York: Basic Books, 1979.

Aosved, Allison C., Patricia J. Long, and Emily K. Voller. "Measuring Sexism, Racism, Sexual Prejudice, Ageism, Classism, and Religious Intolerance: The Intol- erant Schema Measure." *Journal of Applied Social Psychology* 39, no. 10 (2009): 2321–2354.

Arnott, Robert, William Bernstein, and Lillian Wu. "The Rich Get Poorer:The Myth of Dynastic Wealth." *Cato Journal* 35, no. 3 (2015): 447–485.

Beznoska, Martin, and Tobias Hentze. "Die Verteilung der Steuerlast in Deutschland." *IW-Trends* 1 (2017): 99–116.

Bleeker-Dohmen, Roelf. Der *öffentliche Verteilungskampf: Eine Medieninhaltsanalyse der Vermögensteuerdebatten zwischen 1995 und 2003*. Berlin: Logos Verlag, 2006.

Böwing-Schmalenbrock, Melanie. *Wege zum Reichtum: Die Bedeutung von Erb- schaften, Erwerbstätigkeit und Persönlichkeit für die Entstehung von Reichtum*. Wiesbaden: Verlag für Sozialwissenschaften, 2012.

Brecht, Bertolt. "Alfabet." In *The Collected Poems of Bertolt Brecht*. Translated by David Constantine and Tom Kuhn. New York: Liveright, 2018.

Brock, Bastian, and Nick Haslam. "Psychological Essentialism and Attention Allocation: Preferences for Stereotype-Consistent Versus Stereotype-Inconsistent Information." *Journal of Social Psychology* 147, no. 5 (2007): 531–541.

Brown, Rupert, and Hanna Zagefka. "Ingroup Affiliations and Prejudice." In *On the Nature of Prejudice: Fifty Years after Allport.* Edited by John F. Dovidio, Peter Glick, and Laurie A. Rudman. Malden, MA: Blackwell Publishing, 2005, pp. 54–70.

Brown, Rupert. *Prejudice: Its Social Psychology,* 2nd ed. Chichester, UK: Wiley- Blackwell, 2010.

Bullock, Heather E., Karen Fraser Wyche, and Wendy R. Williams. "Media Images of the Poor." *Journal of Social Issues* 57, no. 2 (2001): 229–246.

Bultmann, Daniel. *Kambodscha unter den Roten Khmer: Die Erschaffung des perfekten Sozialisten.* Paderborn: Ferdinand Schöningh, 2017.

Christopher, Andrew N., Ryan D. Morgan, Pam Marek, Jordan D. Troisi, Jason R. Jones, and David F. Reinhart. "Affluence Cues and First Impressions: Does It Matter How the Affluence Was Acquired?" *Journal of Economic Psychology* 26, no. 2 (2005): 187–200.

Cikara, Mina, and Susan T. Fiske. "Stereotypes and Schadenfreude: Affective and Physiological Markers of Pleasure at Outgroup Misfortunes." *Social Psychological and Personality Science* 3, no. 1 (2012): 63–71.

Cohen-Charash, Yochi, and Elliott Larson. "What Is the Nature of Envy?" In *Envy at Work and in Organizations.* Edited by Richard H. Smith, Ugo Merlone, and Michelle K. Duffy. Oxford: Oxford University Press, 2017, pp. 1–38.

Colbow, Alexander J., Erin Cannella, Walter Vispoel, Carrie A. Morris, Charles Cederberg, Mandy Conrad, Alexander J. Rice, and William M. Liu. "Development of the Classism Attitudinal Profile (CAP)." *Journal of Counseling Psychology* 63, no. 5 (2016): 571–585.

Collange, Julie, Susan T. Fiske, and Rasyid Sanitioso. "Maintaining a Positive Self-Image by Stereotyping Others: Self-Threat and the Stereotype Content Model." *Social Cognition* 27, no. 1 (2009): 138–149.

Corneo, Giacomo, and Hans Peter Grüner. "Individual Preferences for Political Redistribution." *Journal of Public Economics* 83, no. 1 (2002): 83–107.

Courtois, Stéphane. "Introduction: The Crimes of Communism." In *The Black Book of Communism: Crimes, Terror, Repression.* Edited by Stéphane Courtois, Nicholas Werth, Jean-Louis Panné, Andrzej Paczkowski, Karel Bartosek, and Jean-Louis Margolin. Translated by Jonathan Murphy and

Mark Kramer. Cambridge, MA: Harvard University Press, 1999, pp. 1–32.

Cuddy, Amy J. C., Peter Glick, and Susan T. Fiske. "The BIAS Map: Behaviors from Intergroup Affect and Stereotypes." *Journal of Personality and Social Psychology* 92, no. 4 (2007): 631–648.

Cushman, Thomas. "Intellectuals and Resentment toward Capitalism." *Society* 49, no. 3 (2012): 247–255.

D'Arms, Justin, and Alison Duncan Kerr. "Envy in the Philosophical Tradition." In *Envy: Theory and Research.* Edited by Richard H. Smith. Oxford: Oxford University Press, 2008, pp. 39–59.

Davis, Earl E. *Attitude Change: A Review and Bibliography of Selected Research.* Paris: Unesco, 1964.

Degner, Juliana, and Dirk Wentura. "Messung von Vorurteilen." In *Stereotype, Vorurteile und soziale Diskriminierung: Theorien, Befunde und Interventionen.* Edited by Lars-Eric Petersen and Bernd Six. Weinheim: Beltz Verlag, 2008, pp. 149–162.

Della Fave, L. Richard. "The Meek Shall Not Inherit the Earth: Self-Evaluation and the Legitimacy of Stratification." *American Sociological Review* 45, no. 6 (1980): 955–971.

Delsol, Jean-Philippe, Nicolas Lecaussin, and Emmanuel Martin, eds. *Anti-Piketty: Capital for the 21st Century.* Washington: Cato Institute, 2017.

Dickinson, Julie, and Nicholas Emler. "Developing Ideas about Distribution of Wealth." In *Economic Socialization: The Economic Beliefs and Behaviours of Young People.* Edited by Peter Lunt and Adrian Furnham. Cheltenham, UK; Brookfield, VT: Edward Elgar, 1996, pp. 47–68.

Dittmar, Helga. "Perceived Material Wealth and First Impressions." *British Journal of Social Psychology* 31, no. 4 (1992): 379–391.

Dovidio, John F., Peter Glick, and Laurie A. Rudman. *On the Nature of Prejudice. Fifty Years after Allport.* Malden, MA: Blackwell Publishing, 2005.

Dovidio, John F., Miles Hewstone, Peter Glick, and Victoria M. Esses. "Prejudice, Stereotyping and Discrimination: Theoretical and Empirical Overview." In *The SAGE Handbook of Prejudice, Stereotyping and Discrimination.* Edited by John F. Dovidio, Miles Hewstone, Peter Glick, and Victoria M. Esses. Los Angeles: Sage, 2010, pp. 3–28.

———, eds. *The SAGE Handbook of Prejudice, Stereotyping and Discrimination.* Los Angeles: Sage, 2010.

Drumont, Édouard. *La France Juive*. In *The French Right: From de Maistre to Maurras*. Edited by J. S. McClellan. London: Jonathan Cape, 1970.

Eagly, Alice H., and Amanda B. Diekman. "What Is the Problem? Prejudice as an Attitude-in-Context." In *On the Nature of Prejudice: Fifty Years after Allport*. Edited by John F. Dovidio, Peter Glick, and Laurie A. Rudman. Malden, MA: Blackwell Publishing, 2005, pp. 19–35.

Eckes, Thomas. "Messung von Stereotypen." In *Stereotype, Vorurteile und soziale Diskriminierung: Theorien, Befunde und Interventionen*. Edited by Lars-Eric Petersen and Bernd Six. Weinheim: Beltz Verlag, 2008, pp. 97–110.

Estel, Bernd. *Soziale Vorurteile und soziale Urteile: Kritik und wissenssoziologische Grundlegung der Vorurteilsforschung*. Opladen: Westdeutscher Verlag, 1983.

Feather, N. T. "Attitudes towards the High Achiever: The Fall of the Tall Poppy." *Australian Journal of Psychology* 41, no. 3 (1989): 239–267.

Fiske, Susan T. "Divided by Status: Upward Envy and Downward Scorn." *Proceedings of the American Philosophical Society* 157, no. 3.

———. "Envy Up, Scorn Down: How Comparison Divides Us." *American Psychologist* 65, no. 8 (2010): 698–706.

———. *Envy Up, Scorn Down: How Status Divides Us*. New York: Russell Sage Foundation, 2011.

———. "Social Cognition and the Normality of Prejudgment." In *On the Nature of Prejudice: Fifty Years after Allport*. Edited by John F. Dovidio, Peter Glick, and Laurie A. Rudman. Malden, MA: Blackwell Publishing, 2005, pp. 36–53.

Fiske, Susan T., Amy J. C. Cuddy, Peter Glick, and Jun Xu. "A Model of (Often Mixed) Stereotype Content: Competence and Warmth Respectively Follow from Perceived Status and Competition." *Journal of Personality and Social Psychology* 82, no. 6 (2002): 878–902.

Fiske, Susan T., and Hazel Rose Markus, eds. *Facing Social Class: How Societal Rank Influences Interaction*. New York: Russell Sage Foundation, 2012.

Forgas, Joseph P., Susan L. Morris, and Adrian Furnham. "Lay Explanations of Wealth: Attributions for Economic Success." *Journal of Applied Social Psychology* 12, no. 5 (1982): 381–397.

Foster, George M. "The Anatomy of Envy: A Study in Symbolic Behavior." *University of Chicago Press Journals* 13, no. 2 (1972): 165–202.

Franco, Francesca M., and Anne Maass. "Intentional Control over

Prejudice: When the Choice of the Measure Matters." *European Journal of Social Psychology* 29, no. 4 (1999): 469–477.

Frank, Robert. *Richistan: Eine Reise durch die Welt der Megareichen*. Frankfurt: Fischer Taschenbuchverlag, 2009.

Furnham, Adrian. "Attributions for Affluence." *Personality and Individual Differences* 4, no. 1 (1983): 31–40.

———. *The New Psychology of Money*. London: Routledge, 2014.

Furnham, Adrian, and Michael Bond. "Hong Kong Chinese Explanations for Wealth." *Journal of Economic Psychology* 7, no. 4 (1986): 447–460.

Gaertner, Samuel, L., and John F. Dovidio. "Categorization, Recategorization, and Intergroup Bias." In *On the Nature of Prejudice: Fifty Years after Allport*. Edited by John F. Dovidio, Peter Glick, and Laurie A. Rudman. Malden, MA: Blackwell Publishing, 2005, pp. 71–88.

Gallup News Service. "Have and Have-Nots: Perceptions of Fairness and Opportunity." July 6, 1998.

Gibbons, Frederick X., Camilla Persson Benbow, and Meg Gerrard. "From Top Dog to Bottom Half: Social Comparison Strategies in Response to Poor Performance." *Journal of Personality and Social Psychology* 67, no. 4 (1994): 638–652.

Gilder, George. *Wealth and Poverty: A New Edition for the Twenty-First Century*. Washington: Regnery Publishing, 2012.

Glatzer, Wolfgang, Jens Becker, Roland Bieräugel, Geraldine Hallein-Benze, Oliver Nüchter, and Alfons Schmid. *Reichtum im Urteil der Bevölkerung: Legitimations- probleme und Spannungspotentiale in Deutschland*. Opladen: Verlag Barbara Budrich, 2009.

Glick, Peter. "Choice of Scapegoats." In *On the Nature of Prejudice. Fifty Years after Allport*. Edited by John F. Dovidio, Peter Glick, and Laurie A. Rudman. Malden, MA: Blackwell Publishing, 2005, pp. 244–261.

Gniechwitz, Susan. "Antisemitismus im Licht der Modernen Vorurteils-forschung: Kognitive Grundlagen latenter Vorurteile Gegenüber Juden in Deutschland." Berlin: Wissenschaftlicher Verlag Berlin, 2006.

Gorman, Thomas J. "Cross-Class Perceptions of Social Class." *Sociological Spectrum* 20, no. 1 (2000): 93–120.

———. *Growing Up Working Class: Hidden Injuries and the Development of Angry White Men and Women*. Cham, Switz.: Palgrave Macmillan, 2017.

Gregg, Samuel. *Becoming Europe: Economic Decline, Culture, and How America Can Avoid a European Future.* New York: Encounter Books, 2013.

Harris, Christine R., and Nicole E. Henniger. "Envy, Politics, and Age." *Frontiers in Psychology* 4 (2013): 1–5.

Harris, Christine R., and Peter Salovey. "Reflections on Envy." In *Envy: Theory and Research.* Edited by Richard H. Smith. Oxford: Oxford University Press, 2008, pp. 335–356.

Harris, Lasana T., Mina Cikara, and Susan T. Fiske. "Envy, as Predicted by the Stereotype Content Model: A Volatile Ambivalence." In *Envy: Theory and Research.* Edited by Richard H. Smith. Oxford: Oxford University Press, 2008, pp. 133–147.

Haslam, Nick. "Dehumanization: An Integrative Review." *Personality and Social Psychology Review* 10, no. 3 (2006): 252–264.

Haslam, Nick, Brock Bastian, Paul Bain, and Yoshihisa Kashima. "Psycholog- ical Essentialism, Implicit Theories, and Intergroup Relations." *Group Processes & Intergroup Relations* 9, no. 1 (2006): 63–76.

Hill, Sarah E., and David M. Buss. "The Evolutionary Psychology of Envy." In *Envy: Theory and Research.* Edited by Richard H. Smith. Oxford: Oxford University Press, 2008, pp. 60–72.

Hitler, Adolf. *Mein Kampf.* London: Hurst and Blackett, 1939.

Hoffmann, Johannes. *Stereotypen, Vorurteile, Völkerbilder in Ost und West: in Wissenschaft und Unterricht: Eine Bibliographie.* Wiesbaden: Harrassowitz, 1986.

Hoogland, Charles E., Stephen Thielke, and Richard H. Smith. "Envy as an Evolving Episode." In *Envy at Work and in Organizations.* Edited by Richard H. Smith, Ugo Merlone, and Michelle K. Duffy. Oxford: Oxford University Press, 2017, pp. 57–84.

Horwitz, Suzanne R., and John F. Dovidio. "The Rich—Love Them or Hate Them? Divergent Implicit and Explicit Attitudes toward the Wealthy." *Group Processes & Intergroup Relations* 20, no. 1 (2017): 3–31.

Irvine, Ben. *Scapegoated Capitalism.* UK: Oldspeak Publishing, 2016.

Jensen, Barbara, *Reading Classes: On Culture and Classism in America.* Ithaca, NY: ILR Press, 2012.

Jones, Jeffrey M. "Most Americans Do Not Have a Strong Desire to be Rich." Gallup News Service, December 11, 2006.

Jussim, Lee. *Social Perception and Social Reality: Why Accuracy Dominates Bias and Self-Fulfilling Prophecy.* Oxford: Oxford University Press, 2012.

Kahan, Alan S. *Mind vs. Money: The War between Intellectuals and Capitalism.* New Brunswick, NJ: Transaction Publishers, 2010.

Kemper, Andreas, and Heike Weinbach. *Klassismus: Eine Einführung.* 2nd ed. Münster: Unrast-Verlag, 2016.

Kendall, Diana. *Framing Class: Media Representations of Wealth and Poverty in America.* 2nd ed. Lanham, MD: Rowman & Littlefield, 2011.

Kepplinger, Hans Mathias. *Die Mechanismen der Skandalisierung: Warum man den Medien gerade dann nicht vertrauen kann, wenn es darauf ankommt.* Updated and expanded edition. Reinbek: Lau Verlag, 2018.

Kessler, Thomas, and Nicole Syringa Harth. "Die Theorie relativer Deprivation." In *Stereotype, Vorurteile und soziale Diskriminierung: Theorien, Befunde und Interventionen.* Edited by Lars-Eric Petersen and Bernd Six. Weinheim: Beltz Verlag, 2008, pp. 249–258.

Khanna, Naveen, and Annette B. Poulsen. "Managers of Financially Distressed Firms: Villains or Scapegoats?" *Journal of Finance* 50, no. 3 (1995): 919–940.

Kite, Mary E., and Bernard E. Whitley Jr. *Psychology of Prejudice and Discrimination.* 3rd ed. New York: Routledge, 2013.

Klauer, Karl Christoph. "Soziale Kategorisierung und Stereotypisierung." In *Stereotype, Vorurteile und soziale Diskriminierung: Theorien, Befunde und Interventionen.* Edited by Lars-Eric Petersen and Bernd Six. Weinheim: Beltz Verlag, 2008, pp. 23–32.

Kluegel, James R., and Eliot R. Smith. *Beliefs about Inequality: Americans' Views of What Is and What Ought to Be.* New York: Aldine de Gruyter, 1986.

König, René, ed. *Handbuch der Empirischen Sozialforschung.* Book 2. Stuttgart: Ferdinand Enke Verlag, 1969, pp. 912–960.

Kraus, Michael W., Paul K. Piff, and Dacher Keltner. "Social Class, Sense of Control, and Social Explanation." *Journal of Personality and Social Psychology* 97, no. 6 (2009): 992–1004.

Kraus, Michael W., Paul K. Piff, Rodolfo Mendoza-Denton, Michelle L. Rheinschmidt, and Dacher Keltner. "Social Class, Solipsism, and Contextualism: How the Rich Are Different from the Poor." *Psychological Review* 119, no. 3 (2012): 546–572.

Kraus, Michael W., Michelle L. Rheinschmidt, and Paul K. Piff. "The

Inter-section of Resources and Rank: Signaling Social Class in Face-to-Face Encounters." In *Facing Social Class: How Societal Rank Influences Interaction.* Edited by Susan T. Fiske and Hazel Rose Markus. New York: Russell Sage Foundation, 2012, pp. 152–171.

Lamont, Michèle. "Above 'People Above'? Status and Worth among White and Black Workers." In *The Cultural Territories of Race: Black and White Boundaries.* Edited by Michèle Lamont. Chicago: University of Chicago Press, 1999, pp. 127–151.

Lamont, Michèle, ed. *The Cultural Territories of Race: Black and White Boundaries.* Chicago: University of Chicago Press, 1999.

Lange, Jens, and Jan Crusius. "Dispositional Envy Revisited: Unraveling the Motivational Dynamics of Benign and Malicious Envy." *Personality and Social Psychology Bulletin* 41, no. 2 (2015): 284–294.

Leach, Colin Wayne. "Envy, Inferiority, and Injustice: Three Bases for Anger about Inequality." In *Envy: Theory and Research.* Edited by Richard H. Smith. Oxford: Oxford University Press, 2008, pp. 94–116.

Lin, Monica H., Virginia S. Y. Kwan, Anne Cheung, and Susan T. Fiske. "Stereotype Content Model Explains Prejudice for an Envied Outgroup: Scale of Anti-Asian American Stereotypes." *Personality and Social Psychology Bulletin* 31, no.1 (2005): 34–47.

Lippmann, Walter. *Public Opinion.* La Vergne, TN: BN Publishing, 2008.

Liu, William Ming. "Introduction to Social Class and Classism in Counseling Psychology." In *The Oxford Handbook of Social Class in Counseling.* Edited by William Ming Liu. Oxford: Oxford University Press, 2013.

———. *Social Class and Classism in the Helping Professions: Research, Theory, and Practice.* Thousand Oaks, CA: Sage, 2011.

Lott, Bernice. "Cognitive and Behavioral Distancing from the Poor." *American Psychologist* 57, no. 2 (2002): 100–110.

———. "The Social Psychology of Class and Classism." *American Psychologist* 67, no. 8 (2012): 650–658.

Loughnan, Stephen, and Nick Haslam. "Animals and Androids: Implicit Associations between Social Categories and Nonhumans." *Psychological Science* 18, no. 2 (2007): 116–121.

Ludwig, Jack. "Is America Divided into 'Haves' and 'Have-Nots'?" Gallup News Service, April 29, 2003.

Lunt, Peter, and Adrian Furnham. *Economic Socialization: The Economic Beliefs of Young People*. Cheltenham, UK; Brookfield, VT: Edward Elgar, 1996.

Meegan, Daniel V. "Zero-Sum Bias: Perceived Competition Despite Unlimited Resources." *Frontiers in Psychology* 1, no. 191 (2010).

Meiser, Thorsten. "Illusorischen Korrelationen." *In Stereotype, Vorurteile und soziale Diskriminierung: Theorien, Befunde und Interventionen*. Edited by Lars-Eric Petersen and Bernd Six. Weinheim: Beltz Verlag, 2008, pp. 53–61.

Mises, Ludwig von. *Human Action*. Indianapolis: Liberty Fund, 2007.

Moore, David W. "Half of Young People Expect to Strike It Rich: But Expectations Fall Rapidly with Age." Gallup News Service, March 11, 2003.

Mora, Gonzalo Fernández de la. *Egalitarian Envy: The Political Foundations of Social Justice*. San Jose, CA: toExcel, 2000.

Mujcic, Redzo, and Andrew J. Oswald. "Is Envy Harmful to a Society's Psychological Health and Wellbeing? A Longitudinal Study of 18,000 Adults." *Social Science & Medicine* 198 (2018): 103–111.

Müller, Hans-Peter. "Soziale Ungleichheit und Ressentiment" ("Social Inequality: The Rich Shape Our Politics"), *Merkur* 58 (2004): 885–894.

Neuhäuser, Christian. *Reichtum als moralisches Problem*. Berlin: Suhrkamp, 2018. Newport, Frank. "More Americans See Themselves as 'Haves' than 'Have-Nots.'" Gallup News Service, August 19, 2015.

———. "Partisan Divide on Benefit of Having Rich People Expands." Gallup News Service, June 8, 2018.

Nozick, Robert. "Why Do Intellectuals Oppose Capitalism?" In *Socratic Puzzles*. Cambridge, MA: Harvard University Press, 1997.

Nüchter, Oliver, Roland Bieräugel, Wolfgang Glatzer, and Alfons Schmid. *Der Sozialstaat im Urteil der Bevölkerung*. Opladen: Verlag Barbara Budrich, 2010.

Obermayer, Bastian, and Frederik Obermaier. *The Panama Papers: Breaking the Story of How the Rich & Powerful Hide Their Money*. London: Oneworld Publications, 2016.

Orten, Michael, and Karen Rowlingson. *Public Attitudes to Economic Inequality*. Coventry, UK: Warwick University, 2007.

Palmer, Tom G. "Foreword." In *Anti-Piketty: Capital for the 21st-Century*. Edited by Jean-Phillipe Delsol, Nicolas Lecaussin, and Emmanuel Martin. Washington: Cato Institute, 2017, pp. xi–xvi.

Parker, Kim. "Yes, the Rich Are Different." Pew Research Center, August 2, 2012.

Parrott, W. Gerrod. "The Emotional Experiences of Envy and Jealousy." In *The Psychology of Jealousy and Envy*. Edited by Peter Salovey. New York: Guilford Press, 1991, pp. 3–30.

Parrott, W. Gerrod, and Patricia M. Rodriguez Mosquera. "On the Pleasures and Displeasures of Being Envied." In *Envy: Theory and Research*. Edited by Richard H. Smith. Oxford: Oxford University Press, 2008, pp. 117–132.

Petersen, Lars-Eric. "Vorurteile und Diskriminierung." In *Stereotype, Vorurteile und soziale Diskriminierung: Theorien, Befunde und Interventionen*. Edited by Lars-Eric Petersen and Bernd Six. Weinheim: Beltz Verlag, 2008, pp. 192–199.

Petersen, Lars-Eric, and Hartmut Blank. "Das Paradigma der Minimalen Gruppen." In *Stereotype, Vorurteile und soziale Diskriminierung: Theorien, Befunde und Interventionen*. Edited by Lars-Eric Petersen and Bernd Six. Weinheim: Beltz Verlag, 2008, pp. 200–213.

Petersen, Lars-Eric, and Bernd Six, eds. *Stereotype, Vorurteile und soziale Diskri- minierung: Theorien, Befunde und Interventionen*. Weinheim: Beltz Verlag, 2008.

Petersen, Thomas. *Der Fragebogen in der Sozialforschung*. Konstanz: UVK Verlagsgesellschaft, 2014.

Pettigrew, Thomas F., and Roel W. Meertens. "Subtle and Blatant Prejudice in Western Europe." *European Journal of Social Psychology* 25, no. 1 (1995): 57–75.

Piketty, Thomas. *Capital in the Twenty-First Century*. Translated by Arthur Goldhammer. Cambridge, MA: Belknap Press, 2014.

Powell, Caitlin A. J., Richard H. Smith, and David Ryan Schurtz. "Schadenfreude Caused by an Envied Person's Pain." In *Envy: Theory and Research*. Edited by Richard H. Smith. Oxford: Oxford University Press, 2008, pp. 148–166.

Rand, Ayn. *For the New Intellectual: The Philosophy of Ayn Rand*. London: Random House, 1961.

Reutter, Linda I., Miriam J. Stewart, Gerry Veenstra, Rhonda Love, Dennis Raphael, and Edward Makwarimba. "'Who Do They Think We Are, Anyway?' Perceptions of and Response to Poverty Stigma." *Qualitative Health*

Research 19, no. 3 (2009): 297–311.

Rowlingson, Karen, and Stephen McKay. "What Do the Public Think about the Wealth Gap?" University of Birmingham, 2013.

Róz ̇ ycka-Tran, Joanna, Pawel Boski, and Bogdan Wojciszke. "Belief in a Zero-Sum Game as a Social Axiom: A 37-Nation Study." *Journal of Cross-Cultural Psychology* 46, no. 4 (2015): 525–548.

Róz ̇ ycka-Tran, Joanna, Pawel Jurek, Michal Olech, Jaroslaw Piotrowski, and Magdalena Żemojtel-Piotrowska. "Measurement Invariance of the Belief in a Zero-Sum Game Scale across 36 Countries." *International Journal of Psychology* 54, no. 3 (2017): 406–413.

Rubin, Paul H. "Folk Economics." *Southern Economic Journal* 70, no. 1 (2003): 157–171.

Sachweh, Patrick. *Deutungsmuster sozialer Ungleichheit: Wahrnehmung und Legitimation Gesellschaftlicher Privilegierung und Benachteiligung.* Frankfurt: Campus Verlag, 2009.

Salovey, Peter, ed. *The Psychology of Jealousy and Envy.* New York: Guilford Press, 1991.

Schoeck, Helmut. *Envy: A Theory of Social Behavior.* Indianapolis: Liberty Fund, 1966.

Schor, Juliet B. *Born to Buy.* New York: Scribner, 2004.

Schwerhoff, Gerd. "Vom Alltagsverdacht zur Massenverfolgung: Neuere deutsche Forschung zum frühneuzeitlichen Hexenwesen." *Geschichte in Wissenschaft und Unterricht* 46 (1995): 359–380.

Sennett, Richard, and Jonathan Cobb. *The Hidden Injuries of Class.* New York: W. W. Norton, 1972.

Sigelman, Carol K. "Rich Man, Poor Man: Developmental Differences in Attributions and Perceptions." *Journal of Experimental Child Psychology* 113, no. 3 (2012): 415–429.

Singer, Peter. *Famine, Affluence and Morality.* Oxford: Oxford University Press, 2016.

Six-Materna, Iris. "Sexismus." In *Stereotype, Vorurteile und soziale Diskriminierung: Theorien, Befunde und Interventionen.* Edited by Lars-Eric Petersen and Bernd Six. Weinheim: Beltz Verlag, 2008, pp. 121–130.

Smith, Richard H. "Envy and the Sense of Injustice." In *The Psychology of Jealousy and Envy.* Edited by Peter Salovey. New York: Guilford Press, 1991, pp. 79–102.

———, ed. *Envy: Theory and Research*. Oxford: Oxford University Press, 2008.

Smith, Richard H., and Sung Hee Kim. "Introduction." In *Envy: Theory and Research*. Edited by Richard H. Smith. Oxford: Oxford University Press, 2008, pp. 3–14.

Smith, Richard H., Ugo Merlone, and Michelle K. Duffy, eds. *Envy at Work and in Organizations*. Oxford: Oxford University Press, 2017.

Smith, Richard H., W. Gerrod Parrott, Daniel Ozer, and Andrew Moniz. "Subjective Injustice and Inferiority as Predictors of Hostile and Depressive Feelings in Envy." *Personality and Social Psychology Bulletin* 20, no. 6 (1994): 705–711.

Smith, Richard H., Terence J. Turner, Ron Garonzik, Colin W. Leach, Vanessa Urch-Druskat, and Christine M. Weston. "Envy and Schadenfreude." *Personality and Social Psychology Bulletin* 22, no. 2 (1996): 158–168.

Spencer, Bettina, and Emanuele Castano. "Social Class Is Dead: Long Live Social Class! Stereotype Threat among Low Socioeconomic Status Individuals." *Social Justice Research* 20, no. 4 (2007): 418–32.

Staub, Ervin. *The Roots of Evil: The Origins of Genocide and Other Group Violence*. New York: Cambridge University Press, 1989.

Staud, Wieland. *Making Money: 51 Irrtümer, die Sie vermeiden sollten*. Munich: Herbig, 2011.

Steed, Lyndall, and Maxine Symes. "The Role of Perceived Wealth Compe- tence, Wealth Values, and Internal Wealth Locus of Control in Predicting Wealth Creation Behavior." *Journal of Applied Social Psychology* 39, no. 10 (2009): 2525–2540.

Sterling, Christopher M., Niels van de Ven, and Richard H. Smith. "The Two Faces of Envy: Studying Benign and Malicious Envy in the Workplace." In *Envy at Work and in Organizations*. Edited by Richard H. Smith, Ugo Merlone, and Michelle K. Duffy. Oxford: Oxford University Press, 2017, pp. 57–84.

Stonecash, Jeffrey M. "Inequality and the American Public: Results of the Fourth Annual Maxwell School Survey Conducted September 2007." Campbell Public Affairs Institute, Syracuse University, New York.

Sznycer, Daniel, Maria Florencia Lopez Seal, Aaron Sell, Julian Lim, Roni Porat, Shaul Shalvi, Eran Halperin, Leda Cosmides, and John Tooby. "Support for Redistribution Is Shaped by Compassion, Envy, and Self-Interest, but Not a Taste of Fairness." *Proceedings of the National Academy of Sciences* 114, no. 31 (2017): 8420–8425.

Tesser, Abraham. "Toward a Self-Evaluation Maintenance Model of Social Behavior." *Advances in Experimental Social Psychology* 21 (1988): 181–227.

Thiele, Martina. *Medien und Stereotype: Konturen eines Forschungsfeldes.* Bielefeld: Transcript Verlag, 2015.

Thomas, Tanja. *Deutschstunden: Zur Konstruktion nationaler Identität im Fernsehtalk.* Frankfurt: Campus Verlag, 2003.

UBS/PwC (PricewaterhouseCoopers). "Billionaires: Master Architects of Great Wealth and Lasting Legacies." Billionaires Report, December 2015.

Ven, Niels van de, Marcel Zeelenberg, and Rik Pieters. "Why Envy Outper- forms Admiration." *Personality and Social Psychology Bulletin* 37, no. 6 (2011): 784–795.

Weldon, Kathleen. "If I Were a Rich Man: Public Attitudes about Wealth and Taxes." Roper Center Public Opinion Archives, February 2015.

Wenzel, Michael, and Sven Waldzus. "Die Theorie der Selbstkategorisierung." In *Stereotype, Vorurteile und soziale Diskriminierung: Theorien, Befunde und Interven- tionen.* Edited by Lars-Eric Petersen and Bernd Six. Weinheim: Beltz Verlag, 2008, pp. 231–239.

Wilcox, Clifton W. *Scapegoat: Targeted for Blame.* Denver, CO: Outskirts Press, 2010.

Williams, Joan C. "The Class Culture Gap." In *Facing Social Class: How Societal Rank Influences Interaction.* Edited by Susan T. Fiske and Hazel Rose Markus. New York: Russell Sage Foundation, 2012, pp. 39–57.

Wojciszke, Bogdan, Róża Bazinska, and Marcin Jaworski. "On the Dominance of Moral Categories in Impression Formation." *Personality and Social Psychology Bulletin* 24, no. 12 (1998): 1251–1263.

Wolf, Elizabeth Baily, and Peter Glick. "Competent but Cold: The Stereotype Content Model and Envy in Organizations." In *Envy at Work and in Organizations.* Edited by Richard H. Smith, Ugo Merlone, and Michelle K. Duffy. Oxford: Oxford University Press 2017, pp. 143–164.

Wolf, Heinz E. "Soziologie der Vorurteile: Zur methodischen Problematik der Forschung und Theoriebildung." In *Handbuch der Empirischen Sozialforschung.* Band 2. Edited by René König. Stuttgart: Ferdinand Enke

Verlag, 1969, pp. 912–960.

Zhang, Weying. *The Logic of the Market: An Insider's View of Chinese Economic Reform*. Washington: Cato Institute, 2015.

Zhou, Fan, and Dengfeng Wang. "Dissociation between Implicit and Explicit Attitudes towards the Rich in a Developing Country: The Case of China." *Social Behavior and Personality* 35, no. 3 (2007): 295–302.

Zick, Andreas, and Beate Küpper. "Rassismus." In *Stereotype, Vorurteile und soziale Diskriminierung: Theorien, Befunde und Interventionen*. Edited by Lars-Eric Petersen and Bernd Six. Weinheim: Beltz Verlag, 2008, pp. 111–120.

Zitelmann, Rainer. *Dare to Be Different and Grow Rich!* London: LID Publishing, 2020.

——. *Hitler: The Policies of Seduction*. Translated by Helmut Bögler. London: London House, 1999.

——. *The Power of Capitalism*. London: LID Publishing, 2018.

——. *Reich werden und bleiben: Ihr Wegweiser zur finanziellen Freiheit*. Munich: Finanzbuch Verlag, 2015.

——. *The Wealth Elite: A Groundbreaking Study of the Psychology of the Super Rich*. London: LID Publishing, 2018.

——. "Zur Begründung des 'Lebensraum'-Motivs in Hitlers Weltanschauung." In *Der Zweite Weltkrieg*. Edited by Wolfgang Michalka. Munich: Seehammer, 1997.

Zizzo, Daniel John. "The Cognitive and Behavioral Economics of Envy." In *Envy: Theory and Research*. Edited by Richard H. Smith. Oxford: Oxford University Press 2008, pp. 190–210.

图书在版编目（CIP）数据

富人身上的目光：美国、亚洲与欧洲民众眼中的收
入与财富 /（德）雷纳·齐特尔曼（Rainer Zitelmann）
著；张慧娟译. --北京：社会科学文献出版社，
2024.6
（思想会）
书名原文：The Rich in Public Opinion：What We
Think When We Think about Wealth
ISBN 978-7-5228-2377-5

Ⅰ.①富… Ⅱ.①雷… ②张… Ⅲ.①社会阶层-研
究 Ⅳ.①D561

中国国家版本馆 CIP 数据核字（2023）第 172046 号

思想会

富人身上的目光

美国、亚洲与欧洲民众眼中的收入与财富

著 者 /〔德〕雷纳·齐特尔曼（Rainer Zitelmann）
译 者 / 张慧娟

出 版 人 / 冀祥德
责任编辑 / 吕 剑 祝得彬
责任印制 / 王京美

出 版 / 社会科学文献出版社·文化传媒分社（010）59367004
地址：北京市北三环中路甲 29 号院华龙大厦 邮编：100029
网址：www.ssap.com.cn
发 行 / 社会科学文献出版社（010）59367028
印 装 / 三河市东方印刷有限公司

规 格 / 开 本：880mm×1230mm 1/32
印 张：11.125 字 数：266 千字
版 次 / 2024 年 6 月第 1 版 2024 年 6 月第 1 次印刷
书 号 / ISBN 978-7-5228-2377-5
著作权合同
登 记 号 / 图字 01-2023-2932 号
定 价 / 88.80 元

读者服务电话：4008918866